王永丽 著

幸福
G Growth
  Good fortune
P Perceived control
  Positive relationship
S Self-acceptance
  Significance
模型

幸福心理学

HAPPINESS PSYCHOLOGY

中山大学出版社
SUN YAT-SEN UNIVERSITY PRESS

·广州·

版权所有　翻印必究

图书在版编目（CIP）数据

幸福心理学 / 王永丽著. —广州：中山大学出版社，2022.6
ISBN 978-7-306-07552-9

Ⅰ.①幸… Ⅱ.①王… Ⅲ.①幸福—应用心理学 Ⅳ.① B82

中国版本图书馆 CIP 数据核字（2022）第 094340 号

XINGFU XINLIXUE

出 版 人：	王天琪
策划编辑：	熊锡源
责任编辑：	熊锡源
封面设计：	曾　斌
责任校对：	舒　思
责任技编：	靳晓虹
出版发行：	中山大学出版社
电　　话：	编辑部 020-84110283，84111996，84111997，84113349
	发行部 020-84111998，84111981，84111160
地　　址：	广州市新港西路 135 号
邮　　编：	510275　　　传　真：020-84036565
网　　址：	http://www.zsup.com.cn　　E-mail：zdcbs@mail.sysu.edu.cn
印 刷 者：	广州市友盛彩印有限公司
规　　格：	787mm×1092mm　1/16　20.75 印张　340 千字
版次印次：	2022 年 6 月第 1 版　2022 年 6 月第 1 次印刷
定　　价：	58.00 元

如发现本书因印装质量影响阅读，请与出版社发行部联系调换

前言

很多人认为，书籍只是作者思想的具现化，是单方面知识的总结，是作者向读者的单向知识储备输出，但是我认为，书籍更应该起到的作用是让读者与作者能够进行一种跨越时间与空间的双向交流。当你翻开这本书，你会看到我和我身边的人们对幸福孜孜不倦的探求，从而加入到我们的行列当中。不管你对我们的观点是否认同，只要碰撞出了思想的火花，我们就是尚未谋面的朋友。如果这本书让你对幸福产生了更进一步的理解，即使是微不足道的一小步，我也会对此心存感激。

人的一生就是对幸福锲而不舍地追求的过程，这可谓是放之四海而皆准的人类的共同价值观，但是真要给幸福下一个准确的定义，很多人又无法立刻给出一个清晰的答案。列夫·托尔斯泰在《安娜·卡列尼娜》中说"幸福的人都是一样的，不幸的人各有各的不幸"，而我的观点却正巧与之相反："幸福的人百花齐放，不幸的人殊途同归。"幸福的人之所以各有各的幸福，是因为每个人对幸福所制定的标准不同。大千世界人海茫茫，有人在山顶，有人在山沟。山顶的人，会为百尺竿头更进一步而感到满足；山沟的人，则为处境的改善而欢欣雀跃。有人幸福的诱因是人生得意时可以锦上添花，有人幸福的答案是潦倒时别人的雪中送炭；有的人因为自己高朋满座，鼓瑟吹笙而心花怒放，有的人因为漂泊异乡的一顿家常菜而热泪盈眶……每个人引发幸福感受的事件不同，这就是各有各的幸福。而不幸的人终究殊途同归，是因为他们"不幸的经历"虽然不尽相同，但他们的反应却是一致的，都是消极、被动、悲观地看待和应对不幸的事件。比如爱情上的失败、事业上的挫折、健康上的意外……各种不幸让人目不忍视，人们在自怜自艾之余只觉得自己的人生千疮百孔。但是要知道，人生不如意事十有八九，正确看待这接踵而至的"不称心如意"才是淡化不幸、发现幸福的关键。失恋了，有的人借酒消愁，有的人祝自己分手快乐；失业了，有的人自寻短见，有的人另辟蹊径成就一番事业。让人觉得不幸的，不是各种不如意本身，而是面对不幸选择的消极方式，而真正的勇士，敢于直面惨淡的人生。就像罗曼·罗兰在《米开朗基罗传》中所说，世界上只有一种英雄主义，就是看清生活的真相之后依然热爱生活。

在消费主义盛行的当下，面对层出不穷的烦恼，很多人相信幸福与否直接与物质水平挂钩，一切烦恼的根源都来自贫穷，认为一旦一夜暴富，所有的问题都将迎刃而解，而互联网时代一个又一个暴富的"神话"更是加剧了这种观点的流行。那么，幸福的程度是否就是我们拥有物质财富水平的客观反映呢？我的观点是，幸福的基础肯定是要有维持生计所需要的基本经济收入，衣不蔽体、食不果腹，何谈幸福？但是满足了基本生存的需求之后，幸福并不会如约而至。正如著名哲学家罗素所说：当现代人可以借助大量财富轻而易举地满足自己所有的奇思怪想，用不着为生活而努力时，快乐的一个基本要素就荡然无存了。就是说，缺少一些你想要的东西也是幸福必不可少的一部分。你生活中这些缺少的东西可以成为你人生的目标，在追寻这个目标的过程中，人的精神层面、心理层面会更加丰富；更具体地说，就是在追求幸福的成长过程中获得成就感与控制感。幸福并不简单地等同于较高的物质生活水平，正如清华大学彭凯平教授所说，"有意义的快乐才是幸福"。

而一个人如何定义自己快乐的意义，则会直接影响他选择成为怎样的一个人。比如被写进《中华人民共和国简史》的"校长妈妈"张桂梅，她对自己幸福的定义就是看到贫困山区的女孩们能够走出大山，开始新的生活，追求自己的梦想。贫困山区40多载的清贫生活，物质不可谓不匮乏，生活不能说不艰苦，但是她收获无数人生被改写的孩子们的感谢时，她站在人民大会堂接受共和国勋章时，我们可以看到她眼中闪烁着幸福的光芒。我的学生当中，也不乏放弃了收入殷实的工作，选择去过自己觉得有意义的生活的人——全职做公益、做心理咨询师、支教等。一般人也许无法理解这种放弃"金饭碗"的行为，但是子非鱼安知鱼之乐？我们的国家既崇尚"达则兼济天下"，也有"人生在世不称意，明朝散发弄扁舟"的文化，不管是选择哪条路，只要有精神、信仰的滋养，把追求有意义、充满希望的生活作为奋斗的方向，那么最终都能够获得属于自己的幸福。

而我本人对于幸福的探求，始于2014年在英国华威大学做访问学者与积极心理学邂逅之时。做访问学者期间，我得以从平时科研与教学的工作中获得暂时的喘息，开始重新审视自己的教学和科研经历，思考未来的研究方向。图书馆的几本积极心理学著作将一个曾经模糊的概念与道路清晰地展现在我的面前。积极心理学的概念由美国宾夕法尼亚大学心理系首席教授、美国心理学会前主席马丁·塞利格曼（Martin Seligman）于1998年提出，主张研究人类积极的心理品质并关注人类的健康幸福与和谐发展。虽然积极心理学不等同于幸福心理学，但积极心理学的目标之一就是帮助人们获得幸福，所以为了通俗易懂，我选择使用幸福心理学这一概念。这门"致力于研究普通人的活力与美德的科学"首先对我起到了积极作用：作为一个在管理学院给MBA学生授课的心理学背景的研究者，我的课程始于心理学，应用于管理学，收获了学生们的正面反馈，但是企业实际工作经验匮乏的短板常常让我惴惴不安，让我不得不尝试学习经济学、财务等相关课程，本职研究的压力和其他学科海量的知识让我不堪重负、身心俱疲。直到我接触和研究积极心理学，接纳了自己的优点和缺点，才最终和自己达成了和解。我开始充分利用自己心理学背景的优势，回国开设了两门心理学课程，大获成功，饱受好评。我的身体力行得到了认可，我的知识结构得到了证明，我切身体会到接纳自己、发挥优势所带来的成就感。尽管财务报表依然让我望而却步，计量经济学始终让我云里雾里，但是这些问题不再影响我优势的发挥。同样的自身条件，我将教学的心态从"查漏补缺"转变成"锦上添花"，不再大量地舍近求远地收集"他山之石"，我对自身的看法也完成了从"漏洞百出"到"不够完美"再到"可以更好"的转变。

在多年的教学过程中，我找到了属于自己的幸福，也让我的学生们定义了自己的快乐，而这本书的意义更多的就是让大家都相信每个人都拥有幸福的权力。每个人的先天禀赋不同，人与人之间有客观的差异，所以我们要接受不能改变的，改变可以改变的，让自己变得更优秀。此外，我想通过这本书帮助人们在生活中、工作中、学习中获得积极体验，产生积极情绪，对生活充满希望，感受生命的价值与意义。幸福心理学不应该是也从来不是空洞的口号、心灵鸡汤，更不是纸上谈兵的学术研究和"屠龙之术"，而是一门真正能够帮助到每一个人的实用科学。这本书是在"象牙塔"和大众间构建桥梁的一次尝试，把严谨科学的学术成果以通俗易懂的方式告诉每一个追求幸福的普通人。在长期的教学和实践中，我结合已有学者的研究，总结出了六个可以帮助我们导向幸福的维度，希望为读者朋友提供获得幸福的方法论。这六个维度分别是：个人成长（Growth）、幸运事件（Good fortune）、环境控制感（Perceived control）、积极人际关系（Positive relationship）、自我接纳（Self-acceptance）和生活意义感（Significance）。同时借鉴英文单词GPS的"定位、导航"之意，把这六个幸福维度取名为幸福GPS模型。在书的正文部分会详细阐述这六个维度的概念与相关的科学研究、事实、观点以及提供一些小的练习。我相信，从这六个方面着手，去实践、去发现、去行动、去创造，每个人都终将收获属于自己的幸福。你可能已经沉浸在幸福的生活中而不自知，希望本书能够帮助你发现身边的美好，提高幸福的感知能力，推开本就应该属于你的幸福宝库的大门。

本书在完稿的过程中得到了许多学生和朋友不遗余力的支持，其中包括最初受到我幸福心理学思想影响的MBA学生朋友郑锐，他结合我的讲课内容和练习方法，创新地提议对人们的幸福感受力进行程序性训练。在他的倡议下，我开发了"我的微幸福"微信公众号，把我的课程变成了知行合一的训练，将学生的心理建设成果可视化，该微信公众号也是我教学相长的最好的例证。同时感谢中山大学管理学院2020级MBA学生朱志辉同学，他从读者的视角为本书提供了诸多修改建议。最后，感谢我仁励信（仁爱、励志、诚信，是我带学生的价值观）课题组的成员们，他们为资料的收集、整理和初稿的撰写投入了大量的劳动。卢海陵同学（现在已经是南京理工大学的老师）协调关爱每位师弟师妹；吕浩然同学文笔好，所以她"能者多劳"地对书稿进行了初步校对、审核等工作；特别感谢刘得格老师（广州大学）、谭玲老师（广东工业大学）结合他们的研究给予的无私帮助；其他成员杨洋、孙诗颖、蔡樱彤、郝雨洁、郑淳丹、张亮花、张庆涛、李立辛等同学收集资料、撰写初稿、校对等，都对书稿做出了自己力所能及的贡献。还要感谢书中若干个主人公：我的大学同学蒋莉，听过我幸福心理学课程的刘晖同学、熊欣同学、小A同学，以及诸多记录"我的微幸福"的朋友们，感谢你们与大家分享自己的真实故事。希望这本汇聚了师生多年学习经验与幸福理念的作品，能帮助大家找到适合自己通向幸福殿堂的路径，直接或间接地对这个社会、世界的意识与物质形态做出积极的影响。

目录 CONTENTS

1 谁能拥有幸福 ... 001
- 幸福是什么 ... 002
- 幸福 GPS 模型 ... 007

2 建立自己的幸福基因 ... 027
- 基因、性格与幸福感 ... 028
- 发现自己的天赋 ... 041

3 积极情绪是幸福的基石 ... 049
- 情绪是什么 ... 050
- 消极情绪的积极力量 ... 055
- 如何与我们的消极情绪相处 ... 069
- 来自积极情绪的幸福秘密 ... 089
- 创造与培养积极情绪 ... 097

4 自我接纳 ... 109
- 什么是自我接纳？ ... 111
- 自我接纳是走向幸福的第一步 ... 113
- 我们为何难以自我接纳？ ... 116
- 如何成功地接纳自我？ ... 123
- 对自我接纳可能的误解 ... 128
- 促进自我接纳的练习方法
  ——接纳承诺疗法（ACT）简介 ... 130

5 个人成长 137

- 何为个人成长　140
- 成长和"幸福"　145
- "痛苦"和成长　148
- 可望可及的成长　158

6 控制感 171

- 控制感的意义　174
- 控制感与幸福感之间的关系　177
- 争取你的控制感：感受稳稳的幸福　190
- 适时放手：体验失去控制的感觉　204

7 意义感 213

- 意义感与幸福感　215
- 创造属于你的意义体验　227

8 积极的人际关系 241

- 人际关系是什么？　243
- 积极的人际关系是幸福感的重要来源　247
- 亲密关系篇　250
- 友情关系篇　260
- 家庭关系篇　265
- 工作关系篇　278

9 幸运事件 283

- 幸运的定义　285
- 寻找专属于你的"小确幸"　292

参考资料　302

后记　319

1 谁能拥有幸福

幸福是什么

我们普通人追求幸福的感受，但学者们研究幸福就复杂多了。幸福到底是什么？哪些因素影响幸福？人为什么要追求幸福？哪些人能够获得幸福？……哲学、心理学、社会学、文学等很多领域都在探讨幸福的真谛。在此，我就不一一回顾学者们的观点了。高度概括地说，关于幸福的研究，目前形成了两个主要流派：快乐主义幸福观（Hedonic view）和完善论幸福观（Endaimonic view）。

快乐主义幸福观始自阿里斯底波的哲学，该流派提倡将快乐的最大化作为生活的目标和幸福的源泉。没错，我们日常的需求和愿望得到满足，我们就会感到快乐和幸福。高温酷暑下能有一杯解渴的饮品、饥饿难耐下吃到美味佳肴、身体疲惫回到家后可以放松地躺在沙发上……这些是我们日常幸福生活的一个个片段，更多的是感官上的快乐。其实现实生活中有不少人是这种幸福观点的拥护者和践行者，他们不断追求创新的、让感官快乐的方式方法，只有让这种感官的满足感保持并持续，幸福才能源源不断地产生。对快乐主义幸福的追求也催生了商业的创新和繁荣，如创意菜、新饮品、带来听觉或视觉享受的新的艺术形式等。现在，我们的衣食住行条件得到了非常大的改善，人民过上了衣食无忧的小康生活，我们日常的需求和愿望基本都能得到满足。但值得我们思考的是，这样的快乐就是幸福的全部吗？为什么第一次吃大餐的时候很开心，感觉好幸福，但有能力经常吃了之后反而没有那种幸福感了呢？这就是很多人的困惑：为什么现在物质生活条件比原来好多了，不愁吃不愁穿了，快乐却似乎更少了呢？其实，古希腊哲学家伊壁鸠鲁早就对这个问题进行过思考。他认为，当身体的基本需求得不到满足而产生的痛苦被全部消除之后，也就是我们可以吃饱穿暖之后，身体感官上的快乐就再也不会增长了，就只能在种类上变换花样。通俗来说，就是当我们基本的衣食住行需求得到满足之后，这种感官的快乐程度不会增加，只能寻求方式方法上的刺激来让我们再次感受快乐。可见，快乐主义的幸福观会面临瓶颈，一味追求感官刺激带来的快乐并不能持久。

幸福研究的另一流派——完善论幸福观，来自亚里士多德学派的视角。这一观点关注自我实现以及与个人成长和发展有关的活动。亚里士多德认为，合德性的活动最具有持久性、稳定性，德行是通往幸福的必经之路。禁欲与纵欲都与幸福背道而驰，食不饱腹和纸醉金迷都不能让人感受到幸福。这一观点和《论语》中孔子的论述不谋而合，"乐而不淫，哀而不伤"也是告诫人们不能沉迷于感官的快乐或忧伤，适可而止为佳。这一观点的继承者已经开始使用"心理幸福""精神幸福"（Psychological well-being）这些术语。积极心理学之父塞利格曼同样认为幸福不仅仅是满意的生活，提出幸福感由五个元素构成，可以简单概括为PERMA模型。PERMA正好是5个英文单词的首字母，分别是积极情绪（Positive emotion）、投入（Engagement）、人际关系（Relation）、意义（Meaning）和成就（Accomplishment）。他认为，首先幸福要有积极的情绪体验，感觉快乐和拥有较高的生活满意度，这是每个人主观的感受。投入、人际关系、意义和成就兼有主观和客观的成分，不仅是自己主观觉得有成就、有意义，还要有真实存在的意义、良好的人际关系和一定的成就。塞利格曼的PERMA模型得到很多学者、读者的认可和传播。清华大学彭凯平教授团队是国内积极心理学研究的领军者，他们以塞利格曼的模型为基础，在中国进行积极心理学的传播和研究，已经取得非常好的社会影响和效果。彭凯平教授在一次采访节目中提出他对幸福的认识，他认为一般的快乐并不一定是幸福，幸福是有意义的快乐，人类不同于一般动物之处就在于人类追求的不是本能上的享乐，而是有意义的快乐，每个人对意义的感知不一样。

关于幸福的两大流派，各自强调幸福来源的侧重点不同，两者并不矛盾。简单来说，幸福的直接感受是愉快的、快乐的体验，但究竟哪些因素可以引起这种愉快幸福的体验就"丰俭由人"了。有人可能是努力不断超越自己，在收获进步的过程中感受成长带来的幸福；有人是给家人做一大桌色香味俱全的美味佳肴，看着家人愉快地享用，感到一家人和睦相处很幸福；有人觉得可以健康地活着就很知足、很幸福。到底怎样才能够幸福呢？我非常想要给你一个明确的回答，让你知晓幸福，获得幸福。可遗憾的是，直到目前为止，没有人能够完全解释清楚什么是幸福。但不必沮丧，这并不影响我们去认识幸福、拥抱幸福。我结合已有学者的研究以及我的教学和研究，提出幸福的GPS模型，意在引导大家通过不同的路径通向幸福的彼岸。

介绍幸福GPS模型之前，我和大家先分享一下我对幸福的理解。

幸福没有高低之分：我理解的幸福是每个人的自我感受，幸福感受没有高低之分。你吃到期盼已久的米其林餐厅的菜品感受到的幸福和我加班到夜里吃外卖麻辣烫的幸福感受是一样的；你由于职位晋升感到欣喜和我学会烹饪新的菜式一样，都是为自己不断学习和进步感到高兴……所以我们不要认为幸福快乐如同奢侈品一般高不可攀。其实幸福很简单，它就在我们每天的日常生活中。我们要学会体会、感受和创造日常生活的幸福瞬间，点滴的幸福就可以汇聚成幸福的海洋。

幸福需要主动用心体会和创造：幸福不会自己来敲门，我们必须主动用心去感受和创造。我们经常说我们的人生目标是幸福美好的生活，但幸福生活不仅仅是我们追求的结果，更是指导我们行动的方向标和动力来源。在追求目标的过程中，如果我们能时刻感受幸福、创造快乐，那么其实幸福美好的生活已经实现了，结果和目标从来都是水到渠成的。所以在生活中，只要你用心体会和感受每次经历、每个事件、邂逅的每个人，主动发现生活的美好，你就会恍然大悟：哦，我不需要追求幸福，其实我已经被幸福所包围，之所以原来没有感受到幸福，是因为我没有用心去感受。就像2020年初的新冠肺炎疫情发生之前，很多人是身在福中不知福，经历这次疫情之后，所有的中国人都感受到了作为中国人的骄傲和自豪，用心感受到了医生的忘我、志愿者的无私、警察以及社区工作者的无微不至，疫情控制的成效让我们感到了信任、安全，幸福感油然而生。所以生活本身是美好的，至少有美好的一面，有没有发现和感受美好，要看我们有没有用心去体会、去创造。方舱医院里大家一起跳健身操的画面有没有让你感觉原来广场舞也可以这样优美？路边执勤的警察能吃上一口热乎乎的饭菜可能已经是幸福感爆棚的事，日常生活中的幸福事件其实无处不在，我们需要更用心去体会。

拥有平衡而正确的时间观对幸福很重要： 如何看待过去、如何感受现在以及如何展望未来是影响我们幸福感受的重要因素。很多人不开心，是因为活在对过去的懊悔或遗憾中，总是忘不掉已经发生的不可挽回的事件，但是时间不可以倒流，再痛苦后悔又有什么作用呢？沉溺于过去唯一的结果就是增加痛苦、减少幸福感，还会使我们忽略当下的快乐。包括商业决策都是一样，《哈佛商业评论》上的一篇文章就证明了真正阻碍企业高层做出正确决策的是已经过去的已经付出的沉没成本。不仅是过去，对未来的期待同样也会对我们的幸福感受产生影响。中国有句大家耳熟能详的话"吃得苦中苦，方为人上人"，这是让我们积极展望未来，告诉我们将来可以过上"人上人"的美好生活是以当下要比别人吃更多的苦为代价。从积极展望未来的视角，这句俗语可以激励人们更加努力、奋发图强，但我们不能忘记还要以积极的心态来对待当下的生活。因为每个明天都是从今天过去的，如果我们没有感受今天当下的幸福，只是一味地憧憬未来，忽略了奔向未来美好生活过程中的美丽风景，也很遗憾，而且也不会真的获得幸福。就像《心灵奇旅》电影里的主人公乔伊一样，他一直憧憬未来和他心目中的偶像同台演出，这个梦想让他有干劲、有追求，但当目标真的实现了，他只有短暂的快乐，然后产生迷茫：这就结束了？就这样了？偶像回答：你还要怎样呢？就这样，演出结束了。所以正确看待过去、积极展望未来固然重要，但更重要的是我们要学会感受当下、此时此刻的点滴快乐。

活在当下是我们提倡的一种生活方式和态度，但什么是活在当下呢？是"今朝有酒今朝醉"吗？还是"及时行乐"呢？这些都是对活在当下的解读。我认为，活在当下是专心享受当下的活动，感恩并且珍惜现在已经拥有的一切。记得培训时有个学员和我聊天说："老师，我现在有了小孩之后觉得很不幸福，觉得没有自己的时间了，总是要陪孩子做各种各样的事情。"我表达了同情，女性结婚生子女之后个人支配的时间确实在减少。然后我问她："那你完全没有自己的时间了吗？"她回答说："也不是完全没有，我也还会去逛街买买衣服、做做美容什么的，但我逛街或做美容的时候又觉得很对不起宝宝，我没在家里陪她，自己出来玩。这时候我又不开心了，着急回家陪宝宝。"像这位学员的这种不快乐、不幸福，大家是不是很有同感？她为什么感觉不幸福呢？真的是因为没有时间做自己的事情吗？是因为有了孩子就没有快乐了吗？答案肯定不是！关键是她没有活在当下。陪孩子的时候没有全身心地体会天伦之乐而是在心里想：就是因为孩子，才让我没时间逛街；而逛街的时候也没有沉浸在逛街、欣赏时尚的喜悦中，又想：没有陪孩子，我是不称职的妈妈。这样的例子太多了，我们的烦恼很多时候就是这样产生的，因为没有专心去做手头的事情，感受当下的快乐，而是关注还有什么是我没得到的、没做到的。所以平衡的时间观很重要：我们要记忆过去的美好，让我们对自己更有信心；品味现在的快乐，把主要的精力投入到感受现在的生活、工作中的美好，让我们体会真切的当下的幸福感受；展望未来的精彩，积极乐观地憧憬未来生活一定比现在更美好，让我们更有奔头。

幸福GPS模型

尽管"萝卜青菜各有所爱",每个人有各自可以点燃幸福感受的"引爆点",但我们还是可以从现象中概括出一定的规律。结合学者已有的研究成果,以及上百万条学员的幸福记录,我概括出可以引发人们幸福感的六个主要因素。这六个因素分别是:

自我接纳(Self-acceptance):对自我持有肯定的态度,接纳自己和所有的一切,能够对个人的行为进行自我调整,既看到自己的优点,也承认和容忍自身的缺点。

个人成长(Growth):不断学习进步,实现自我,发挥潜能,改变自己的内在和外在。

环境控制感(Perceived control):个人具有选择或创造适合自己环境状况的能力,对复杂的环境和外部活动加以控制,能够利用环境条件和可能的各种机遇,选择和创造与个人价值和需要相适应的环境条件,包括自己的生活、事业等。

生活意义感(Significance):有生活目标和方向感,能感受到当前和以往生活的意义,对人生持有积极信念,包括生活中参加各种休闲娱乐活动、创造美好等。

积极的人际关系(Positive relationship):拥有融洽、真诚的人际关系,是一种爱的能力,关心他人,拥有包括爱情、亲情、友情等其他各种情谊,以及与他人的良性互动。

幸运事件（Good fortune）：能够用积极的认知框架去解释世界的时候，身边的所有事件就都是幸运的事件。

巧合的是，每个维度的英文单词首字母恰好组成了英文缩写GPS，借用其"定位、导航"之意，这六个维度构成的幸福模型就取名为幸福GPS模型。首先，自我接纳是幸福的根基。就像大树的根基一样，越是接纳自己，大树的根基就越牢固。如果没有完全自我接纳，根基不牢固，就很容易被外界和别人的批评、否定之风所刮倒。没有真正对自己所有特点的接纳和认可，不会有发自内心的喜悦和幸福。只有接纳了自己的与众不同，承认自己特有的价值和特点，相信每个人都有资格、有价值获得幸福，才能发自内心地感受和体会幸福。其次，不断获得个人的成长是幸福的主要来源。通过个人的学习和进步，获得的新知识、新技能、新本领可以增强对环境的控制感，也更能感受生活和工作的意义。再次，积极的人际关系是幸福的养分，没有人际关系，虽然个人成长或者其他因素可以带来一些幸福感，但是无法让幸福长成参天大树。缺乏人际关系的人生就像营养不良的树苗一样，能长一段时间，但是长不高、长不壮。人类是社会性动物，每个人都离不开与其他人的关系，所以积极的人际关系渗透在各个方面，影响着人们的幸福感。最后，模型中的幸运事件不仅仅是指抽奖的中奖，更是人们积极解释世界的认知风格的结果。如果你是积极的，很容易发现生活中的"小确幸"，觉得自己是幸运的人，幸福感就会越高。某种程度上，幸运与否也是我们自己赋予事件的。正所谓，塞翁失马，焉知非福。

那是不是这六个方面都做到了才能获得幸福呢？这岂不是太难了？这六个方面是可以引发人们幸福感的维度，也就是说，我们可以有意识地从这几个方面去培养、提高自己的幸福感受力。当然这六个方面也是相辅相成、相互关联的，你可以从其中某一个方面着手。想要获得幸福，你就要相信自己是生活的主要影响者，自己的幸福自己做主，通过在实践中练习如何感知幸福，循序渐进地做出改变。

我们周围有很多幸福的人，但有些幸福的人好像并不符合大众眼里幸福应该的样子。下面，我就和大家分享一些真实的故事，帮助你更进一步地认识幸福。希望你能从这些故事中得到一些启发：幸福原来真的很简单，我也可以这样幸福。

自我接纳是幸福的根基

【断臂女孩雷庆瑶：她接受所有的一切，丝毫没有埋怨，没有抱怨生活对自己的不公，将自己的美丽和能力发挥得淋漓尽致，她就是一个健全健康的人。】

我在讲授"幸福心理学"这门课程的时候，经常会为学生们播放一些和主题相关的视频资料。其中有一条视频令我印象非常深刻，它讲述的是一位断臂女孩依靠自己的力量改写命运的故事，我相信这个故事在带给你感动之余，还会让你明白接纳自我与幸福的关系。

1990年1月，一个漂亮的小宝宝诞生在四川省夹江县一个普通的家庭中，她的名字叫雷庆瑶。小庆瑶活泼好动，她的到来让整个家都充满了欢声笑语。然而，令所有人都没想到的是，这一切美好都在3年后戛然而止。小庆瑶3岁时，和小伙伴一起玩纸飞机，她为了去捡落在变压器上的纸飞机而不幸遭遇高压电电击，永远地失去了双臂。在那之后，庆瑶经历了很长一段时间的灰暗和痛苦，她不能和其他小朋友一起去学校上学，生活也无法自理，电击剥夺了她幸福的权利。

庆瑶6岁那年，父亲开始教她用脚写字。由于脚趾粗短，很难夹住铅笔，所以父亲用绳子把铅笔绑在女儿的脚趾上，再让她练习在纸上写字。渐渐地，庆瑶的脚趾越来越灵活，也能够夹着笔在纸上写下越来越多的字了。几年后，庆瑶又慢慢学会了用脚吃饭、刷牙、穿衣，甚至学会了骑自行车、游泳、书画和刺绣。庆瑶一次次突破自身的极限，去挑战很多甚至连四肢健全的人都不敢尝试的事情。当有人问她"你是怎么学会这些事情的？"，庆瑶总会说："我和所有的同龄人一样，上普通的学校，所以我可以像他们一样去要求自己，我觉得他们能做到的我也可以做到。"

和很多小女孩一样，庆瑶也非常爱美。但由于失去了双臂，父母不再让庆瑶穿短袖，也剪去了她的长发。然而庆瑶并没有因此放弃追求美丽，她始终认为自己是美丽的，不管有没有手臂，她都有资格穿自己喜欢的衣服，留漂亮的长发。14岁那年，庆瑶被导演选中，受邀参演电影《隐形的翅膀》。由于角色需要，庆瑶终于可以重新留起长发，穿上裙子。而她也非常出色地完成了电影拍摄，并拿到了第29届大众电影百花奖最佳新人奖。尽管拍摄电影让庆瑶变得小有名气，陆续有不少新闻媒体对她进行采访报道，但庆瑶没有因此耽误自己的学业。她顺利地考上了大学，而且在大学期间多次参加各项公益活动和演出，大学毕业后获成都电视台签约成为一名公益主持人。

在外人眼里，雷庆瑶无疑是一个很坚强的姑娘，然而她自己却不这么认为。她说："我在生活中并不是一个沉重的人，我喜欢讲一些开心的事情，我觉得不是说，没有胳膊你就要多么地坚强，多么地努力。每当听到别人说我坚强时，我就特别难受。"因为她觉得她和别人是一样的，不能因为自己没有了双臂就要被别人"另眼相看"，庆瑶对自己失去双臂的事实完全接纳，也从来不觉得自己与别人有什么不同。她和其他女孩一样喜欢打扮自己，她学习化妆，研究化妆品，甚至还创立了属于自己的化妆品品牌。她钟爱旗袍，自己画设计图，挑选布料，为自己做各式各样的旗袍。2020年10月底，庆瑶受邀参加深圳时装秀，她特意要求穿无袖服装登台。她说："我平时就这样穿，因为这就是我。我觉得每一个人都是值得被世界看到的，一个人身体上跟别人不一样也好，或者说有什么缺失，我觉得都不重要。现在很多人是不自信的，自我价值感很低，抑郁患者很多，我希望通过这样的视觉呈现，让其他人看到像我们这样的人还在努力发光，也可以给别人一点点阳光、一点点养分。"雷庆瑶发自内心的灿烂笑容给大家留下非常深刻的印象，这种幸福的笑容让很多身体健全的人都很羡慕和汗颜。

雷庆瑶的故事对你有什么启发呢？不妨扪心自问："我有好好爱自己吗？我接纳自己的缺点和不足了吗？"我们是不是经常对自己产生怀疑，否定自己，常常对自己感到不满意？"他怎么那么聪明，看一遍他就记住了，同样的事情我要学习很多遍才弄明白""我长得不漂亮，没有人会喜欢我""我的个子不够高，我很自卑"……当我们盯着自己的"缺点""不足"时，我们就会感觉不好，何谈幸福呢？每个人都有不足，人无完人的道理大家都懂，但生活中还是有很多人会不由自主地忘记自己的优点和强项，只是聚焦于自己的弱点。我们是否可以换个角度看我们的"缺点"呢？"我不够聪明，他看一遍记住了，那我就多看几遍啊，最后能记住就好了""虽然我很丑但我很温柔""个子矮不影响我能力的发挥，多少伟人的个子都不高"。就如鲁豫听了雷庆瑶演讲之后所说的，"人生真的和你拥有什么没有一点关系，而在于你用你有的去做了什么"。一个人如果总是看自己还没有什么，那一定不会幸福。

我们总是会觉得自己"不够好"，因为"不够好"，所以我们才需要更努力去变好，这是让我们成长的动力来源之一。但是，我们要知道，成为更好的自己的前提是要接纳自己有所不足。因为当一个人对自己吹毛求疵的时候，他会对自己进行否定和批判，他无法做到"爱自己"，也很难感受到因自身价值而产生的幸福。只有能够正视和接纳自己缺点的人，才不会将自身的价值交给他人按某个社会标准来衡量，才更容易感受到幸福。每个人都是独一无二的，虽然知道自己不完美，但仍然相信自己有存在的价值，即便对自己不完全满意，但依然喜爱和接纳自己。就像金星给予雷庆瑶的评价那样："雷庆瑶根本不是一个残疾人，我欣赏她作为一个女人对自己生命的认知，她接受所有的一切，丝毫没有埋怨，将自己的美丽发挥得淋漓尽致，她就是一个健全健康的人。"所以，接纳自己是幸福的根基。

个人成长是幸福的源泉

【单身妈妈的职业生涯：无论是百万年薪的副总裁，还是普通收入的心理咨询师，学习和成长是她寻找幸福的密钥。】

我十年前的学生刘晖，上课总是坐在前排，积极发言，给我留下深刻印象。但当时对她的了解并不太多，后来一起做企业的培训项目，在一次谈话中，她和我讲述了自己跌宕起伏的前半生，让我十分震撼和感动。所以我在这里为你复述她的故事，或许你能够从中受到鼓舞，更明白何谓自我成长和幸福。

刘晖出生在新疆,大学毕业后,她继续留在新疆,当了一名大学老师。在家人和朋友看来,这一份工作很稳定,而且具有较高的社会地位。然而,这个新疆姑娘却不这么认为,她总觉得自己的工作过于安逸舒适,如果有机会的话,她希望学习更多的东西,见识更广阔的世界。因为在学校的教学工作中表现出色,学校决定派刘晖去北大中文系进修一年。通过学习,她不仅在知识层面上有了收获,而且也更加清晰自己内心想要什么。在进修即将结束时,她接到了一位好朋友打来的电话,而这通电话使她的人生轨迹就此发生了转变。这位朋友大学毕业后就去广州一家保险公司做销售员。朋友说,她现在生活得很充实,每天都能和许多形形色色的人打交道,而且收入也很不错,如果业绩好的话能够拿到两千多的薪水。要知道,这个收入在20世纪90年代还是相当不错的,是当时她薪水的几倍。刘晖听到后非常有触动,使她感到触动的不仅仅是不错的薪水,而是可以有机会接触到不同的领域,可以有全新的体验。在放下电话的那一刻,她就已经做好南下的准备。就这样,带着一份好奇、一份忐忑、一股热情,她义无反顾地坐上了从北京到广州的火车。现在看来,这个决定似乎太过冲动和幼稚,然而,如果当时没有勇气踏出这一步,她也一定不会想到自己今后的人生是多么的丰富精彩。

刘晖到达广州后,在朋友的推荐下,顺利入职了这家大型的保险公司。保险公司在前三个月会给新员工提供一定的底薪,即使新员工没有签单,也能够有个过渡,但在第三个月结束后就不再为员工支付底薪,只有和客户成功签单才能够赚到收入。刘晖对此了解后,心想,这哪能难得倒我?凭借我的沟通技巧,签单不是分分钟的事情?所以,经过公司几天的简单培训后,刘晖对公司的保险产品有了初步了解,便抱有信心地开始拜访客户。但是在90年代,保险销售员这个职业的社会认可度并不高,很多人认为买保险不吉利,因此做保险销售工作十分不易。刘晖当时很受挫,即便自己的沟通能力很强,但很多人根本不愿意给她沟通的机会。所以在入职的前三个月,她一直在吃"闭门羹"。而如果之后还是没有签单的话,就要面临没有收入的困境。这样的窘境也让她一度迷失,想打退堂鼓。但刘晖没有选择放弃,而是调整了心态,每天都给自己打气,告诉自己"过了河的卒子没有回头路"!再加上身边的小伙伴也都相互鼓励,她的工作状态比之前更加饱满，出门拜访客户更加频繁，日日如此地坚持，终于在第四个月签到了第一单。在这之后，她逐渐意识到保险销售工作需要的不仅仅是与人打交道的能力，还需要足够的专业知识以及真诚为他人服务的专业态度。所以，她开始抽出时间深入研究保险产品，积极主动学习保险相关知识。在之后和客户沟通时，她不仅能够清晰地介绍保险产品，也可以帮助客户系统地分析其需求，为客户提供更全面可行的方案。渐渐地，刘晖的签单越来越多，在客户群体中的口碑也越来越好，很多老客户也愿意为她介绍更多的客户，这使得刘晖从最初的一名普通销售员慢慢成长为能够独自带领团队的高级销售经理。她个人职位的晋升来源于自己的努力和用心思考。

在成为销售经理后，她仍然每日坚持写工作日记，总结在工作中的经验和心得。除此之外，刘晖开始站在团队的高度，思考如何发挥团队成员的潜力。她发现，有很多刚入职的员工在一个月甚至更短的时间里，如果拿不到单就不想坚持而离职了。而新员工流失率的增加不仅增加了团队的管理成本，也影响了其他在职员工的工作士气。经过思考后认为，造成这种现象的原因是公司缺少对新员工系统性的培训。在发现了这一现象后，她专门去"偷师"，参加其他保险公司系统性的专业培训，然后回来将所学知识和自己的工作经验相结合，自己编写培训材料，针对团队成员进行系统培训。这样的方式帮助新员工很快稳定了心态，使得她所带领的团队人员流失率大为降低，团队业绩也直线上升。公司领导看到了她的培训能力以及认真敬业的工作态度，直接任命她为培训部负责人，负责全公司寿险营销培训体系的建立。

公司赋予的重任，激发她更快地成长，她开始更加系统地学习如何科学地培训。她一方面继续拜访客户，不断积累自己的实战经验，另一方面又买来人力资源管理的相关书籍自学理论，同时尝试编写培训教材，设计培训方案，搭建培训课程体系。基于良好的教师背景，又有扎实的实战经验，她设计的营销人员培训体系从专业知识到营销技巧，甚至到营销心理学各方面全覆盖，培训效果得到了所有销售人员的认可，也得到了市场的检验，营销团队的整体业绩不断提升。这个过程使刘晖不仅在营销培训方面积累了丰富的经验，还在营销队伍组建、管理以及团队文化建设方面也颇具心得，也因此在业界变得小有名气。这时候公司主动提出为她调动工作关系，并且落户广州（这个条件是极其诱人的）。但刘晖犹豫了，因为她觉得工作上的努力使她成长了很多，但也出现了瓶颈，她希望突破。

后来她跳槽去了另一家更大型的保险公司，不是因为薪水更高，而是更大的成长空间。这家公司希望将业务拓展到周边城市，希望刘晖参与区域公司的组建。这使刘晖无比激动和兴奋，但同时也让她感受到前所未有的压力，因为她必须跳出员工的视角，站在公司发展的高度来做出决策，这无疑是一项艰巨的挑战。于是，她将自己抽身出日常事务性的工作，研究市场环境和公司战略，不断学习新的行业知识。在随后的几年时间，她和她带领的团队帮助总公司下属的3个地级市公司组建了营销团队，并协助培养了一批优秀的营销干部。优秀的工作业绩使她获得了公司上下一致的好评。艰巨的挑战无疑又成为帮助她成长的阶梯。

为了系统地学习企业管理知识和更好地培养自己的领导思维，刘晖又利用三年的周末时间攻读工商管理硕士。通过学习发现自己对人力资源管理颇有体会，结合以往的工作经验，她决定往这个方向深入发展。通过不断的学习和奋斗，她后来跳槽去了在香港上市的某大型房地产集团公司，先后任集团公司高级培训经理、人力资源副总监、项目总经理等职位。随之而来的地位和高收入，也让她变成了众人艳羡的对象。

然而，这时的她却时常陷入对人生的思考。她清楚地明白，让她感受到内心充盈和幸福的事物，绝非眼前的名利和世俗的成功，她渴望寻找到一份能够付诸一生的事业。她发现，无论是保险销售工作，还是人力资源工作，让她感受到快乐和意义的时刻都产生于帮助他人去解决困扰之中。于是，刘晖产生了未来要做一名心理咨询师的想法，开始报读心理学相关课程，考取心理咨询师资格证。坚持学习8年后，她决定遵从自己内心的选择，做一名专职的心理咨询师。作为一位单身妈妈，家庭所有的开支都由她一个人承担。所以放弃已有的事业，重新从零开始需要多大的勇气呀。

如今，刘晖已经成为一名非常有影响力的心理咨询师，主要专注于青少年健康心理发展和人格发展。通过几年的探索与努力，她已经帮助上百个孩子解决了因情绪问题带来的学业受阻的困境。她说每次和受访者交流，都能让她学习和进步，让她对生命多了一份认知和理解，也对自己的工作多了一份敬畏。希望自己用专业帮助到更多的人，这是她一如既往地学习和成长的动力，也是她获得人生幸福的密钥。

从刘晖的故事中，每个人可能有不同的收获。而我看到的是她主动用心思考，克服工作中的一个个困难与挑战，创造了一个个成长的机会。在成长的过程中不断地反思自我，找到属于自己的幸福密码。只要在工作或生活中你可以感受到自己的收获、成长，那就是快乐的、幸福的。

对事件的可控感带来实实在在的幸福感受

【给自己留出可以掌控的时间：哪怕是抽出时间做20分钟的普拉提，或者半小时的跑步，只要我完成了这些小计划，我就有点自信了。】

我和学生们都打成一片，不管是本科生还是硕士生、博士生，我都经常和他们聊天，因为这样可以让我在保持年轻心态的同时还能了解年轻人的生活，拉近我们的距离。有一次和学生们聊天，提到演员彭于晏，有个女同学讲述了他的故事，我觉得故事很有意思，很符合幸福GPS的控制感给人带来的幸福感。

作为一名演员，彭于晏除了演技受到称赞外，另一个经常被拿出来说的就是他坚持不懈的运动习惯。在"鲁豫有约一日行"中，鲁豫采访彭于晏对于生活自律，控制自己的身材这件事的看法时，他是这样回答的："没有办法控制的事情太多了，所以这就是我为什么坚持跑步，因为它会让我在某种程度上有自信。人家常问我你为什么要运动，我会觉得说跑步是一件让我安心的事情，它就是简单的左脚比右脚前，没有什么难的。对于平时工作很辛苦的人来说，如果可以挪出时间做20分钟的普拉提，或者半小时的跑步，这是你所设定的计划，你做一个检查，发现你完成了，你就会发现你自己不太一样，会更加自信。对我而言，当我练完40分钟的健身训练，我就会觉得我已经很强大了，我今天做了我该做的，见到老板后我会觉得充满自信，我会想，没问题的，你说今天的任务吧，没有什么打击得了我。"

对于彭于晏来说，他的演艺生涯并不算顺利。在演戏初期，他接过不少电视剧，但是和他一起拍戏的明星都陆陆续续地走红，而他始终没有什么名气。后来，他还和经纪公司产生合约纠纷，整整一年没有工作，不仅没了收入，还欠下不少债务，人生仿佛坠入深渊。在那时，他时常问自己，为什么别人就有那么多的戏可以接，拥有那么多粉丝，赚那么多钱，而自己却不可以？他觉得，归根结底还是因为自己不够好。在待业状态时，彭于晏得知林超贤导演有一部电影《翻滚吧！阿信》要拍，然而由于这部电影对主演的身体要求很高，需要完成大量高难度的体操动作，所以一直没有选到合适的演员。彭于晏接下了这个角色。为了达到和专业的体操运动员相符的水准，在八个月的时间里，彭于晏几乎每天都进行10个小时以上的体操训练，并严格遵循营养师的食谱进餐，最终练就了标准的体操运动员身材，非常出色地完成了拍摄任务。电影最终收获了很高的票房，彭于晏也因此走红。

作为演员，彭于晏很难决定拍什么戏、什么时候拍，但是，他总会努力地学习和适应不确定的拍摄任务，让自己时刻保持良好的预备状态。为了更好地演绎角色，他学习综合格斗、巴西柔术、泰拳、拳法、冲浪、手语等等，每学会一种技能，他应对不确定的拍摄任务的控制感就会更高。在拍戏之外，彭于晏也总是会留出一些时间由自己掌控，每天都会给自己设定计划，监督自己完成。即使是冲一杯咖啡，他也会觉得自己做成了可以做的事，这让他产生控制感，足以让他充满自信和希望地去应对外界的其他无法掌控的事情。"我的生活我决定"，这是彭于晏的生活准则。他不会因为自己有很多粉丝而迷失自我，去做或不做某些事情。所谓的流量和成功对他而言都是虚幻缥缈的，不存在的，因为那些都是他无法控制的。他能控制的就是给自己设定的计划，比如，早上起来花15分钟喝咖啡、进行体能训练。

生活中确实有很多事情是我们没办法控制的。当我们感觉对外界完全无力控制、感觉被人摆布或被环境所制约的时候，我们会很痛苦、很无助。但我们要思考有什么是我们可控的。我们提交的方案客户是否喜欢，似乎我们没办法控制，但我们可以控制我们的投入程度。全力以赴地去准备，做到问心无愧，最后结果如何就没那么影响我们的心情了,因为努力的过程在我们自己掌控之下,投入的过程中我们已有所收获。"尽人事听天命"不是消极的人生态度,而是控制我们可以控制的部分。什么是不可控的?事情的结果会受很多因素的影响,我们没办法完全控制。可能我们准备方案时非常努力、认真,但客户还是选择了其他公司的方案,这个结果是我们没办法控制的。所以,我们生活和工作的重点要关注过程,对过程的可控感对幸福体验很重要。

每天自己的作息时间是自己可以控制的吧?家里的卫生、厨房的清洁可以由自己控制吧?创造幸福可以从这些日常我们可以控制的小事开始。我的学生听过我的课之后,很多人开始爱上做家务,因为他们确实在做家务过程中感受到对环境的控制感,看着自己可以把菜市场买回来的食材变成一桌子美味佳肴,得到家人赞美的同时还感受了成就感;利用周末把家里打扫得干干净净,看着都很开心……所以幸福要自己用心去创造。那就从控制你可以控制的事情开始吧!

赋予平凡生活特有的意义感

【任何一种生活都有好有坏,想要把生活过成什么样,更多的是取决于你自己想要过什么样的日子,以及你是否愿意为之努力。】

清明时,撒下一粒粒黄豆,等待豆子发芽生长;秋分时,手持镰刀收割豆苗,将其捆扎成一簇簇放置晾干;寒露时,用牛筋腊杆打苗,过筛黄豆入袋存储;待到次年清明,再重新拿出黄豆,制曲、翻晒、提纯、熬煮,历经8个月之久,终于酿制出一壶酱油。刚刚所提到的这些生活画面都记录在一个四川绵阳女孩儿的镜头里,她就是李子柒。看完视频,我在意犹未尽的同时不禁思考着,从一粒黄豆到一壶酱油,是需要多久的耐心和执着才能够坚持下去?再深入了解李子柒后,我发觉,她是一个拥有极高生活意义感的人。

出身农村的李子柒很小就跟着爷爷奶奶一起做农活。在她读小学五年级的时候爷爷去世,奶奶独自将其抚养成人。14岁时,李子柒为了谋生选择去城市漂泊，在8年的时间里，她做过服务员和打碟师。在22岁时，为照顾生病的奶奶，她重新回到家乡，开了一间淘宝店。为了让淘宝店的生意更好，李子柒听从弟弟的建议，开始接触短视频，后来在不断地摸索中发现，自己对拍摄美食类的视频产生了兴趣。而且，由于李子柒的家乡在农村，有着到处都是新鲜的蔬菜瓜果这一得天独厚的优势，她便萌生了一个很有创意的想法：在拍摄美食制作视频的同时，将自己家乡的环境也放到镜头里。李子柒认为，如果城市里的朋友能通过视频了解到他们所吃的食物是如何从田间地头到餐桌之上的，这会是一件很有意义的事情。就这样，李子柒开启了她的视频创作之路。

阳春，她身着一袭红衣骑马踏青，采来各种各样的花，做出各种鲜艳精致的糕点，带着奶奶一起去野餐。仲夏，她穿着一身布衣去园子里摘果子，把各种红的紫的鲜果熬煮成一锅锅果酱，涂抹在面团里，再把面团丢进自己做的土窑里烘烤成外脆里软的面包。金秋，她拿着竹筐摘南瓜、拔花生、收谷子、打板栗，把整个小粮仓填得满满当当。严冬，她坐牛拉的车去田间砍糖蔗，用古法将10多斤糖蔗熬制成1斤红糖，再用红糖为奶奶做一碗热气腾腾的醪糟鸡蛋。朝升暮落、花开花谢，李子柒悠然地度过了一个又一个的春去秋来。在四川绵阳的小乡村里，大自然的馈赠从一花一草到一蔬一果，在她手中都被赋予了意义，她的生活也被赋予了意义。

除了使用丰富的原生态食材展示何为中国人的"四季更替，适食而食"、启发观众们重新认识"古香古食"之外，许多中国传统文化元素也经由她的一双巧手从山村一隅走到了全世界人们的眼前。从笔墨纸砚到刺绣饰品，从东方茶叶到流觞曲水台，大到一个染色坊，小到一个犁耙，她花费几个月甚至一年多的时间去学习和制作，用自己的双手将这一切复刻出来，让世人再回首已沉淀千年的中华文明，让世人重新意识到我们中国不单只有现代化工业农业科技，还有着"采菊东篱下，悠然见南山"的人文情怀。

如今，李子柒拍摄视频已经有七个年头，她也成为家喻户晓的名人，在全球粉丝累计过亿。作为一名视频原创者，她实现了"拍摄我的生活，刚好你也喜欢"的想法。尽管只是发生在小乡村里的故事，但李子柒通过视频，将她那充满人间烟火的日子中的生活力量完美地释放出来，让每一个观看视频的人都感受到

"久在樊笼里,复得返自然"的欢欣。在一次采访中,记者问李子柒:"你觉得美好生活是怎么样的?"她想了一下回答道:"院子里有各种各样的瓜果蔬菜和奇花异草,每天早上起床后,就能奔到地里,干完活之后摘够一天要吃的蔬菜瓜果,再剪一些应季的鲜花插在房间里。这样就可以在家宅上一天做好吃的,追追剧,做手工,陪陪老人家。"这样简单朴实的生活状态其实跟李子柒的现实生活也没什么两样,她的存在让人看到,在现代人繁忙的都市生活之外,还有一方静谧安宁的净土得以栖息。而每一种生活都有意义,只要用心对待生活,挖掘其中的意义,平凡的日子也可以伟大。

讲述李子柒的故事不是要我们都去拍视频、过田园生活,而是启发我们要用心去生活,赋予平凡生活一定的意义感。不同的人可以给予生活不同的意义,你可以花上几天时间去做一个乐高,看着它一天天完成,感受这个过程的快乐和成就感;在阳台种上一圈向日葵,看着它们一点点绽放;养几只宠物,陪伴它们生老病死;学一种乐器,让一个个音符从陌生到交织成旋律;下一个单词App,见证自己的词汇量积沙成塔;等等。这些都体现了生活的意义感。生活本身就是这样柴米油盐酱醋茶的"普通",但我们可以买个心形煎蛋器,早餐就变得非常有爱和有意义,家人一天的幸福生活就从有爱、有仪式感的心形煎蛋开始了。

积极的人际关系使幸福之花格外灿烂

【每个人都应该是被尊重的独立个体,做好自己的本分,尽到应尽的责任,人与人相处就应该彼此信任、互相协助。】

我的大学同学、室友蒋莉是个家庭、事业双丰收的成功人士,事业上做到副厅级干部,家庭里有疼爱她的先生、关系融洽的公婆、懂事优秀的女儿,简直就是人生赢家。其实最吸引我的并不是她取得的种种成绩,而是她脸上经常有的那种发自内心的幸福笑容。她的人际关系处理得非常好,人见人爱,对于她工作的历次调任、晋升,同事、下属和领导都是高度肯定和认可。她的故事可以很好地诠释积极的人际关系在我们的工作和生活中的作用。人际关系就像阳光、营养素等对植物的作用一样,能够给人带来滋养、动力,进而影响幸福感。人类是社会性动物,人与人之间的关系对我们十分重要,人们渴望着爱、追寻着爱,爱与共融是幸福体验中最美妙的一种。把她的故事重新梳理,希望能够对我们有所启发。

蒋莉出生在浙江富阳一个叫神坞的山坳坳里,父亲是一名军人,她小时候有5年的部队大院生活经历。父母感情很好,家庭氛围融洽,父母对孩子们的教育既开明又严厉。可能是因为部队的阳刚之气的熏陶,也可能是她天生的性格使然,她从小就像男孩一样,大大咧咧,调皮捣蛋;不怕吃苦,勇敢又坚强。小时候的游泳都是蒋莉自己折腾、多喝水学会的,她的坚强和勇敢可见一斑。在夏天的中午,哥哥总是会偷偷带她到部队大院的游泳池里游泳。他们在父亲看着的情况下,假装睡午觉,然后再偷偷溜出去。父母对他们日常的"小调皮"也只是睁一只眼闭一只眼,但在原则问题上还是有严格的规定和严厉的惩罚措施。由于家里对孩子并没有太多的条条框框限制,她和哥哥感受到的是父母的温暖和爱,内心充满关爱,安全感很强。她童年的成长非常自由自在、十分快乐。

后来,蒋莉的父亲转业到地方,他们也来到浙江诸暨生活。由于她见多识广,很快成为"孩子王",她是大家眼里的"智多星"。尽管她懂得多见得多,但她不会因为农村的孩子们没有见识就看不起他们,反而很喜欢他们,给他们讲外面的故事,这样她更树立了威望。所以她从小就知道不能看不起别人,大家都是平等的,别人现在不如你懂得多,可能是他们没机会了解、没有学习到相应的知识而已。尊重每个人、不要想控制别人,这些思想很早就在她的脑海中初见雏形。

后来她以优异的成绩考入杭州大学的教育心理学专业,这个专业让她能够更好地理解人、了解人与人之间的关系。她经常说心理学让她能够更好地换位思考,与人交往中她更知道应该怎么既不让别人难堪又可以把工作要求正确地传达。她的第一份工作是在杭州上城区教师进修学校做小学数学教研员,那可不是件简单容易的活,因为一个没有给小学生上过一节数学课的大学毕业生,要指导可能已经在课堂上教学近30年的老教师。为了了解孩子,她经常去学校听课、观察；为了让老师们喜欢她，她经常约年轻老师聊天、去公园玩，到老教师家里去吃饭。人混熟了，不仅向一线老师学到了教学本领，更重要的是建立了信任安全关系，后面共同研讨教学问题，氛围就好多了。

1997年，29岁的她直接担任浙江省一所名校的校长。她按照自己的想法，"教育应该是启迪人，而不是约束人"，在担任校长期间，她组建新的班子，招收高学历人才，民主治理，让所有老师以主人翁的心态参与到学校的发展中，将学校营造成学生交往和活动的场所。她做校长的学校都是杭州市最好的，她能够把好学校的好老师们带领得"心服口服"，老师们和她都能有积极的人际关系。2003年正是她集团化办学的关键时期，正值当时自上而下要求开展"共产党员保持先进性主题教育"活动，她在学校开展了一次"互找闪光点"活动。把在其他党员身上看到的闪光故事写出来、讲出来时，正能量其实就已经影响到了每一个人。

2014年，她被提拔到杭州市教育局担任副局长。之后的三年，她一如既往地开展教育创新改革，但是她却觉得自己有些不接地气，因为离她想服务的校长、老师、学生和家长越来越远了。2017年，她主动要求辞去副局长的职务，调入大学成为一名普通的大学老师，同时开始了她的教育创业计划。多年的教育探索成果，使她有足够的知识和经验得以帮助家长读懂孩子、了解孩子，助力孩子幸福成长。

蒋莉的成长过程中，她家庭的影响深刻而久远，父母的恩爱和谐让她在成长过程中有强烈的安全感，而开明不失严格的家庭教育又使她在"肆意生长"的同时养成极具原则性的性格。这为后来她组建幸福的家庭、与家人和睦相处都奠定了基础。

蒋莉与先生的关系既是互相支持，又是相互独立的。他们像是亲密的知己，常常分享工作中的趣事，也会向对方倾诉遇到的问题，这就不断地拉近了夫妻间的距离。但是，他们从来不会过多干预对方，不会对彼此的事业做出评判，也不会"越界"为对方做决策，自己做决策自己负责。例如，在蒋莉想辞掉杭州市教育局副局长的职务去做大学老师、再创业做自己感兴趣的幼儿教育时，先生并没有说同意或不同意，而是问了她几个问题，这让她深入透彻地思考了自己的事业，在经过理性分析之后，蒋莉决定辞职。对于她的决定，先生也是给予了百分之百的支持。

婆媳关系是中国女性人际关系中比较难处理好的关系。然而，蒋莉与婆婆共同生活近30年，从来没有红过脸。婆婆还有意愿想去参评杭州市和睦婆媳关系活动，但她认为咱们俩好就行了，没必要去参加评选，毕竟那时候蒋莉已经是校长，不想过于招摇。在与公婆的相处中，蒋莉的基本做法就是不会把自己的观念强加给公婆，他们做什么都给予肯定。在蒋莉坐月子期间，婆婆一天煮五个鸡蛋，她也都"乖乖"吃掉；平时婆婆做什么菜，她都说好吃。就这样，坐月子中听话的"儿媳妇"征服了婆婆，相处了九个月之后就主动来到杭州帮她带孩子。这一来就一起生活了30年，她们相处最主要的原则就是不把自己的观点强加给别人，承认对方的初心是好的，方式方法可以不同。例如，老人怕孩子着凉，往往给孩子穿的衣服比较多，而且她女儿有段时间总是患感冒、肺炎，还似乎有了哮喘。有一次蒋莉看到女儿穿的衣服好像有点多，就说了一句"不要穿这么多衣服吧？"然后婆婆就跑到房间里掉眼泪，老人家认为自己做得不好或者儿媳妇怪罪自己了。从那次之后，蒋莉就再也不说任何可能质疑他们的话，就按照老人的意思来。蒋莉非常尊重公婆，爸爸妈妈叫得很是亲切，经常逗他们开心。公婆也是全力支持她的工作，担任校长期间，她每天早出晚归，婆婆把孩子照顾得很好，让她能够全身心投入到事业中。每年教师节收到鲜花后，她总会转送给公婆，说"军功章里有你们的一半"，把公婆哄得可开心了。

蒋莉并不是一个"传统"的妈妈，夫妻俩对女儿清清的教育十分民主，几乎从来没有盯着孩子做作业、替她检查，也没有帮她报过任何培训班。因此，女儿清清从小就养成了自觉自主的习惯，自己走路上下学，放学回家先做作业，做好了再玩。尽管工作再忙，蒋莉每周都会抽出一天的时间陪清清出去玩，这是她对女儿的承诺。蒋莉认为，父母对孩子的守护有三个原则：不越界的保护与照顾；不强加的启发与引导；不包办的支持与帮助。如果条条框框的规矩太多，孩子的主动性就会被打压。身为校长，蒋莉并不像其他父母那样，为孩子提供最好的资源，安排孩子的未来，她认为这对孩子是一种压力。相反地，蒋莉给了清清充分的自由，不管是就读哪所学校，还是从事哪种职业，蒋莉都没有插手，而是让女儿选择自己想要的人生。在找对象这件事情上，蒋莉也没有对女儿进行过多的限制。女儿有了男朋友，那时候蒋莉明确了作为家长的态度：不反对，不赞成，不见面。她也提醒女儿需要想清楚找男朋友最重要的标准是什么，男朋友是否符合她的要求。对于女儿做出的选择，她和先生都是无条件地尊重和支持。

从蒋莉的人际关系故事中我们可以看到，从小她的父母给予了她强大的自由、爱与支持，这让她在成长过程中建立起了非常重要的安全感，也使得她在未来的人生里能够给予人温暖，与他人和睦相处。在蒋莉的家庭中，所有人的关系都是自由和平等的，他们不会对彼此的生活指手画脚。家庭成员间需要彼此信任、互相协助，每个人都应该做好自己的本分，尽到应尽的责任。蒋莉认为，在人际关系中最重要的就是不要事先预设模式，不能总是想着改变别人。相互尊重、相互支持，是她的相处之道，也是她在积极的人际关系中体验到幸福感的重要原因。

能活着，本身就是幸运的和幸福的

【毕生难忘的菲律宾之行：能看到第二天升起的太阳，能吃到蘸有酱油的煎鸡蛋，就是幸运。】

什么是幸运？说到幸运，人们首先可能想到中奖。其实，活着本身就是一种幸运。下面的故事是我的一个学生的真实经历，这次经历让他对幸福有了新的理解。

这位学生名叫小A，他是做矿业权投资的，所以经常出差去一些不太发达的地区。一次，公司派他前往菲律宾吕宋岛东南部一个普通游客根本不会光顾的地方。小A去的时候恰逢当地的假期，街道上人员密集，再加上当地基础设施建设很落后，300公里左右的行程，需要耗时15个小时。不仅如此，小A发现道路两边没有任何自然风光，到处都是破破烂烂的棚子，当地的居民就住在这样的环境里，生活条件十分落后。到了山路上，路边每隔两三百米就站着一个人，挥舞着旗帜，在每个弯道处指挥车辆，路过的车辆时不时扔出一些硬币给这些人。当地人解释说，由于山路常发生事故，这些人是自发组织来维持道路安全的，他们唯一的收入就是司机扔下来的钱。就这样，经过一夜的舟车劳顿，小A终于可以回到酒店休息了。然而，酒店的窗式空调声音很大，仿佛正在工作的拖拉机，房间的墙壁上还爬着壁虎。在这样的环境下，小A备受煎熬地撑过了整夜。

第二天，没有休息好的小A硬着头皮出发去工作，忙完一天后便马不停蹄地赶路返回马尼拉。在返程路上经过一个村镇，他便想找个地方吃顿晚饭。当时大概是晚上7点钟，但是村镇上的餐厅全都已经关门了，小A很是不解。好不容易找到一家店门开着的餐厅，店主却说："今天放假，我们不营业，你们多给钱也不行，我们要休息的。"小A很惊讶，上门的钱哪有不赚的道理？好在附近有便利店，小A和同行的人在路边匆匆吃了泡面，然后继续赶路。想想在国内，随时可以吃到品种繁多而美味的饭菜，就越发思念祖国生活的便利和美好。

因为归途心切，司机在狭小的道路上屡屡超车，最终在一个弯道上撞上了防撞墩，坠入了山崖。在不断向下翻滚的车中，小A和其他人并排坐在一起，连安全带也没有系，只能双手死死地抓住安全扶手，脑袋里想的都是自己的父母和妻子。万幸的是，小A最后没有被甩出去，车子也停下来了。他冷静地一脚踢开玻璃，立刻爬出车外，并试图往山上爬，但是由于山坡陡峭且湿滑，他爬了3米高后又掉了下来。这时候，山上有个灯光照下来，有人用带有菲律宾口音的英语询问下面的情况，小A赶紧大声呼救。在不到1分钟的时间里，一条粗粗的缆绳扔了下来，小A顺势往上爬，其间回头看的时候，发现车子掉落的地方距离路面有十多米，而且下面还有几十米，车子只是卡在半山腰上的一个石头平台上。陆续地，小A和其他几个没有受重伤的人爬上了山顶，随后几名当地人在询问和确认车上的人数后，又赶紧冲下山去帮助还没有爬上来的人。很不幸的是，其中一名随行的同事当场遇难。他们继续帮忙把遇难者从变形的车中弄出来，将遗体抬上山，还把全部的行李都一件件清理出来。经历了这一遭后，小A的内心受到了极大的冲击，他坐在山顶上努力地平复心情。处理完现场的事情后，当地人驱车送小A和其他人一起前往医院检查。检查结束后，送他们就近入住了一家酒店。

酒店的墙壁上还是有壁虎，窗式空调还是像拖拉机一样地响。但是当小A躺在硬板床上的那一刻，他听着空调的轰鸣声，突然觉得不再是烦躁，而是一种幸福。那一夜是他出差睡得最好的一晚。回想当初路边的那些当地人，手持着电筒守夜，小A对这个国家的人民又有了新的认识。虽然国家不富裕，人民生活条件也不高，但是他们内心是有信仰的，他们是善良、有爱心的。第二天一早，天气晴好，空气清新。小A看着初升的太阳，飘落了树叶的泳池，感觉这一切都无比美好而宁静，加酱油的煎鸡蛋也让小A觉得很美味。

小A说，这件事让他重新找到了对生活的幸福感。他觉得自己在世上的每一天都无比珍贵，仅仅是睁开双眼看到太阳，就让他觉得无比幸运。经过了这次劫难后，他不再像以前一样匆匆忙忙，而是抱着感恩的心态认真留意身边的事物，他始终抱着感恩的心面对生活，时刻告诉自己是多么幸运还能够听到、闻到、看到、品尝到、感受到世间的万事万物，也因此时常体会到内心的幸福感。

所以，小A的故事让我们懂得什么是幸运。对小A来说，遭遇车祸而毫发无损是幸运，对我们来说，我们也会感慨我们能够每天平平安安地生活就很幸运了。幸运不是中奖，而是一种用积极心态生活的结果。以积极的心态看世界，你就会发现其实生活真的很美好，你就会发自内心地感到快乐。例如，生活在我们这个时代，生活条件比以前的皇帝们都要舒服很多，我们是不是很幸运？我们中国这么安全，与那些战乱国家的人民相比，是不是很幸运？其实生活中有很多小幸运，我们首先要有能够发现幸运的认知倾向，发现了"小确幸"，就会感觉愉快，经常愉快，就会感觉幸福。幸福的体验又会强化我们的积极心态，于是就形成了"生活是一面镜子，你对它笑它就对你笑，你对它哭它也对你哭"的循环。

这几个真实的故事，是否对你有所触动和启发呢？有没有对幸福GPS模型有个大概的了解呢？这几位主人公的幸福来源各有侧重，可能他们也并不是大家心目中完美的幸福的人物画像，但生活就是这样，并不是各方面都要完美的人才有资格幸福。我们每个人都可以是幸福的，幸福是内心的感受和体验。你可以没有很高的收入、很大的房子，工作中可能你也并不位高权重，没有什么话语权，但你有爱你的家人、朋友，拥有积极的人际关系，你可以是幸福的；你可能没结婚，但你也可以有积极的人际关系，也同样可以很幸福。总之，幸福是可以从这六个方面去创造的,你也不一定样样精通,你有让你快乐的主赛道,条条大路通罗马,六条大路都通当然更好。

后面的章节首先让大家了解每个人的先天禀赋不同,我们应接受我们不能改变的部分,承认每个人都是与众不同的个体。然后正确认识和了解消极情绪,培养积极情绪的同时也接受消极情绪的存在。最后从GPS模型的六个方面告诉大家如何通过练习和学习,激发我们幸福的感受能力,从而获得幸福体验。

2 建立自己的幸福基因

基因、性格与幸福感

首先,我们要承认每个人天生的基因构成有差异。基因学研究告诉我们,人与人之间共同的基因占99.5%,看上去共同的基因很多,但人类的基因包含了30亿个碱基(基因的重要组成部分),因此,即便人与人之间仅有0.5%的差异,也足够让整个地球上的人千差万别。我们的态度、行为,甚至幸福感等很多方面都受先天遗传因素的影响。承认先天的差异并不代表承认宿命,而是让我们更好地掌握自己的命运。所以,我们先了解与我们的幸福感有关的一些基因成分,认识自己与众不同的天生特点,帮助自己找到专属的幸福。

持久的幸福是由什么决定的?

如果我们提出这样一个问题——"在你眼中,什么能够使你幸福?"想必很多人会说:"如果我有很多很多钱,我会感到非常幸福。"的确,金钱能够给人带来幸福的体验,但是,在解决了基本温饱问题后,幸福和金钱的关系就会越来越小。2017年央视财经频道的节目报道,尽管大数据显示"收入"与"幸福感"之间基本呈现正相关的关系,但是在年收入30万元处有一个拐点。超过30万元的家庭随着收入的增加,幸福感逐渐下降。年收入在100万元以上的高收入群体的幸福感低于年收入8万~12万元的群体。因此,我们可以看到,收入增加并不意味着幸福感也一定会增加,金钱带来的幸福感并不会持久。

其实,在日常生活中,能够产生幸福感受的事件有很多:收到朋友一句真心的问候,品尝午后时分的一杯咖啡,观看一部意味深长的电影,陪伴亲人在月下散步……然而,这些事情带给我们的幸福感一般是短暂的、片刻的。那么,我们如何才能获得持久的幸福感呢?积极心理学之父马丁·塞利格曼博士为此提出了一个公式:幸福的持久度=幸福的范围+生活环境+自身可以控制的因素(塞利格曼,2012)。他认为,决定一个人能否拥有持久幸福感的因素有三个:首先是幸福的范围,这个天生的范围就像恒温仪,即使有高兴的事情使我们的情绪高涨,或者有不幸的事情使我们的情绪低落,它都会把我们的幸福感拉回到平常水平。天生的基因决定了我们感受幸福的范围的大小,"大喜大悲"大到什么程度,每个人可以感受的范围不同。有些人天生积极乐观,有些人天生敏感多虑,有些人天生善于交际,有些人天生寡言少语(巴斯,2007)。尽管这些个性的差异由基因决定,甚至很难改变,但这也只是说明可能有些人没那么容易感到幸福,或者感受幸福的程度与其他人相比没那么强烈。其次,幸福的持久度还会受到生活环境的影响,生活在富庶国家和地区的人会享有较好的健康状况、较高的教育水平和较丰富的物质与精神生活,他们的幸福持久度更高,而生活条件更贫困的国家人们的幸福持久度会低一些。最后,幸福的持久度与你自身可以控制的因素有不可分割的联系;如果你对外界有更大的控制,它不仅使你的幸福感大幅上升,而且会更加持久。例如,你可以通过回忆和感恩过去的美好记忆来增加幸福感,还可以选择宽恕那些让你产生痛苦的人,学会控制和调解自己的情绪等。主动控制自己可以控制的因素,可以帮助人们获得幸福。

在这部分的内容中,我们主要了解第一种因素,即天生的基因对我们的幸福感产生的影响,而后两种因素将在其他部分作详细解读。

基因会影响婚姻幸福感?

"天造一对,地设一双"这样美满幸福的婚姻境界是每一对夫妻所努力追求的。婚姻幸福的秘诀在哪里?《2018年中国婚恋幸福力指数研究报告》显示,在不同的婚姻阶段和婚姻类型(自由婚姻或新包办婚姻)中,伴侣们对婚姻幸福的影响因素有着不同的看法,但他们普遍认为,婚姻中最重要的因素包括以下几点:夫妻之间互相信任、互相尊重爱惜、相爱感情深厚、婚姻忠诚度高、身体健康、性格合拍、家庭经济宽裕、沟通交流频繁通畅、夫妻双方与对方父母和谐相处。如果你是一名已婚人士,相信你对这些因素也会颇为赞同。但是随着神经科学的发展,科学家们惊奇地发现,婚姻幸福与否还会受夫妻双方基因的影响。美国耶鲁大学公共卫生学院的研究团队以178对已婚夫妇为研究对象,调查了他们的婚姻安全感和满意度,并提取了他们的唾液样本进行基因检测分析。研究结果发现:一种与催产素有关的基因在婚姻安全感和满意度方面发挥着一定的作用。催产素是由下丘脑分泌的一种神经激素,无论男性还是女性都会分泌这种激素。催产素可以增加积极情绪,让人更乐观,并且促进人际信任。这种催产素基因有G和A两种变体,组合成GG、AG和AA三种基因型。夫妇双方中如果有一人具有这种GG基因型,这对夫妻的婚姻安全感和满意度就会具有比较高的水平。由此可见,我们在生活中看到的特别幸福美满的婚姻,一方面是夫妻双方共同精心经营的成果,另一方面也可能是因为夫妻双方恰好有一方拥有这种"幸福"基因(Liu et al., 2015;Monin et al., 2019)。科学家提醒人们不要完全忽略这种"幸福基因"的存在以及其对婚姻的积极影响,但也告诉我们不能过分夸大基因对婚姻幸福的影响。

"幸福基因":独一无二的遗产

2020年春天,新冠病毒肆虐武汉之时,在武汉国际会展中心刚刚搭建好的"方舱医院"内,一位确诊患有新冠肺炎的年轻人躺在病床上专心看书的照片在网络走红。这位"读书哥"当时看的是《政治秩序的起源》,他的乐观和淡定甚至火到了国外的社交网络上,这本书的作者也在个人推特上转发了这张照片,这本书的销量和下载量甚至迎来了一波短期爆发式的增长。很多同处在"方舱医院"进行隔离治疗的患者,因为突如其来的疫情,陷入终日的焦虑和恐惧之中,但是这位年轻人手中捧着厚厚的书本,神情专注、淡定从容,仿佛此时此刻他并不是在迎战凶恶的病毒，而只是得了一场小感冒。他的乐观和从容感染了同在一起治疗的病友，抚慰了大家内心的恐慌，也通过网络给处在疫情中的全国人民的内心带来了安宁。这位年轻人处变不惊的态度和专注读书的行为让我们想到了这样一类人——乐天派。一般来说，乐天派的人遇到什么事都不会过度烦恼、忧愁或焦虑，而是始终以乐观积极的态度面对生活。那么，这样的心态是与生俱来的吗？

最新科学研究显示，确实存在天生的乐天派，而且这种天生的乐观是可以通过基因遗传的。我们的快乐感受与一种名为5-HTTLPR的基因有关（Lyubomirsky et al.，2005）。这种存在于大脑细胞膜中的基因参与个体的情绪调节活动。当发生让人感觉紧张或者不愉快的压力事件时，5-HTTLPR基因就会对个体产生影响。具体来说，5-HTTLPR基因包括两种类型，长型和短型。长型更有助于促进在压力紧张状态下调用平时储备的快乐情感，因此被命名为"快乐基因"（Munafò et al.，2008）。哈佛医学院、加州大学圣地亚哥分校、苏黎世大学的科学家们检测了一千多对美国青少年双胞胎的健康水平。通过对他们的唾液样本进行分析，研究者发现，和没有长型5-HTTLPR基因的人相比，带有长型5-HTTLPR基因的人自我报告"非常快乐"的比例要多出8%（Neve et al.，2012；Levinson，2006）。

哪些基因决定了我们的性格特质？

我们知道，一个人的行为与其性格有很大的关系，而性格很大程度上又会受到基因的影响。什么样的基因会对我们的性格产生影响呢？下面对一些特定的基因进行详细的介绍。

"猎奇基因"D4DR基因——让你在"作死的边缘"不停试探

无论是在《荒野求生》《跟着贝尔去冒险》等户外求生冒险节目中，还是在平常生活中，我们总会看到有这样的一群人：他们乐于冒险、寻求新奇、喜欢挑战一些刺激的游乐项目，例如攀岩、高空跳伞、深海潜水等。他们总想尝试充满风险和惊奇的事物,性格冲动,似乎永远学不会"安定",永远走在追寻新鲜刺激感的路上。然而,大部分人觉得自己不会选择去尝试这些活动,因为这实在是太具有风险性了,他们甚至对此心生疑惑:冒着生命危险挑战人类极限,这值得吗?

对于这一疑问,科学家们通过神经学的研究给出了答案。有些人天生就需要通过寻求对神经更强有力的刺激才能感到兴奋和快乐,例如,通过参加各种惊心动魄的极限运动来寻求刺激。并且,这些个体不仅追求生理方面的刺激,也寻求精神与社会刺激,例如对音乐与艺术追求极致与纯粹、崇尚反主流文化、乐于创新等。这类人都有一个共同点:拥有"猎奇基因"——长D4DR基因。D4DR基因的长短会影响人脑对多巴胺的敏感程度,而多巴胺是一种神经传导物质,它传递兴奋及开心的信息。多巴胺分泌得越多,个体就越感觉身心愉悦、心情美好。具体而言,D4DR较长的个体对多巴胺不敏感,因此需要保持高水平的多巴胺分泌才能保持兴奋和愉悦,也因此需要高强度的刺激(比如冒险)来诱发个体分泌更多的多巴胺,活动越是刺激,个体就越感到快乐。我们经常看到蹦极后的人大喊:"太爽啦!"——"爽"其实就是多巴胺分泌所带来的愉悦感。这种对冒险和新奇的渴望不受性别、年龄、种族、民族或教育程度的影响,我们会看到年轻的女骑手独自骑行几千里穿越塔克拉玛干沙漠,也会看到52岁的万科老总王石成功登顶珠穆朗玛峰。所以无论男女,无论你是青葱少年、人到中年还是两鬓斑白,无论你是汉族、回族还是藏族,也无论你是否受过高等教育,D4DR基因对你的性格所产生的影响都是相似的(Ebstein et al.,1996)。

"暴力基因"MAOA基因——可以让暴力狂"甩锅"的基因

电视剧《不要和陌生人说话》中冯远征老师饰演的医院外科专家安嘉和是众人眼中一等的好男人。他事业一帆风顺,在社会上广受尊重,但又是一个具有家庭暴力倾向的丈夫,他对妻子梅湘南施暴时穷凶极恶的样子也一度使观众们产生了心理阴影,甚至成了很多人的童年"噩梦"。家庭暴力现象不仅出现在影视剧里,也存在于真实的家庭之中,甚至三天两头上热搜,已经成为受到广泛重视的社会问题。还有一些近期的例子年轻读者可能会更有共鸣,比如明星黄奕、贾静雯遭受家暴，热门美剧《大小谎言》中的著名女网红拉姆被家暴致死，等等。1990年，一群饱受家庭暴力折磨的荷兰女性成立了反家暴联盟，这些女性在一起抱团取暖，互相交流反家暴的方法，其中有一位叫玛格丽特的女性提出："这些男人使用家庭暴力是不是与遗传相关，他们身上是不是存在暴力基因？"为了探究事实，玛格丽特和她的支持者们四处联络能够帮助她们的科学家，最终，荷兰奈梅亨医科大学的遗传学家汉斯·布鲁诺表示愿意帮助她们。这位遗传学家通过三年的研究奇迹般地发现，在X染色体上确实存在一种MAOA基因，它与暴力行为有关，拥有这种基因的个体会性格冲动、富于攻击性。遗传学家将这一基因命名为"暴力基因"，并认为它可以遗传给后代（Brunner et al., 1993）。

这一发现在社会上引起了轩然大波，"暴力基因"的存在让犯罪判定问题变成了一个哲学问题："到底是我杀了人，还是我的基因杀了人？"例如，在2010年，美国田纳西州发生了一起震惊全美的恶性杀人案，一男子与妻子发生争执后，向妻子的朋友连开多枪，然后又用刀砍杀妻子，致一死一伤。在法庭上，该名男子对其所犯罪行供认不讳，被法院指控为一级谋杀罪，若罪名成立，他将被判处死刑。然而，就在此时，这名男子的辩护律师突然要求对被告进行大脑扫描和基因测序等科学评估。评估结果显示，被告携有MAOA基因，即"暴力基因"。最终，被告被判定为一般杀人罪，免除死刑。对于这种依照大脑扫描和基因测序的证据来减轻杀人犯刑罚的方式，各界褒贬不一。一些学者和司法人士认为，如果确实有证据证明某些基因的存在会削弱罪犯的自控力，对其轻判就是成立的。但是，随着后续对"暴力基因"的研究不断深入，有学者对"暴力基因"这一说法提出了异议，他们认为拥有这种基因的个体不一定就会性格冲动、富有攻击性，只有这些个体在成长过程中受到过虐待，才容易产生攻击和暴力行为。因此学者们认为，具备MAOA基因的个体会否产生攻击性行为甚至犯罪，是由基因和环境共同决定的。这一科学结论为孩子的家长和教育工作者提供了一项重要启示：在儿童成长过程中，应该给予他们足够的关爱，避免虐待儿童事件的发生。

"抑郁基因"MKP-1基因——容易受伤的女人和男人

W先生和妻子是大学情侣，经过8年恋爱长跑，在2018年步入了婚姻的殿堂，婚后一年多，小宝宝出生了。但是W先生却说："我妻子生完孩子后，变得我都快不认识她了，经常动不动就哭，一有不顺心就冲我发脾气，那个原本温柔体贴的妻子去哪了？"不仅是W先生不能理解妻子，连岳母也把女儿的敏感、情绪不稳定认为是"矫情"，甚至有些同为产妇的人对于这种状态和行为也表示不理解："为什么我也经历了怀胎十月和断了十根肋骨疼痛级别的分娩，我就不会感到抑郁呢？那些产后容易抑郁的人是不是心理太脆弱，有点太矫情了？"

产后抑郁真的是"矫情"吗？为什么生完孩子后，有些产妇会性情大变，有些则不会？其实，无论是产后抑郁还是抑郁症，它们产生的原因非常复杂。一方面，抑郁的发生可能源于一些心理层面的刺激，患者可能是受到了生活中重大创伤事件（如亲人突然去世等）的打击，也可能与长期的社会和健康问题（长期失业、慢性疾病）相关。除了上述心理层面的因素以外，抑郁还受到生理因素的影响，甚至是基因的影响。对于产妇而言，激素水平在产前产后的急速变化是引发产后抑郁的生理因素：生产前，孕妇的体内激素达到顶峰，有些女性的孕酮值可能会达到170；生产后，孕酮水平可能降至20~30。这种激素水平的急剧下降对产妇产后抑郁有着一定的影响。在基因层面，美国的科学家发现，与健康人相比，抑郁症患者大脑中的MKP-1的基因显著超标，这种基因可能与抑郁症以及其他类似的精神紊乱疾病相关。拥有这种基因的个体在遇到同样的生活压力事件（比如分娩）时，比较难以从压力情境中恢复活力。所以每个产妇激素水平的变化存在差异，天生的易感性也存在差异。这在一定程度上能解释为什么有些产妇会比较容易抑郁，有些则不会。

我命由天，也由我

以上研究结果似乎给人一种错觉：天生的基因决定了一个人是否能获得生活

和婚姻的幸福，以及他是否容易产生抑郁和暴力倾向。首先我们要承认，每个人的先天基因是不同的，这是谁都改变不了的事实。就像有人天生双眼皮，有人天生单眼皮；有人天生白皮肤，有人天生黑皮肤。在这一方面，我们应当学会欣然接纳我们无法改变的，也要勇于改变我们可以改变的。别人天生乐观，而我天生敏感多疑，那我就要花更多的精力去改变我容易钻牛角尖、容易生气的特点——想变得更大度、更乐观就要比天性乐天安命的人多付出努力，但这并不是不可能的。当然，一味强调人定胜天也是不理智的，我们应当在自己的可控范围内去建设属于自己的幸福。

巴甫洛夫曾说："性格是天生与后天的合金，性格受于祖代的遗传，在现实生活中又不断改变、完善。"不同的孩子出生时会表现出不同的性格特征，比如有些会比较急躁，不好护理，有些则平易温顺，较好护理，这些气质会在后天环境的影响下慢慢变化，形成较为稳定的人格。我们每个人的性格都是在先天因素和后天因素的共同影响下形成的。

在BBC纪录片《一对分隔在世界两端的中国双胞胎》中，一对中国同卵双胞胎姐妹分别被一个美国家庭和一个挪威家庭收养，两姐妹的基因基本相同，但生活环境差异较大，一个生长在繁华的都市，一个成长在静谧的自然小镇，他们确实有很多相似的部分，但爱好和生活习惯还是产生了一定的差异！此外，双生子和寄养子的相关研究也发现，先天因素和后天因素对大部分心理特征和性格的影响各占50%。有学者对不同的关于双生子研究的结果进行了汇总，发现智商的遗传率是40%～80%；"大五"人格（Big Five Personality）的五个特质的遗传率则为40%～60%（Neve et al.，2012）。

尽管智商和性格等因素确实会受到先天因素的影响，但是，这些因素只能起到部分作用，因为从基因到心理特征再到行为表现，要经历一个漫长的演变链条：基因——蛋白——神经元——大脑——心理表征——行为反应。这个链条在演变过程中会受到各种复杂的因素影响，链条越往后就越不稳定。所以，基因对人们的性格和行为的影响力到底是多少，只能从理论上去推测。基因不能解释的就是环境的作用。环境在上面这个链条的各个阶段都发生作用：童年期受虐待、创伤的经历有可能会对大脑的发育产生影响，而长期的生活压力也有可能会导致心理和行为的变化（Caspi et al., 2002）。因此，"龙生龙，凤生凤，老鼠的儿子会打洞"的说法虽然有一定的道理，但是也并不完全是准确的。我们很难只是根据一个人的基因就做出判断：他的智商是高还是低？他性格是内向还是外向？他未来会不会婚姻幸福？就像一幅作品，基因只是影响了底色，但这幅作品的色彩、构图、风格等就要由每个人在生活中的每一步来绘制了。每幅画作都是画者精心的作品，只要你用心投入去创造，那就是你的得意之作，并无好坏高低之分。也正如幸福，只要我们用心去生活了，体会的幸福感就是你感受到的独一无二的幸福，并没有高低贵贱之分。

作为一代人记忆的华语乐坛流行歌手周杰伦，出道前和出道时都是一个性格十分内向的人，甚至连镜头都不敢直视。他出身于单亲家庭，教育水平、经济水平都不高。高中毕业没考上大学，就去到一家餐厅做服务员，因为他会弹钢琴，才逐渐被发现音乐创作方面的能力。在母亲孜孜不倦的激励下，他一直坚持对音乐的热爱。尽管开始他写的歌都被评价为"怪怪的"，音乐圈几乎没有人喜欢，但周杰伦并没有气馁，依然坚持创作，曾用10天时间创作出50首歌曲。他用自己的实力征服了世界，给华语音乐历史留下了浓墨重彩的一笔。

动画片《哪吒之魔童降世》讲述的是哪吒"魔丸"投胎，本应是灵珠英雄的哪吒成了混世大魔王，调皮捣蛋、顽劣不堪的哪吒却有一颗做英雄的心。哪吒尽管顽皮，但他内心善良，加之有父母的爱，让他坚信"我命由我不由天，是魔是仙，我是谁只有我自己说了算"。哪吒"生而为魔"却从不认命，勇敢与命运斗争，终成英雄。这种知命但不认命的精神感染了很多人。

自知者明——了解自己的性格

性格没有优劣之分。当我们开始探索自己的内心世界，不再浪费精力去伪装自己，变成"别人眼中期待的样子"，而是慢慢地将真实的自我展现出来，发挥我们独特的优势时，我们将会拥有全新的人生体验。

心理学家荣格说过："高度敏感可以极大地丰富我们的人格特点……只有

在糟糕或者异常的情况出现时，它的优势才会转变成明显的劣势，因为那些不合时宜的影响因素让我们无法进行冷静的思考。"比如，爱因斯坦就是典型的高敏感型人格，他将高敏感型人格的天赋发挥到了极致，只专注地研究他的相对论，不受外界任何干扰，完全忘我地投入到科学的世界里，这是高敏感者的天生优势（荣格，2009）。

在人格测试中，"大五"人格测试（见本节末的表2-1）是目前比较权威的一种测试方法，它的测量量表由美国心理学家科斯塔（Paul Costa）和麦克雷（Robert McCrae）在1987年编制（McCrae & Costa, 1987），描述个体人格的5种特质，它们分别为：开放性（Openness）、尽责性（Conscientiousness）、外倾性（Extroversion）、宜人性（Agreeableness）、神经质（Neuroticism）。

开放性（Openness）：你是天马行空的艺术家，还是脚踏实地的实干家？

开放性是指对经验持开放、探求的态度，而不仅仅是一种人际意义上的开放。构成这一维度的特征包括活跃的想象力、对新观念的自发接受、好奇心等。得分高的人是独立的思维者，而得分低的人则是本分的实干家（伯格和陈会昌，2010）。在开放性维度得分高的人更适合在科学艺术等需要创新的领域内工作，得分较低的则比较适合做公务员、司法人员等（弗里德曼等，2012）。魔幻小说《哈利·波特》的作者J.K.罗琳（J.K. Rowling）就是高开放性个体的典型代表，正是她天马行空的想象力创造了风靡全球的人物角色哈利·波特。

尽责性（Conscientiousness）：你是谨慎尽责还是自由随意？

尽责性是一种可信赖的、细致谨慎的人格特质，高尽责性的个体常常更自律且有责任感，做事更有条理并能持之以恒。例如，事必躬亲、鞠躬尽瘁的诸葛亮就是高尽责性的代表。而低尽责性的人则比较随意，做事比较马虎大意。研究发现，高尽责性的人往往拥有积极健康的生活方式和良好和谐的人际关系，其寿命也会相对更长。在企业中，优秀的员工往往也是尽责性高的个体（弗里德曼等，2012）。

外倾性（Extraversion）：你喜欢觥筹交错还是月下独酌？

外倾性主要表现在人际互动时的态度和行为。外倾性高的人往往会更擅长进行人际沟通和交往，他们会非常关心身边各种生活事件的新进展。外倾性低的人则更为内向、冷静和内敛，更喜欢一个人独处。内向和外向的性格并没有优劣之分，它们各有各的优势。《红楼梦》中"粉面含春威不露，丹唇未启笑先闻"的王熙凤和"喜散不喜聚"的林黛玉就分别是外倾性高和外倾性低的代表人物。

宜人性（Agreeableness）：是"热情如火"还是"高冷如冰"？

宜人性主要表现为是否理解或体会他人的内心感受，能否对他人的情感产生共鸣。宜人性高的人往往是关系导向的，在团队协作中会注重分工与合作，亲和力很强，非常受人喜爱。比如《西游记》里的唐僧就属于高宜人性人群，他富有同情心，容易相信别人。相比之下，宜人性低的人则更关注事件本身，主要是任务导向的，会更多地为自己的利益和信念而奋斗。美剧《生活大爆炸》中的男主人公谢尔顿就是宜人性低的典型代表，这位天才科技"宅男"非常自负冷酷，沉浸在自己的科研世界里，很少关注别人。

神经质（Neuroticism）：你是喜怒无常还是八风不动？

神经质即为情绪稳定性的反面。神经质高的人往往比较敏感，容易紧张，情绪波动较大，前一秒阴云密布，下一秒就雨过天晴。《西游记》中的猪八戒是神经质高的典型代表，在西天取经过程中，一遇到困难和挫折，就激动地要求散伙，一遇到好吃的、好玩的，就兴奋得忘乎所以。相反，神经质低的人会更为放松，情绪比较稳定平静，不会大起大落。《西游记》中的沙僧（沙和尚）就是神经质低的典型代表，他平和冷静，富有耐心，承担了团队的事务性工作，而且能够在压力下保持冷静。

2 建立自己的幸福基因

表2-1 "大五"人格测试量表

请根据你现在的情况（不是对未来的期望），判断下面各项描述适合你的程度，选择相对应的数字。

1	2	3	4	5	6	7
非常不同意	比较不同意	有点不同意	不确定	有点同意	比较同意	非常同意

我认为自己_____。

1	健谈	23	懒惰
2	对别人挑剔	24	情绪稳定，不会轻易焦躁
3	做事情很仔细	25	富有创造力
4	抑郁，忧愁	26	性格果断
5	有创意，总能产生新想法	27	冷漠
6	保守	28	做事有始有终
7	乐于助人，不自私	29	会喜怒无常
8	有点粗心	30	重视艺术性、审美性的体验
9	心态放松，能很好地处理压力	31	有时会害羞、内向
10	对各种事情都充满好奇	32	几乎对所有人都很关心、和善
11	精力充沛	33	做事效率高
12	挑起与别人的口角	34	在紧张的环境中也能保持冷静
13	做事可靠	35	喜欢做重复性的常规工作
14	容易紧张	36	外向，喜欢社交
15	聪明，思想深刻	37	有时对别人粗鲁
16	非常有激情	38	制订计划，并严格执行
17	生性宽容	39	很容易不安
18	条理性差	40	喜欢思考，反复琢磨
19	经常担忧	41	没有多少艺术方面的兴趣
20	想象力丰富	42	喜欢与人合作
21	沉默寡言	43	容易分心
22	容易相信别人	44	对艺术、音乐和文学有较深了解

记分说明：

1. 选项1，6（反向计分），11，16，21（反向计分），26，31（反向计分），36，得分的总分为你的"外倾性"的原始分。分数越高说明你外倾性越高。

2. 选项2（反向计分），7，12（反向计分），17，22，27（反向计分），32，37（反向计分），42，得分的总分为你的"宜人性"的原始分。分数越高说明你宜人性越高。

3. 选项3，8（反向计分），13，18（反向计分），23（反向计分），28，33，38，43（反向计分），得分的总分为你的"尽责性"的原始分。分数越高说明你尽责性越高。

4. 选项4，9（反向计分），14，19，24（反向计分），29，34（反向计分），39，得分的总分为你的"神经质"的原始分。分数越高说明你情绪稳定性越高。

5. 选项5，10，15，20，25，30，35（反向计分），40，41（反向计分），44，得分的总分为你的"开放性"的原始分。分数越高说明你开放性越高。

注：反向得分的计算公式为：8-分数。

发现自己的天赋

前面我们已经了解到先天的基因构成决定了我们性格的底色、幸福的范围，似乎有点让我们产生宿命论的感觉。恰恰相反，我们了解先天生物遗传特点对我们性格的影响，是为了更主动更积极地认识自己。接受我们不能改变的，努力改变可以改变的，才是积极的生活态度。而且，我们要看到，每个人都有与众不同的、与生俱来的宝贵财富——天赋。

天赋的定义

天赋（Talent），也被翻译为天才、才能，通常被视为一种特殊的天生能力和悟性（罗宾逊，2017）。说到天赋，我们脑海中往往会浮现"天资聪颖""天赋异禀"等词汇。天赋包括很多方面，有运动天赋、艺术天赋、记忆天赋等。例如，在篮球界有那么一位天才，他的名字叫迈克尔·乔丹。他被称为"空中飞人""篮球之神"，是NBA历史上第一位拥有"世纪运动员"称号的巨星。这位篮球天才具有完美的身体素质、超凡的篮球技术和顶级的跑跳能力，爆发力极强，协调性、柔韧性极佳，一共获得了6次美国职业篮球联赛总冠军。在艺术领域，音乐神童莫扎特在14岁时就能凭记忆把在教堂听过的一首有好几个声部的歌曲全部默写下来，表现出极高的艺术和记忆天赋。又比如在此前风靡一时的科学竞技节目《最强大脑》中，那些表现出惊人观察力、想象力的天才选手们。

这些所谓的"天才"们都在各自擅长的领域展现着自己的天赋，成就着自己的人生。那么,生而平凡的我们是否也具有天赋呢?天赋难道真的离普通人很远吗?实际上,每个人都有天赋,只是你可能并没有发现自己的天赋而已。

试着回答以下三个问题:

1. 长久以来,你内心是否一直渴望做某些事情?即使还没有机会付诸实践,这些冲动也一直在你心中?

2. 你是否对某些事情一学就会,得心应手,还不时地有好点子蹦出来?

3. 你在做某些事情的时候是否会特别满足,做事情本身就让你感到特别快乐?

这三个问题的答案的交集即是你的天赋所在。我们不要把天赋与天才画等号,天赋每个人都有,但不是每个人都是天才。简单地说,天赋就是你在做这类事情时比别人学得快,而且你发自内心地喜欢做这些事。天赋只是潜能,一定要通过实践才能发挥出来,成为能力和优势。发现自己的天赋之后,要充分利用自己的这些特点,增加成功的概率;同时,做类似的工作你不会感到累。

天生我材必有用——发现自己的优势能力

天生我材必有用。每个人都会有一些擅长做的事情。我们或许没有像莫扎特一样出众的音乐才能,也没有像爱因斯坦那样卓绝的智商,更没有像乔丹那样杰出的运动天赋。然而,我们每个人在不同领域上的潜力是不同的,如果这些潜力得到挖掘,我们同样可以成就专属于自己的精彩人生。

小L有着很好的空间感和方向感,小时候从自己家到外婆家的路上会经过很多街区和小巷,他都能准确无误地自己一个人走路到达外婆家。当身边的人经常自嘲如果没有导航地图会迷路的时候,他已经成为一名凭借着自己的良好方向感和空间记忆能力,穿梭在大城市各个大街小巷的出租车司机。小L觉得自己虽然读书不是很优秀,没有考上大学,但是却很擅长记路,基本上只要去过一次的地方,下次一定不会走错路。在他开始做出租车司机的年代,智能手机还不发达,没有导航可以使用,开车上路完全需要靠自己的空间记忆。那时候的驾驶员是比较吃香的职业,收入也非常可观,所以招聘出租车司机的门槛比较高。他去应聘的时候,凭借良好的空间记忆和方向感知能力,在近百名应聘者中脱颖而出,获得了这个职位。小L也凭借着做出租车司机的工资收入,启动了自己后来的创业计划。他长期的驾驶经验和对方向感的把控,在调度物流、设计驾驶路线以及空间知觉等方面起到了关键性的推动作用。小L就是充分发挥自己天赋的良好例证。他发现并发挥了自己的优势,从一名普通的出租车司机成为一名物流方面的专家、企业家。

小W是一名任职于世界五百强企业人力资源部的工作人员。尽管她在这家公司工作的年限不是很长,但是作为人力资源部的专员,她对公司所有的人事信息都非常了解。在一次业内人力资源专业会议间隙,同行之间聊天,聊到某一个同样任职于该公司其他部门的职员时,对人事信息高度敏感的小W马上就说出了这个职员的人事信息,包括入职时间、学历、之前有过的工作履历、工作年限等等,如数家珍,让旁边的同行惊叹不已。正是小W对人员信息的敏感度以及超强的记忆力,让她的工作完成得非常出色,得到公司同事和领导的认可。

上面提到的小L和小W,都是我们身边的普通人,幸运的是他们发现并发挥了自己的优势能力,让工作和生活呈现出特有的亮点。我们是否能认识到,每个人都有自己的天赋,即便这些天赋并不是什么经天纬地之才,我们也都可以加以利用来实现自己的目标,获得自己的幸福呢?答案是肯定的。所以,我们一定不要盲目羡慕别人,先要找到我们自己的天生潜力。

每一朵花都有自己的春天——发现自己的优势性格

很多人会觉得,社会对内向性格者是不友好的,与"内向"这个词如影随形的,往往是胆怯、害羞、离群索居的刻板印象。尤其在这个非常强调社交能力的年代,似乎只有外向性格的人才能所向披靡,取得事业的成功和人生的幸福。但事实上呢？各国的心理学家做了一项全球的研究调查，发现全球最成功的100个人中，有40%是内向型人格。同样，国内优秀的企业家中，如腾讯集团总裁马化腾和百度集团董事长兼CEO李彦宏等人都认为自己属于内向型的性格。有研究认为，这些企业家在事业上所取得的成功，恰恰与他们沉稳内敛、做事可靠的内向型性格有着密切的关系。但也有国内外的社会心理学研究发现，内向和外向性格与成功之间，并没有直接关联。

艾森克个性问卷对典型的内向性格描述为：安静，离群，内省，喜欢独处而不喜欢接触人；保守，与人保持一定距离（除非挚友）；倾向于做事有计划，不凭一时冲动；日常生活有规律，严谨；遵循伦理观念；做事可靠。这当中有很多优秀的品质。内向性格的人和外向性格的人在行为表现上会存在较大的差异，这是因为两者的心理能量来源不同。前者来源于内在世界，后者来源于外在世界，但是两者本质上并没有好坏之分。而且，在生活中很少有人是完全内向型或者是完全外向型性格。在不同的时期、不同的环境中，人们可能会以某一种性格为主导，但也会表现出另外一种性格特征，甚至可能在这两种状态中切换，来应对复杂的社会环境。内向的人更愿意独处，独自安静地思考问题。很多时候，富有创造性的思想往往是由内向的思考者提出来的。人生最好的境界是丰富的安静，内向的人们利用这份安静的力量，也能获得属于自己的幸福。

再比如，很多时候人们认为敏感的性格特点不好，人们很容易会联想到林黛玉式的多愁善感、玻璃心、小题大做、矫情等一些负面词汇。但其实高敏感型的人在人际交往中拥有着无与伦比的天赋，因为他们能够观察到更多的信息，懂得设身处地理解他人，他们愿意倾听，很容易与人建立良好、深入、高质量的人际关系。我的一个朋友小T，就是一个拥有敏锐感知力、丰富想象力、对外界信息变化高度敏感的人。高敏感型的小T在说话前总是思前想后，因为担心会说出不合时宜的话；在做决定之前也会思前想后，把方方面面的情况都考虑进来。小T能敏感地感受到他人情绪的变化，因此他非常具有同理心，更容易与他人产生心理的共鸣，情感丰富而感性，会因为电影中角色的悲惨遭遇而难过，也会因为现实新闻中他人的不幸遭遇而悲伤，更会因为亲朋好友坎坷的生活经历而陷于低落情绪。对信息的极度敏感，常常让小T陷入自我挣扎的内耗，心力交瘁。小T为自己这样的性格特质感到很困扰，他很容易否定自我，觉得自己这种高敏感的特质似乎一无是处。后来小T通过学习，认清自己性格特点的积极一面，充分利用自己高敏感的特质，考取了心理学专业的研究生，成为一名专业的心理咨询师。心理咨询师这个职业刚好能够充分利用他敏感、同理心强的性格优势，他可以敏感地捕捉到来访者的情绪、认知等，容易产生共情。他现在对自己非常有信心，再也不会为自己的敏感特质感到自卑了。

顺应天赋，遵从内心

发现天赋是提升幸福感的重要方法，即便它不能保证你总是很幸福。哪怕是那些已经发现自己天赋的人，也需要面临诸事不顺的逆境，也需要应付各种压力。但是请相信，顺应天赋、遵从内心会大大增加你幸福的概率。当你在做某件事的时候，是否发自内心，由自己所决定？如果这个问题的答案是肯定的，那么你就是在遵循你的本能来进行选择，由此体验到的就是因遵循内心而带来的幸福。

心理学家爱德华·德西（Edward L. Deci）认为：个体有一种天性——相信他们是凭自己的意志力来活动的——是因为他们想做，而不是他们不得不做（Deci et al，2017）。只有真正做到遵循自己的内心，不违背心意，我们才能够激发热情，才会过得幸福。苹果公司创始人斯蒂文·乔布斯（Steven Jobs）的人生箴言是："活着，就是为了改变世界。"乔布斯在19岁时，希望能拥有一台属于自己的计算机，这便是梦想的开始。出于对梦想的坚持，他在自家的车库创造出第一台苹果电脑，苹果公司也在这个时候诞生了。在35年的时间里，乔布斯经历了创立苹果公司、被排挤出苹果公司、重新回归苹果公司的艰苦历程，可以说，他一生的大多数时间都围绕着苹果公司。也正是因为这份发自内心的热爱，让他主动去追求自己的梦想，从而成就了苹果公司的传奇。

倾听自己内心的声音、追逐发自内心的梦想、感受来自心灵深处的喜悦，这是多么幸福的事情。不是所有的人都要考上"985""211"高校才是有出息，才是有梦想、有追求。"我就是喜欢小动物，我想当一名兽医。但家长不同意，我分数考这么高分，不读个'985'太可惜了。但我上了'985'，学了家长认为好的专业，我一点都不开心。我已经和家人商量好了，等我本科毕业就再去学兽医，我就想做一名兽医。"这是一名"985"高校学生的自述，我为这位学生感到高兴，因为她敢于遵循自己的内心，追求自己的理想生活，从她的眼里我看到了幸福的光。

我们很多人不幸福的原因是活在别人的期待中、别人的评价中，好像是为别人活着。如此，我们就会感到无助、迷茫，幸福无从谈起。因为别人的想法我们不能控制，"别人"也太多，我们不可能让所有的"别人"高兴，我们永远也不能满足所有的"别人"的期待。那怎么办呢？唯一的办法就是：我们要为自己活着！每个人都是与众不同的、独特的，我们要活出自己的精彩。百花齐放才是春，世界本来就是色彩斑斓的，活出自己的样子也是为世界的丰富多彩做出我们自己应有的贡献。

发现自我天赋，成就幸福人生

我们需要知道自己的天赋在哪，挖掘自己的天赋，让它成为优势，并且利用优势成就自己，收获幸福。当你自己很难发现的时候，可以从别人的角度，帮你辨别自己的天赋。世界名模刘雯的成长之路就是很好的例子。

刘雯出生于湖南永州一个普通家庭，单眼皮、厚嘴唇的她一直觉得自己不漂亮。因为发育得快，她一直比同龄人高，上高中时已经有1米75。因为个子太高、在学校鹤立鸡群而感到苦恼和自卑，妈妈觉察到了她的自卑，鼓励她勇敢做自己："女孩子应该看起来更年轻，更自信。在妈妈眼中，刘雯是最美丽的。"当时，湖南电视台正在举行模特大赛，妈妈鼓励她报名参加，在这场比赛中，毫无T台经验的她，竟获得了新丝路模特大赛湖南赛区的冠军。

尽管拿到冠军还签约了模特公司成为一名职业模特，但她仍然一度觉得自己的单眼皮、厚嘴唇很不好看。在最初的几年里，她的模特生涯并不顺利。然而，

2 建立自己的幸福基因

一次机缘巧合让她在帮一个品牌做试衣模特时，遇到了法国时尚界的名人约瑟夫·卡尔。见到刘雯，约瑟夫·卡尔顿觉眼前一亮。他说："眼前的女孩如此天赋异禀，她身体里散发着光辉。她散发着一种天生的优雅，又融合着一股强烈的冲击力。"之后，约瑟夫·卡尔引荐她参加国外时装周，刘雯开始走遍顶级大牌秀场，创造了亚裔模特的很多传奇。刘雯曾在models.com全球模特排行榜榜单中位列第三，年收入约700万美元，在模特界收入榜与世界名模米兰达·可儿并列第三。她还成为史上第一个进入福布斯年度模特收入排行榜的亚洲模特，也是史上第一个成为雅诗兰黛全球代言人的亚裔模特。

虽然刘雯觉得自己单眼皮、厚嘴唇很不好看，但在模特大赛评委眼中的刘雯"大美至简，简单地漂亮，漂亮地简单"，国内外时尚杂志对刘雯的评价是："自然，干净，清澈得像一股泉水，不爱说话，会用眼神来沟通，眼睛里充满了内容。"

上面例子中刘雯的"美而不自知"或许能给正在发现天赋的你一些启示：不妨把下面这些问题发给你身边的朋友、同事或者家人，让他们帮助你一起发现你的天赋：（1）"你觉得，我身上有什么不同于别人的特质？"（2）"你最欣赏我哪些方面？"（3）"在你看来，我做什么事情的时候是最兴奋的？"（4）"你曾经看到我做过哪件事情，让你印象深刻？"（5）"你觉得我擅长做什么？"你会发现，你眼中的自己，和别人眼中的自己，其实有很大的差异。别人眼中的你或许生而不凡。

个人天赋有时候就算没有成为职业，也能让人获得幸福。我有位朋友，从小就喜欢看书，而且他不仅仅是看，还会进行深入思考。看到好的段落，他会仔细琢磨人家为什么写出这样好的词句，然后自己进行写作练习，在写作过程中获得成长和快乐，一写就写了十几年。他没有把写作作为他的职业，但这个爱好也给他带来幸福感。还有一位学生，他认为自己在乐感上有天赋，虽然只是业余爱好，受童年经济条件所限也没有接受过系统培训，但是和朋友一起唱歌弹琴，他依然能够感到幸福，因为他能通过合奏与别人的内心产生共鸣，也让自己更自信。所以，只要能发现自己的天赋，并采取行动去使用天赋，就会活得快乐。正所谓"是金子总会发光的"，尤其随着技术的发展，每个人都可以把自己的兴趣爱好表达出来。全民K歌、短视频等App，让我们感受到高手在民间。

总结

　　幸福掌握在每个人自己的手里，但也要承认人与人之间的先天差异，这样才是辩证、客观地对待生活的正确态度。上帝没有给我们相同的基因，但赋予了我们相同的权力——追求幸福的权力。正是由于每个人的不同，世界才会多姿多彩。不尽相同的我们，追求幸福也是"殊途同归"，道路虽然不一样，终点都是幸福。我们可以寻找并采取那些对我们自己最行之有效的方法去达成幸福的人生。在接下来的章节中，我将会给大家展示多种获得幸福的方法，希望各位能从中找到一种或者多种适合自己的方式，创造属于自己的幸福人生。

【小测验】

发现自我天赋的十连问：
1. 你认为，自己能够教别人什么？或者，别人常常向你请教什么？
2. 你跟他人聊天的时候，聊什么话题你会更有自信？
3. 你在做什么事情的时候，是感觉兴奋、干劲十足的？
4. 你在做什么事情的时候，很少拖延？
5. 长时间休假后，你最想念工作的哪个方面、哪个内容？
6. 你宁愿放弃休息时间也要做的事情，是什么？
7. 有什么事情，让你沉浸其中废寝忘食？
8. 你在做什么事情的时候，会暂时忘记刷微信朋友圈？
9. 你在做什么事情的时候，不容易感到疲倦和厌烦？
10. 过去的工作和生活中，有什么让你获得满足感和收获感？

3 积极情绪是幸福的基石

情绪是什么

认识我们以为很熟悉的情绪

幸福的人就是每天都乐呵呵、没有烦恼吗？只有每天都开心快乐才是幸福吗？一般谈到幸福的感受时，我们往往会从情绪体验的角度来回答。确实，积极的情绪体验是幸福感受的基础。每天愁眉苦脸、痛不欲生的人谈不上幸福，让人感到幸福的最简单方式就是获得愉悦的感觉。让人快乐的、充满希望的、满满的爱等积极情绪是幸福的基石。

月有阴晴圆缺，人有悲欢离合，我们每天都在体验各种各样的情绪。但实际上，情绪的产生并不像月亮盈亏那样是一种自然现象，我们的喜怒哀乐是我们自己产生的主观感受，而不像月满月缺那样是事物的客观规律。被他人赞赏，我们会感到喜悦；遭遇不公对待，我们会感到愤怒；回忆起不复返的青春，我们可能感到淡淡的悲伤……那些我们以为很熟悉的情绪，背后是否有我们未知的秘密呢？让我们一起来认识它。

何为情绪？情绪是一种躯体和精神上复杂的变化模式，由内、外在刺激所引发的一种主观状态，包括生理唤醒、主观体验、认知评价以及行为反应，是个人对知觉到的独特处境的反应（Goleman，1995）。通俗来说，情绪是可由外部刺激（如看到美丽的风景或夜晚遇到蒙面人等）或内部刺激（如回忆起美好瞬间或剧烈的胃痛等）引起的一种主观感受。这种感受有四种主要成分。比如说，深夜你走在回家的路上，突然看到蒙面人出现的那一刻，你尖叫一声（生理唤醒），拔腿就跑（行为反应），心里在想这人是要劫钱还是要劫色或者是变态（认知评价），到家之后还在瑟瑟发抖（生理唤醒），惊恐不已（主观体验）。

我们的身体反应和情绪体验往往相伴而生。回想一下：当你开心时，你会有怎样的反应？可能会嘴角上扬、开怀大笑。如果感到愤怒呢？可能会咬牙切齿、怒目圆睁。如果感到焦虑呢？可能会紧搓双手、坐立不安。这些都表明，我们的身体承载着我们的情绪，我们的一呼一吸、举手投足都伴随着我们的情绪。

情绪的产生既是一种生理反应，又是一种心理过程。它是人类与生俱来的本能，又是人类通过后天学习获得的行为表现（石林，2000）。新生儿离开母亲温暖的子宫，来到这个陌生的世界，用哭声这种生理反应来表达他们的不安情绪，这是先天的本能。在其成长过程中，通过后天的学习，也学会了更多的情绪表达。情绪可以通过面部表情、姿态表情（身体语言）、语气语调等来表达，外部的情绪表达有一定的文化差异。

我的情绪我做主

在生活中，我们会遭遇不同的事情、身处不同的情境，自然会产生各种各样的情绪。我们可能经常会说"某人的做法让我很生气""这件事情让我很伤心""这个礼物让我很有面子"……美国心理学家埃利斯认为，"引起人们情绪困扰的，其实不是外界发生的事件，而是人们对事件的态度、看法、评价等认知内容"。

举个例子：老王今天在会议上被领导表扬了，他会有什么反应呢？或许有两种具有代表性的反应：

1. 他感到很高兴，回家向老婆分享了这件事情，她也很开心。
2. 他感到很有压力，不知道领导是真心表扬自己还是想给自己下套，惴惴不安，回到家后感觉老婆做的饭菜都不香了。

这个例子说明，人们面对同样一件事情，可能有截然不同的情绪反应。改变情绪困扰，不是要致力于改变外界事件，而应该改变自己对事件的认知，通过改变认知，进而改变情绪。"横看成岭侧成峰，远近高低各不同"，不变的是风景，变化的是你的视角。所以我们情绪不是由外部因素决定，而是我们自己做主的，我们每个人都是自己情绪的主人。

那么，如何才能控制情绪，而不是被情绪控制呢？美国临床心理学家埃利斯在20世纪50年代创立了情绪ABC理论（见图3-1）。A代表诱发性事件（Activating events）。例如：老王被领导表扬，抑或是任何发生在我们身上的事情。B代表我们在遇到诱发性事件后产生的信念或者想法（Beliefs），是我们对事件的看法、评价，可以是理性的、客观的，也可以是非理性的、脱离实际的。例如：老王认为表扬是领导的认可，或认为这是领导的虚情假意。C代表结果（Consequences），是在特定情境下，由我们的信念、想法引发的情绪或行为（Beitman et al.，2001）。例如：老王被表扬这个诱发事件最终可能带来两种不同结果，因感到被认可而高兴，或因感到怀疑而紧张焦虑。

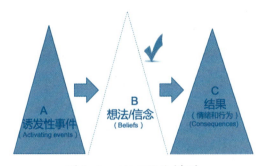

图3-1　ABC理论模型

从图3-1我们可以更直观地看到，诱发性事件只是引起情绪和行为的间接原因，而我们的看法、评价才是引起情绪和行为的直接推动力。也就是说，我们自己是情绪的主人，我们的喜怒哀乐主要是由我们自己对事件的评价、我们的信念决定的。面对老王那样被表扬的情景，大多数人会将其评价为好事，但也有人可能会将其解释为领导的虚情假意。所以ABC理论模式的核心是引导人们主动有力地反驳（Disputing，D）一些带来不良情绪的非理性信念。我们可以经常进行反驳练习，培养自己产生积极想法和信念的能力，从而产生更积极的情绪体验和行为（Beitman et al., 2001）。

非理性信念是不良情绪的"催化剂"

前面提到，我们的想法、观点决定了我们对事件的认知，进而会使我们产生不同的情绪体验。但很多时候，我们没有意识到自己采用了一些非理性想法来解释外部世界。下面我们介绍三种常见的非理性信念的特征：绝对化要求（Demandingness）、过分概括化（Over generalization）、灾难性思维（Catastrophic thinking）（Smith，1982）。

绝对化要求是指人们从个人的意愿出发，对事情持有"必定发生"或者"必定不会发生"的绝对信念。比如：我这么努力，一定能获得领导的肯定（当没有得到领导的表扬时就会觉得很沮丧）；我是一个好人，没做过亏心事，我一定不会得绝症（如果身体罹患癌症，情绪可能几乎崩溃）……绝对化要求是一种过激的反应，我们日常生活中不知不觉会被这种信念所左右。

过分概括化是指以偏概全的思维方式，可能针对自己，也可能针对外部的人或事。比如：听到老师批评自家孩子期末没考好，就生气地认为这是个不让人省心的坏孩子；在超市买到很新鲜的水果，就高兴地认为这个超市很好，以后都要去那里买东西；偶然一次发现朋友撒谎，就愤怒地否定朋友的人品，决定与其断交……这些都是以偏概全的思维模式对我们情绪的影响。然而，真的可以"窥一斑而知全豹"吗？盲人摸到了大象的耳朵就判断那是扇子不可笑吗？埃利斯曾经说，"过分概括化是不合逻辑的，就好像是以一本书的封面来判定其内容的好坏一样"。我们应该有更全面的思维视角，不能根据片段式经历就对事物整体做出草率判断。

灾难性思维是一种极端的负性思维，把任何事情都往极端的不好的方面去想。这表现在认为一件不好的事情就会导致非常糟糕的结果。比如：开会时被领导批评了一句，就觉得领导对自己是不认可的，自己在公司发展已经到头了。也表现在对未发生的事件有不必要的过分担心。比如：如果我面试失败怎么办？如果我考试失常怎么办？具有灾难性思维的人，会无形中夸大事物的负面影响，产生更多的焦虑、紧张、忧伤等不良情绪。比如：2020年暴发了新型冠状病毒肺炎疫情，对病毒扩散产生适当的担忧、恐惧是正常的，但灾难性思维的人会有更严重的反应，他们的正常生活节奏被完全打乱，即使闭门在家，也感觉到处弥漫着病毒，惶惶不可终日。反思一下，我们是否抱怨过命运不公、事事不顺？或许便是这种非理性的灾难性思维在作祟，这需要我们积极改变。

积极情绪与消极情绪之间的"爱恨情仇"

正确认识情绪，并让它为自己服务，生活才能达到舒适状态。越来越多研究表明，情绪有两大基本维度——积极情绪和消极情绪（石林，2000）。早在古希腊时期，人们就已经开始认识积极情绪和消极情绪。古希腊哲学家亚里士多德认为，"情感，是指嗜欲、忿怒、恐惧、自信、妒嫉、喜悦、友情、憎恨、渴望、好胜心、怜悯心，和一般伴随痛苦或快乐的各种感情"。他所理解的关于痛苦或快乐的各种情感正是指消极情绪和积极情绪。

消极情绪，是一种让我们心情低落、陷入不愉快的情绪体验，如悲伤、愤怒、恐惧、厌恶、焦虑等。积极情绪则是指正性的、让我们感觉愉悦的情绪。我们肯定是喜欢愉快、爱等积极情绪，而想要尽量逃避或消除诸如愤怒、悲伤等消极情绪。积极情绪对人类的幸福追求有着不言而喻的重要意义，但我们也要辩证看待消极情绪的存在，焦虑、愤怒、悲伤等这些"不好"的情绪，也有它们"好"的一面。古话言："有无相生，难易相成，长短相形，高下相倾，音声相和，前后相随。"万事万物都是相互依存、能够互相转化的。消极情绪和积极情绪也相辅相成，如果没有经历过"失去"的痛苦，怎么知道"得到"的喜悦和珍贵。消极情绪不是不好，而是要恰当，在特定的情境下就要表现出相应的情绪。

消极情绪的积极力量

"坏的"比"好的"更有影响力

中国人经常说人有七情六欲,七情分别为:喜、怒、忧、思、悲、恐、惊。这其中消极情绪占绝大多数,只有"喜"是积极的、让人愉悦的,"思"勉强是中性的情绪,思念也是比较美好的,但还可能是思虑,那就没那么让人愉快了。七情中有六个都是消极情绪,这说明什么?是否某种程度上说明,消极情绪对我们人类更有意义?抑或说明人类更加重视消极、不好的事物?

神经学研究表明,大脑对坏刺激的反应比对好刺激更强烈,而且留下的痕迹更深。我们会对负面信息产生更集中的注意力、进行更彻底的分析(Baumeister et al., 2001)。与积极的情绪、事件相比,我们更容易关注消极情绪和消极事件,并被其影响。

众多心理学实验也表明,人们会优先对令人不愉快的刺激,尤其是具有威胁性的刺激(如暴力、血腥、凶猛的动物等)进行认知加工、做出行为反应,这就是情绪负性偏向现象。来自奥克兰大学的汉森·克里斯汀等人(1988)在实验中给参与者呈现两组画面:一组是在众多愉快面孔中混杂着一个愤怒面孔,一组是在多个愤怒面孔中混杂着一个愉快面孔,参与者的任务是将混杂的面孔挑选出来。实验结果是,人们挑出愤怒面孔的速度比挑出愉快面孔要快,这也就说明了人的大脑对负性刺激具有优先加工的特征(Hansen, 1988)。

消极情绪在个体进化过程中具有适应意义

科学家、心理学家的研究都发现，我们对不好的事物印象更深，它们对我们的影响也更大。这是为什么呢？有学者从进化的角度解释这一现象，认为趋利避害是生物的本能，是生物不断向高级进化的保证。避害使得个体的生命得到延续，趋利使得生物习得更强的生存技能，进而保证了物种的延续，其中的佼佼者才得以在循环往复的优胜劣汰之中生存下来，使得物种不断向高级进化（Baumeister et al., 2001）。人类的情绪负性偏向是在进化过程中形成的。人类的生命防御机制比生命欲求机制更活跃。只有看到老虎、豹子这些凶猛动物知道恐惧，进而能逃跑、保护自己的祖先才得以生存，而那些想要虎口夺食的祖先则可能献出生命。尽管我们现在不需要再体验躲避猛兽的日常恐惧，但遗传下来的生物学特点还是存在的，消极的事件、经历、关系、心理状态及其产生的消极情绪，会让我们印象更深刻、更多地影响到我们的感受。

我们可以用黑格尔的名言"存在即是合理"来认识消极情绪的地位。首先，我们不要被"消极"两个字影响到我们对消极情绪的认识。其实消极情绪并没有你想象的那么可怕。从生物进化的角度来看，愤怒、恐惧、厌恶等这些消极情绪在人类进化过程中有着重要的适应意义，是我们的祖先面对威胁而产生的适应行为。比如：愤怒产生攻击行为，以此保护自己及自己所重视的事物；恐惧可以使人逃离危险；厌恶使人产生驱逐、远离有害事物的行为（林崇德，2003）……这些消极情绪是人类适应环境和自然选择的结果，它对人类的生存非常重要。表3-1总结了五种常见的消极情绪、对应产生的行为倾向以及指导个体行为的进化意义。

表3-1　消极情绪的行为倾向及其进化意义

消极情绪	行为倾向	进化意义
恐惧	促使人逃跑	提醒人逃离危险，力求安全
愤怒	促使人攻击或示威	提醒人受到侵犯，保护自己或所重视的事物
伤心	促使人关注失去	提醒人可能有重大失去

续 表

消极情绪	行为倾向	进化意义
厌恶	促使人远离	提醒人远离有害、恶劣的事物
焦虑	促使人集中注意力，应对危险	警告人危险就在身边或不远的未来

从表3-1可以看到消极情绪的进化意义，适当场景下产生恰当的消极情绪反应是正确的、积极的。例如：假设你在海边漫步，这时候突然一个大浪打了过来，你感到很害怕（消极情绪），然后赶紧往岸边跑。在这样的情境下，产生害怕、恐惧这样的消极情绪就是正确的、恰当的、"好的"情绪反应，会让你远离危险。如果这时候你不害怕，反而很开心，还沉浸在欣赏这突如其来的巨浪的喜悦情绪中，可能会造成不可挽回的损失。2018年，北京的一对双胞胎姐妹在青岛海边玩耍，就是因为不知道害怕（没有产生应该有的消极情绪），没有采取相应的自我保护行为而溺水身亡。

在日常生活中，情绪相当于一个跟踪反馈系统。当你经历某件事情时，情绪会给你提供一个好或者不好的信号，指导你接近或避免特定的情境。情绪本身，没有好坏，它们都蕴含着不同的信息，能帮助我们判断环境的好坏、交流的成效和行为的结果。消极情绪发挥的作用就是：使人类逃离危险环境、回避惩罚，选择、趋近有利的环境。消极情绪都帮助我们逃离危险了，你还能说消极情绪不好吗？所以，我们不能简单地下结论说恐惧、焦虑等这些消极情绪不好，而应该判断这些消极情绪的产生是否恰当、是否适宜。没有人认为在葬礼上痛哭是不好的，人们反而会认为在葬礼上大笑（积极情绪）是不合时宜的。

那些"杀不死"我们的消极情绪，终将使我们更强大

情绪具有组织功能，会对注意、记忆和决策等心理过程产生重要的影响（傅小兰，2015）。

消极情绪能通过注意和信息加工暗示个体要做什么。为了使行为更准确，人

们需要关注细节并做信息加工，这种情绪的影响称为"认知调节"。消极情绪引导至更细节的行为，试图纠正问题（王翠玲和邵志芳，2004）。比如第一次上台演讲前的紧张、焦虑是非常正常的"消极情绪"，这种紧张和焦虑促使我们更全力以赴地准备、更加考虑周全，这对我们完成任务是有积极促进作用的。

2019年大热的电影《绝杀慕尼黑》还原了国际篮球史上伟大且具有争议的一场胜利——1972年慕尼黑奥运会，苏联男篮战胜美国队，夺得最后的冠军。要知道，这场比赛可是打破了美国男篮长达36年的不败神话。这场充满争议与戏剧性的体育比赛，以弱胜强、创造奇迹，让人热血沸腾、热泪盈眶。到底是什么力量支撑着这样一支内忧外患的团队夺得最后的胜利？或许我们会提到队魂教练加兰任、提到一号种子球员谢尔盖·别洛夫、提到坚持不懈与不惧困难的团队精神，但还有一点我们不可忽略——教练、领队和队员们灵活的情绪掌控力，这让他们变得更坚定。当他们面对苏联官员的退赛决定、面对美国队员肆意的小动作与碰撞、面对仅剩1秒的荒谬的暂停请求，焦虑、愤怒、紧张等等这些消极情绪让他们把注意力集中在当前的重要细节上。他们在那奇迹的3秒里，创造了干脆利落的投射传球、接球、补篮！这就是消极情绪的积极作用——帮助人专注于眼前的状况、当下的细节。

消极情绪有助于增强对细节的记忆准确性，这在研究中得到验证。来自纽约大学的学者贾斯汀·斯托贝克和他的合作者通过实验研究情绪对记忆的影响效应。他们先播放不同的音乐来诱发参与者积极、消极和中性的情绪，然后让参与者学习DRM词表（这是心理学常用的一种刺激材料，在这个实验中用来研究记忆的准确性）。结果表明，处于积极情绪中的参与者更容易产生错误记忆，处于消极情绪中的参与者有更高的记忆准确性（Storbeck & Clore，2005）。这是因为，在积极情绪状态中，人们倾向于看到事物之间的联系，更关注事物的整体，而在消极情感状态下，人们更容易对信息进行局部加工，关注事物的具体性，这有助于增强对具体事物的记忆。

消极情绪对决策也有一些有利影响。比如，消极情绪能促使个体在做决策时更加深思熟虑。研究指出，处于愉悦情绪状态的个体更容易回忆起令自己心情愉悦的事情，做出乐观的判断和选择；而处于消极情绪状态的个体更容易回忆起令自己伤心的事情，做出悲观的判断和选择。也就是说，消极情绪让人表现出较高的风险规避偏好（庄锦英和陈明燕，2005），促使人未雨绸缪。此外，厌恶、内疚、羞耻、尴尬等消极情绪，还能促进个体道德品格的发展、阻止其不良的道德行为、激发其良好的道德行为。它们被称为"道德情绪"，是个体根据一定的道德标准评价自己或他人的行为和思想时所产生的一种情绪体验（周详等，2007）。当自己或他人违反了我们每个人内在的道德准则或外在的社会规范时，做出如说谎、欺骗、作弊等行为时，我们会感到厌恶，从而进行内省或社交回避。研究甚至发现，当告知人们某件漂亮毛衣的所有者是一个道德违反者（如杀人犯）时，几乎所有人都不愿意穿上甚至触碰这件毛衣（Rozin et al，1994）。不道德行为同样能引起厌恶情绪体验，厌恶情绪反过来也能阻止可能发生的不道德行为。再如，当个体违反道德标准或者做出伤害他人的事情时，内疚或羞愧的情绪会使人们产生补偿他人的想法，或者减少已造成的伤害，这都会促使个体去做出道德的行为。研究发现，内疚会导致更多助人行为。而基于工作场所的研究发现，员工的内疚倾向会促使员工更加努力地工作，增加员工对组织的归属感（Flynn & Schaumberg，2012）。

以上这些研究结果是不是有点让我们措手不及？我们参加很多培训、看很多书籍就是为了学习如何避免产生消极情绪，你告诉我说消极情绪也有积极作用？以前参加的培训、看的书籍不是没有必要，我们只是想告诉大家，我们要辩证地、全面地认识消极情绪。长期处在焦虑、恐惧或者内疚、羞愧情绪状态中是不好的，而在恰当的情境中产生恰当的消极情绪则是合适的，会带来积极作用。下面我们再详细了解一下日常生活中常见的几种消极情绪。

三种常见消极情绪的积极力量

焦虑

▶ 我们为什么会焦虑?

如果考试不及格怎么办？明天的工作汇报领导不认可怎么办？现在就业这么难，竞争这么激烈，我毕业找不到工作怎么办？孩子的奶粉钱要挣、身体要锻炼、工作要做出成绩，我哪有那么多时间？怎么办？怎么办？这些司空见惯的现象背后，人们感受到的情绪就是焦虑。焦虑在现代人们的生活中很常见，我们似乎都在力争避免焦虑。

焦虑（Anxiety）是指个人对即将来临的、可能发生的危险或威胁所产生的紧张、不安、忧虑、烦恼等不愉快的复杂情绪状态。美国心理学家克里斯多夫·柯特曼等认为，焦虑的产生在于两个主要的因素，焦虑=威胁+关切。

威胁往往指个人对未来不确定性的悲观预期，认为未来不会按照预期发展、不能把控。关切则是指这些威胁要和个人有关，能使个人在意。中国人常说：关心则乱，无欲则刚。如果没有关切，没有你对威胁事件的在意，就不会有焦虑。如果这份工作并不那么重要，你有其他更好的选择或者更稳定的收入来源，那么就算失去它，你也不会感到焦虑；如果家庭是你在外打拼的重要支撑，那么当你因工作繁忙不能好好陪伴家人或者因工作问题与家人产生矛盾时，你就可能会感到非常烦恼。这一切都是因为你的关切。通俗来说，焦虑的产生是由于你关心的、认为重要的人或事面临一定程度的不确定性，"前途未卜"，而你又感觉自己没办法完全掌控。本来是"喜忧参半"，但你把"忧"的成分放大了，就产生了这种不安的情绪——焦虑。

▶ 焦虑的积极力量

焦虑确实让人感觉不太舒服，但是我们还是要为焦虑说句公道话，焦虑也有很重要的存在价值和意义。焦虑对人类有什么帮助呢？进化心理学家们会回答你：在原始环境里，焦虑引导我们的祖先关注潜在威胁。例如，第二天要去某个区域打猎，祖先们可能会感到焦虑害怕，因为前几次他们有伙伴落入虎口，要保证自己免遭厄运，他们必须做好充分准备，提高警惕。这就是焦虑的积极作用，它可以调动人们的精神去全力地应对威胁。恐高、怕水、躲避陌生人等，其实都是一种自我保护，只是这种保护的措施偏被动，只是躲避而不是积极应对。焦虑反应的进化特征，通常是警惕和克制。我们今天体验到的许多焦虑症状，其实早在进化过程中就写进了我们的身体。

导致焦虑的因素之一是关切，也就是你在工作、生活中有关心、重视的人和事。所以不管你是否相信，焦虑有助于你保持欲望、期待和目标，说明你对这个世界还有所期待。如果你没有焦虑感，完全不在意人们如何看待你、工作进展如何，你想一想是不是很可怕？2018年度十大网络用语之一"佛系"的出现和近年"躺平"态度的盛行值得人们深思。"佛系"主要是指无欲无求、不悲不喜、追求内心平和的生活态度。看似很积极的生活态度，但是这种"不在乎、不计较，看淡一切，随遇而安"的态度是真的好吗？其实，这在某种程度上说明，"佛系"人士对外界已经没有了关切、关心和关爱。这难道是积极的生活态度吗？这难道不是某种程度的逃避、消极的生活态度吗？不在乎不应该是漠视一切，不计较不等于没追求。所以，适当的焦虑情绪反映了我们对外界有温度的关切、关爱和重视。德国哲学家马丁·海德格尔因在1927年出版了《存在与时间》而闻名，这部作品被认为是20世纪最有影响力的哲学著作。海德格尔认为，焦虑非常重要，焦虑的根源在于意识到我们有自由选择想成为谁和如何生活。感到焦虑时，我们更多地感知自我，在这样做的时候，我们会重新思考我们参与其中的一些事情的重要性。选择什么工作、买哪里的房子或跟谁一起生活，关键在于了解什么对于我们是最好的，并且我们可以依赖它们获得幸福。

导致焦虑的第二个因素是威胁，说明人们对自己关心、重视的人和事感到力不从心的紧张。焦虑让你意识到不合预期的事情将要发生，它会警告你最好采取一些必要的行动。举个例子，你入职新单位后，希望自己能够尽快熟悉工作、获得领导认可、与同事建立良好关系，这些都说明你对这份工作的重视（关切）。但毕竟是新公司，一切还不熟悉，你不知道自己以前的经验能否对新工作有帮助、领导是什么管理风格、同事是否容易相处……能否快速适应新环境还有一定的不确定性，所以你感到有些焦虑，这种焦虑促使你采取各种行为，如花更多的时间去分析和学习工作内容,加强跟领导和同事的沟通,等等。这都是焦虑给你带来的积极作用,它促使你聚精会神、全力以赴地工作。

关于焦虑带给人们的好处,你可能不知道的是:焦虑的人对环境变化更加敏感,对各种潜在的问题、隐患也具有更敏捷的感知能力;焦虑的人往往更加专注,为解决问题认真思考,甚至可以废寝忘食,试图找到各种可能的解决方案;焦虑的人往往会未雨绸缪、居安思危,为未来做好更多准备;焦虑的人更迫切地想要分享自己的发现,以证明自己、维护自己……看到这里你是不是突然发现,自己经常感觉到的焦虑情绪也没那么可怕了?

但请你一定不要误解我!我不是想让大家经常感受紧张不安的焦虑情绪!我只是想让大家看到焦虑情绪积极的一面,要接受焦虑情绪存在的价值,充分发挥焦虑带来的积极作用,不要再为我们有焦虑的感觉而担忧。当然凡事都要有度,长时间沉浸在高度焦虑状态中也是不利的。你可以阅读以下题目,测量一下自己的焦虑程度,适度的焦虑是最好的。

请仔细阅读下面的每个题目,选出最能代表你通常感受的那个选项。

题目	几乎不是	有时如此	经常如此	一直如此
1. 我是一个情绪平稳的人。	○4分	○3分	○2分	○1分
2. 我对自己很满意。	○4分	○3分	○2分	○1分
3. 我感到焦虑和紧张。	○1分	○2分	○3分	○4分
4. 我希望自己能像别人认为的那样快乐。	○1分	○2分	○3分	○4分
5. 我觉得自己是个失败者。	○1分	○2分	○3分	○4分
6. 每当我反思最近的得失时,我都会焦虑不安。	○1分	○2分	○3分	○4分
7. 我很有安全感。	○4分	○3分	○2分	○1分
8. 我信心满满。	○4分	○3分	○2分	○1分
9. 我觉得自己能力不足。	○1分	○2分	○3分	○4分
10. 我会杞人忧天。	○1分	○2分	○3分	○4分

请将每个题目的得分加总，根据以下标准得出你的焦虑程度。

10～11分：焦虑程度很低；

12～14分：焦虑程度比较低；

15～17分：焦虑程度一般；

18～20分：焦虑程度比较高；

21～24分：如果你是男性，说明你的焦虑程度很高；

21～26分：如果你是女性，说明你的焦虑程度很高。

愤怒

▶ 为什么我们会感到愤怒？

愤怒，就精神的配置序列而论，属于野兽一般的激情。它能经常反复，是一种残忍而百折不挠的力量，从而成为凶杀的根源，不行的盟友，伤害和耻辱的帮凶。

——亚里士多德

血气沸腾之际，理智不太清醒，言行容易逾分，于人于己都不宜。

——梁实秋

正如古今中外的学者们所言，愤怒似乎是最具破坏力的情绪之一。愤怒情绪有时候可以产生巨大的"蝴蝶效应"，带来毁灭性的影响。很多人控制不了自己的愤怒情绪，总是肆意宣泄，这可能让情况变得更糟糕，伤害人际关系；也有的人小心翼翼，不断压抑自己，采取消极的、置之不理的态度。

愤怒（Anger）是一种常见的消极情绪，其原发形式常与搏斗和攻击行为相联系。愤怒的本质，是进攻和取胜的欲望——通过攻击来消除危险，它具有适应性意义。但随着人类社会的演变，愤怒的功能已经发生改变。一般来说，无论对成人还是小孩，当人们的愿望受到遏制、无法实现，或达到目的的行动受到挫折，都能导致愤怒的发生。因此，愤怒被定义为个体在遭遇攻击、羞辱等刺激下，愿望受到抑制、行动受到挫折或自尊受到伤害时所表现的一种情绪体验。这种情绪往往伴随着冲动、攻击等不可控制的行为反应以及相应的生理唤醒，是一种比焦虑强度更大的情绪。还记得吗？焦虑源于威胁和关切；而对于愤怒而言，致使其产生的威胁更赤裸裸、更有"攻击性"，它的发生会让我们自身利益甚至生存受损，愤怒由此而生。

在动物的世界里，在领地上被陌生力量挑战或攻击，都会让领地的掌控者心生愤怒，因为这意味着挑衅和威胁。这种威胁是巨大的，不仅牵涉生存，更决定繁衍。愤怒情绪让它们武力抗争，驱逐威胁。在人类的世界里，激发人类愤怒情绪的主要原因同样也是利益威胁。这种威胁的来源，不单纯是直接的威胁，比如言语辱骂、拳头威胁等，还包括更抽象的概念——我们主观上认为的可能造成伤害的情境。我们之所以会愤怒，是因为我们的利益受到了损害。因为家人无视你的选择，一再反对你的工作，你会感到愤怒不已；因为同事拖延症严重，导致你的任务不得不延期而加班，你会感到生气、烦闷；因为你精心为爱人准备的礼物不小心遗落在出租车上，再也找不回时，你会感到气愤、无奈……这都是源于自己的目标和行动受到了阻碍，利益蒙受损失。

除了与自身利益相关的事项，我们的愤怒还可能是出于对社会现象以及他人遭遇的不满、反感。"义愤填膺"说的就是这种情况下产生的愤怒情绪。比如，当我们听闻有盗猎者猎杀野生动物、有农民工被拖欠工资或是有运动员遭遇裁判不公判罚时，我们也会感到怒气冲冲、愤怒不已。

不仅如此，当今时代不少人还有一个不太好的特征，那就是易怒。无论环境好坏、事情大小，人总是有愤怒的理由。哪怕是鸡毛蒜皮的小事情，也可能突然暴跳如雷，使工作以及周围的人都受到影响，甚至可能引起不必要的冲突。易怒的人可能有过这样的经历：当你下班时，孩子在你面前蹦蹦跳跳，你突然发火，怒骂了小孩；当你在火急火燎地赶项目时，时钟指针滴答滴答地响着，你恨不得摔烂它；当你放松地打着手机游戏想娱乐休闲一下时，队友不够配合，你立刻火冒三丈、破口大骂……易怒的原因，有当前生活、工作的快节奏、高压力，但更关键的是一个人较弱的情绪掌控能力和调节能力。

▶ 愤怒的积极力量

愤怒是最有力量的情绪，适当地表达愤怒情绪其实也有着积极作用。愤怒的刺激根源来自利益受损，因此愤怒情绪可以让你争取更多资源，维护当前或潜在的利益。愤怒激发人们的正义感和行动意愿。莫罕达斯·卡拉姆昌德·甘地是印度国父，是印度民族解放运动的领导人，他提倡非暴力抵抗的现代政治学说。甘地曾说，他对歧视和不公也感到愤愤不平，但从没有发怒过，原因是他学会了化愤怒为力量。"愤怒之于我们正如汽油之于汽车——给我们动力，推我们前行。愤怒能激励我们主动出击，做出改变，寻求正义。"当我们看到澳大利亚山火肆虐燃烧时，我们为森林和动物们嘘唏不已，激发我们保护环境的欲望和行动；当流浪动物被不懂事的小孩戏耍、伤害时，我们气愤地阻止并批评教育他们……所以当我们遇到不正义之事时，必要的愤怒情绪能驱使我们挺身而出。

愤怒可以提升创造力。这听起来有点不可思议，但已经有不少研究人员通过实验去证明。他们通过代入式故事设定了实验参与者所面临的情况，设置了三个不同的分组，分别激发了参与者的愤怒情绪、爱的情感以及不激发任何情绪。实验发现，激发愤怒情绪的参与者表现出更强的创造力，而激发爱的情感则反而使参与者的创造力受到抑制。这不仅是在实验中才成立的，研究者通过对不同职级的企业员工进行深度访谈，也发现了相似的结论：愤怒促使员工大胆提出想法，并采取自发的行动，批评不完美、纠正错误（Yang & Hung, 2014）。然而，值得注意的是，尽管愤怒有利于促进创新想法的提出、讨论和评估，却不利于想法的实现，因为愤怒往往会导致工作分心，伤害同事之间的关系和合作。因此，在我们的工作开展过程中，恰当表达愤怒有助于使团队重视问题，但是，这种愤怒的强度和持续时间需要较好地把控，这也需要团队领导有较好的解决冲突的能力。愤怒就好像一团火，应用得当就能带来光明与动力，应用不当就会把一切都燃烧殆尽。因此，要辩证地看待愤怒情绪，合理地运用它。

愤怒影响人际关系中的地位。对于亲密关系来说，愤怒情绪可能是一颗定时炸弹。但在某些特殊关系中，愤怒的人往往占据优势，比如在谈判时。在一次实验中，研究者将参与者分配为一批移动电话的买方或者卖方，其目标是以尽可能低的成本或者尽可能高的价格完成此项任务。而与参与者谈判的另外一方，则遵循实验人员设置好的剧本表现，他们有的愤怒，有的开心，有的很平静。面对愤怒的对手，参与者很难坚持强硬的立场，往往会在几轮讨价还价后，做出比较大的让步。当然，当一方做出重大让步时，愤怒情绪的影响就不存在了。也就是说，愤怒情绪在谈判中提供一种明显的竞争优势。此外，愤怒情绪也使得愤怒者更有可能被授予身份和地位。来自斯坦福大学的研究人员发现，美国前总统克林顿在面对与莱温斯基的丑闻时表达了悲伤的情绪，然而民众却不买账，支持率反而下降；而当克林顿表达愤怒情绪时，民众的支持率是更高的。这个匪夷所思的结果可能是因为表达愤怒的情绪，会给人留下这样的印象：愤怒的表达者是有能力的，对这些能力的感知会提高表达者的地位。所以，某种程度上，适当表达愤怒情绪能够带来能力或地位上的优势，起到"狭路相逢勇者胜"的效果。但大家还是不能误解这些研究结果，只是有些研究表明适当的愤怒表达可能会起到这样的作用，但不代表鼓励大家经常采用表达愤怒的情绪来提高别人对自己能力或地位的认知。

悲伤

▶ 我们可不可以不悲伤？

悲伤（Sad）是个体最早出现的情绪之一，也是人类很早就开始认识的一种情绪。悲伤是由分离、丧失和失败引起的情绪反应。悲伤的体验包含沮丧、失望、气馁、意志消沉、孤独和孤立等，其强度和持续性也有极大不同。悲伤体验可能是轻微的，仅持续数秒，也可能是强烈的，持续数分钟、数小时、数年乃至一生。

美国情绪研究专家罗伯特·莱文森在他提出的核心情绪理论中讲道，"悲伤最初由'原型事件'引发，在不断知觉的事件中，当事件满足了丧失（loss）的条件，则会引发悲伤的情绪"（Levenson，2003）。简单地讲，当一个人在某种情境下"丧失"某种东西，可能会引起悲伤的情绪。丧失的对象可能是一个人、一个地方、一个未能兑现的约定、一个对个体有价值的物体或者是抽象的理想和道德价值等等。生离死别、失落失败，这些事件贯穿我们整个生命历程，因而悲伤与个体的生存适应有着密切联系。

悲伤的情绪直接和"哭泣"相关联，比如小孩子很容易哭，引起哭的原因就是"丧失"。当小朋友非常依赖的妈妈从他们的视野里消失时，他们就会哭喊、寻找；当他们非常喜爱的零食、玩具、动画片被没收时，他们也很可能会哭闹。对于孩子，朴素的需求得不到满足时会产生悲伤的情绪，他们会用哭表达出来（Levenson，2003）。

而对于成年人，这种因"丧失"而产生的悲伤，更多表现在期望与现实的落差上。比如你可能希望自己真的可以实现"三十而立"，30岁的时候可以有房有车有家有孩子，但现实是房子车子孩子都没有着落，期望与现实的差距如此之大，足以让你悲伤。这种悲伤可能以一种不符合逻辑的方式蔓延，导致自我否定。

▶ 悲伤的积极力量

悲伤对消极情感体验具有修复作用。怀有悲伤情绪的个体有改变当下情绪状态的强烈需求，他们会有意或无意地实施某些行为来达到改善情绪的目的。在悲伤之余，当事者能够调整自我以重新适应新环境或身体变化，这也是悲伤的最大好处之一。当一个人失去期待已久的事物，或是郁郁不得志，抑或是与亲友生离死别，由此产生悲伤情绪，其背后带来的积极意义是有所不同的。

因物而悲，会让我们调整得失心，变得豁达通透。人在一生中会经历各种各样的悲伤，从丢失钱包，到损坏贵重宝贝，再到损失时间、损失健康，等等。现如今人们的欲望和需求不断推高，哪怕生活是比较富足的，也依然会在与他人的比较当中黯然失色。悲伤的积极力量体现在，它能促使我们去改变当下不满意的状态。当我们因物而悲时，一方面，悲伤情绪会激发我们的干劲，通过充分的行动和努力来弥补"丧失"，满足需求；另一方面，悲伤情绪因具有"修复"意义，会引导我们通过其他行为来改善情绪。研究证明，悲伤情绪与"享乐性"有着重要的联系，会让我们调整自己的欲望和行动。当过高的欲望难以满足时，处于悲伤的个体意识到这些过高的欲望是不切实际、难以实现的，在享乐倾向的引导下，我们会调整自己的欲望，在能力与欲望之间找到平衡。这并不是让大家安于现状，而是希望大家认识到，在"得不到的东西"面前，我们可以调整自己的得失心，知足常乐。

因志而悲，会让我们更好地定位自我，实现自我超越。怀有满腔热血而不得志，这种"丧失"往往会带来很大的精神创伤。在建党百年献礼片《觉醒年代》中，有一个让观众动容的情节：在巴黎和会上，作为战胜国之一的中国，本应理所当然地从战败国德国手中收回被强占的青岛，然而日本却企图把青岛占为己有。然而，当时腐败的中国当局竟然电告中国公使，同意签字。来自青岛的北大学子郭心刚悲愤交加，一夜白了少年头！悲愤之余，他走上街头游行示威，为了国家利益，奋不顾身。因志而悲，让我们重新定义我们的身份与人生走向。在郭心刚人生的转折点上，他一夜白头，悲愤无奈；但他也很快驱散阴霾，坚强起来，认识到作为一名中国青年的担当，坚定了斗争的方向。郭心刚的牺牲激起了青年、工人、商人等社会力量的觉醒。尽管结局让人遗憾，但郭心刚实现了自我超越，为中国革命带来了新光芒！

因人而悲，会让我们加倍珍惜"眼前人"。与他人别离，不限于生离死别，从学校毕业离开、从所在的单位辞职、去新的城市生活……我们都经历过别离。因人而悲，其积极意义非常纯粹，就是让我们珍惜眼前人。宁波有对九旬夫妻，冯爷爷因心脏问题住进了医院重症病房，冯奶奶则因为股骨头骨折也住进了这家医院。冯爷爷最终选择回家度过平静的最后时光，离开医院时，他特意向医护人员提出，希望能再和老伴见上一面，再握一下她的老手。两位老人在医护人员的帮助下顺利相见，热泪盈眶。冯奶奶说了很多话，"我会照顾好自己的。等我好了，我就去找你"。两位心心相印的老人，面对离别的悲，更是如此珍惜彼此和这短暂的相见时光。

如何与我们的消极情绪相处

消极情绪并非来自我们的不幸遭遇，而是来自我们如何看待不幸。我们可以大哭把消极情绪宣泄出来；我们也可以做一些事情让自己忘掉不好的情绪，比如跑步、游泳、瑜伽等；我们还可以去欣赏让我们讨厌的人和事……没有哪种心理状态是最好的，每一种都很重要。我们要认识并掌握以下三点：第一，接纳我们的消极情绪，不必去压抑它们，而是要发现它们存在的意义，消极的情绪宛如一泻千里的洪水，强压是压不住的，正确地引导才是正道；第二，当消极情绪无法避免时，我们要掌握一些缓解消极情绪的方法，调节情绪，做自己情绪的主人，驱散阴霾；第三，学会从消极情绪中汲取力量，从过去情绪失控的经历中寻找经验，从每一次的行动开始，掌控好自己的情绪。

接纳我们的消极情绪

正如我们前面所言，消极情绪在个体进化过程中具有适应性意义，并且消极情绪会提供一个信号，让我们趋利避害。不仅如此，焦虑、愤怒、悲伤等这些消极情绪，有时候反而能激发我们的能量，并且对我们的道德和行为起约束作用。因此，我们首先要认识到消极情绪的积极意义，要全面地、客观地认识消极情绪，而不只是一味地讨厌、恐惧它们。其次，不要压抑消极情绪，因为消极情绪会越压抑越强烈。例如，若一个人逃避回想那些创伤性或者焦虑性事件，反而会促使这些事件在头脑中不断地出现，引发恶性循环。当我们产生消极情绪时，不必逃避，掌握一些方法有助于我们驱散消极情绪的阴霾。最后，接纳消极情绪。积极接纳是情绪调节的必要步骤，接纳情绪并不等于被情绪控制，而是通过趋近消极情绪，去克服消极惯性思维，减少自动化思维。

如何接纳消极情绪？我们将介绍两种方法——情绪故事讲述法和正念训练。

以情绪故事讲述法进行自我表露

接纳消极情绪，首先要了解自己的情绪状态，其次还要剖析引起消极情绪的刺激源和当时的想法、信念。也就是说，接纳消极情绪的关键是趋近我们的消极情绪。

以下是来自一位职场新人的日记，让我们一起阅读：

真是糟糕的一天。今天起床的时候天气就非常阴沉，我打算不吃早餐，早点出门上班。谁想到，就在我快到地铁站的时候，便下起了瓢泼大雨，我还是变成了"落汤鸡"。为什么这雨就不能再迟一点？我真是倒霉。刚进入地铁候车区域，列车便在我眼前开走，那可是一辆"空"车啊——至少我能上得去。果然，接下来的几趟车都挤得不行，我等了三趟才终于挤了上去。到了办公室，才发现早上忘记把U盘带出门，那里面可是有我辛苦码的文件啊！只能凭着记忆再重新复原，谁知道这时，领导便开始部门会议——居然提前了三十分钟。我只能通过会议空隙，赶紧写完，我真是蠢啊！开了一上午的会，我精神恍惚，领导给我们安排了下半年的工作和计划。唉，上半年我的绩效还差两个点，下半年又是各种KPI（关键绩效指标），估计今年的奖金没剩下多少了……今天部门还加班，整理客户的数据，我一边写每月小结，一边看后台数据，真希望世界上有第二个我呀！为什么我会这样失败呢？

类似的遭遇是否曾在你生活中出现？觉得身边的一切事物都在和自己作对，每一件鸡毛蒜皮的小事自己都无法顺利完成。你有过这样的日子吗？无时无刻，你的消极想法一直挤进你脑子里。无论是有意还是无意，你的情绪很快就失控，焦虑、不安、紧张充斥着整个脑海。前面我们了解了情绪ABC理论，也就是说，情绪是由诱发性事件和我们的想法、信念共同影响而产生的。事实上，我们的情绪很大程度上取决于我们的想法、信念，而不是取决于刺激源。我们不能左右天气，但能选择自己的心情，说的就是这个道理。而绝对化要求、过分概括化、灾难性思维等这些非理性信念，使我们更容易产生消极的、负性的情绪。下面我们向大家介绍一种通过书写进行系统的自我表露以实现情绪接纳和调节的方法，即情绪故事讲述法。

一个完整的情绪故事至少由五个部分组成：

1. 诱发性事件：启动了我情绪的事件是什么？
2. 想法/信念：这件事发生时，我的想法是什么？
3. 情绪：当时我的心情如何？
4. 反驳：哪些想法是非理性的、不客观的？理性地看待这件事，我的想法又可能是什么？
5. 效果：当我接受这些新的想法时，我的感觉如何？

情绪故事讲述法为什么能发挥作用？我们知道，ABC理论模式的核心是引导人们如何主动有力地反驳（D，Disputing）一些让我们产生不良情绪的非理性信念，从而产生新的情绪体验和行为的效果（E，Effect）。当你被消极思维占据的时候，最有效的办法便是质疑消极思维，赶走你的消极想法。这是理性情绪行为治疗法（Rational Emotive Behavior Therapy，REBT）的核心，是心理咨询师最广泛使用的技术，我们可以从中受益。这并不是自欺欺人，因为反驳并不是"精神胜利法"，而关键在于通过情绪故事讲述去关注自己，趋近自己的情绪，从而抓住情绪的关键环节，也就是信念（B，Belief），发现自己的思维之中存在的非理性部分，并意识到这些非理性信念是偏颇的、以偏概全的，从而达到主动地、有力地反驳非理性信念的目的。它并不是鼓励你浪费无尽的时间和精力来傻傻地解释自己过去的经历，而是告诉你为什么你会杞人忧天，以及你可以做什么来防止自己一直杞人忧天。当你沉浸在失控的消极情绪和想法中时，你可以尝试通过书写去讲述自己的情绪故事，不断进行自我表露，以接纳和调节消极情绪。

如何运用情绪故事讲述法去赶走这些无穷无尽的非理性想法呢？让我们运用情绪故事讲述法，来看看面临同样的事件，我们该如何反驳消极想法，接纳消极情绪：

真是充实的一天（效果）。今天起床的时候，天气就非常阴沉。趁着天气还未大变，我赶紧出门。谁想到，就在我快到地铁站的时候，便下起了瓢泼大雨，我还是变成"落汤鸡"（诱发性事件）。真是倒霉，我已经提前出门了，还是淋到雨了，唉（想法）。我感到有点郁闷，一天的好心情少了一大半（情绪）。但转念一想，天气这种事情确实无法左右，这两天闷热不已，这场雨的到来会让温度更舒服一点，再说地铁里有空调呀，风一吹很快就干了（反驳）！我也就不再郁闷了（效果）。

刚进入地铁候车区域，列车便在我眼前开走，那可是一辆"空"车啊——至少我能上得去。果然，接下来的几趟车，人都挤得不行，我等了三趟才终于挤上去了（诱发性事件）。看来今天的倒霉一定会持续到底（想法），真烦（情绪）！后来在车上，我冷静地想了一下：这会儿是早高峰，人流量这么多也是正常的，我不必为每天都会发生的常规事件而感到生气，更不必产生这种灾难性想法呀（反驳）！

到了办公室，才发现早上忘记把U盘带出门了，那里面可是有我辛苦码的文件啊（诱发性事件）！我今天是怎么了，真是愚蠢（想法）？我又紧张，又担忧，不知道如何是好（情绪）。我只能凭着记忆再重新复原，可会议又提前了三十分钟（诱发性事件）。走进会议室的时候，我的心跳已经快到极点，非常焦虑（情绪）。但既然这一切已经发生了，我只能尽量补救，紧张并不能拯救我，只能通过会议空隙，赶紧写完（反驳）。幸好，在我汇报之前，我已经重新列好报告要点，顺利渡过难关，松了一口气，感到非常开心（效果）。

会议安排了下半年的工作和计划之后（诱发性事件），我有点兴奋（情绪），以前我总是害怕自己达不到绩效目标，但我这次不再焦虑了，因为经过上半年的经验积累，我相信我能完成目标（积极的想法）。今天部门加班，整理客户的数据，我一边写每月小结，一边看后台数据。看着上半年的目标已经基本完成，我感到成就感满满，为自己点赞（效果）！

看到这篇日记，你会不会感到惊讶呢？从一开始失控的想法，到尝试去反驳消极想法，甚至转变为乐观的、积极的想法，这是一个需要不断训练的过程。通过情绪故事讲述法，我们将情绪ABCDE的五个步骤一一分解，通过主动有力的反驳，达到接纳消极情绪，克服消极思维的目的。

【小练习】书写情绪故事

在接下来一周的时间里，参考以上日记，按照情绪故事讲述法的五个部分，撰写你的情绪故事。

以正念训练减少自动化思维

什么是正念？某天早上，当你出门上班时，你发现天空蔚蓝无瑕，连一片云朵都没有，阳光温柔地打在脸上。你深深呼吸，沉浸在这绝好的天气里，不加任何评判。或者你可以回忆当你投入在某件事情上（比如做饭、跑步）的时候，陶醉其中、心无旁骛的经历。这种不带任何评判，一心一意关注当下的状态便是正念。

正念是个体专注地知觉当下，心平气和地承认并接纳自己的情绪、想法和身体感受，借此达到的一种心智状态。正念的科学研究始于西方，而在其形成科学概念之前，在东方佛教领域已经有超过2500年的历史。作为佛陀的"八正道"之一，正念也就是冥想，主要被当作一种教义和方法来缓解修行人的苦楚和实现自我觉醒。僧侣们通过冥想培养自己洞察自身意识状态的能力，从而在面对生气、妒嫉、伤心及灾难等负面因素时能够保持内心的平静。事实上，基于正念的心理疗法已经被广泛地运用于心理和精神疾病，并取得了良好的疗效。

在《正念教练》一书中，作者利兹·霍尔书写了她将正念运用到日常生活的经历。她每天在单身母亲和自由记者这两个角色中转换，忙得手忙脚乱。那天，她从托儿所接上女儿匆匆返回家里，在布莱顿拥挤的人群中穿梭的同时，与一个采访对象通电话。到家时，已经太迟了。女儿因为感觉自己被忽略而大发脾气，此时的霍尔被消极情绪占据，焦虑、狂躁、无奈……生活与工作交织中，她无数次经历这种情境，体会这种心情。

心理咨询师朋友朱迪的造访，一番话让她恍然大悟。朱迪说，为了从A到B，不要一味追求速度而让自己深陷各种繁忙事务中。相反，可以试着心平气和地关注当前正在做的事情，欣赏其中的所有小细节，体会它们的差别，不带任何评判，不考虑下一步要做什么。朱迪举例说，铺床时她不会为了挤出时间干别的事，而急着赶紧把床铺好。相反，她总是不慌不慢地来，体会着棉布的手感，观察着在阳光下飞舞的尘埃，欣赏着床单拉直后的整洁感。这就是正念的力量。

朱迪的做法让霍尔受到很大的启发和鼓舞。是啊，多少次她从采访现场到托儿所，或是从家里赶到采访现场，她脑海中的"声音"嘈杂，工作和照顾女儿的矛盾"大打出手"。她已经很久没有享受记者这份职业多姿多彩的体验，也很久没有享受与女儿的天伦之乐。自那以后，她也开始运用正念。去工作的路上，她充分地了解受访对象、预演采访稿，将注意力放在自己的准备是否充足之上，而不再想什么时候结束采访快点去接女儿；去接女儿回家的路上，她留意着周围人们生活的烟火味，买一支女儿喜欢的冰激凌，有时候女儿还没放学出来，她还生怕冰淇淋化了呢！正念，正是要一心一意关注当下的状态；无论你是高节奏的工作，还是慢节奏的生活，心平气和地专注当下、欣赏细节即可！如此，耳边飘荡的每一个音符都会更动听，撒进窗台的每一缕阳光都会更温暖，旋转飘落的每一片树叶都会更欢快，盖过脚掌的每一朵浪花都会更凉爽，爱人手掌的每一丝温度都会更温柔，亲人朋友的每一张笑脸都会更亲切，这个世界的每一分钟都会变得更美好。

来自圣塔克拉拉大学的研究人员肖纳·夏皮罗和他的团队提出了"正念冥想再感知"模型。他们认为，正念训练使人对自身的意识或注意进行开放地、不评判地加工，这种注意加工会产生"再感知"，从而实现思维方式的转变（Shapiro et al., 2006）。这种思维的转变，会使我们对自己的思想、感觉和情绪等心理内容进行"去自动化"的加工。比如说，或许以前加班的时候你正在匆忙地敲打着键盘，争分夺秒地完成任务。然而，如果你尝试以一种不加评判的状态去观察自己所处的环境和内在的感觉，也许会是一种全新的体验。你可能会发现：角落里的盆栽已经冒出新芽；为营造更好的环境，走廊里的清洁工阿姨也正忙碌着；你的身体有点劳累，但当你想到自己是作为团队一部分在付出的时候，你的内心感到满足，颇有成就感。日积月累，这些细节被你忽略，你的自动化思维常常让你觉得加班是一件痛苦的事，因为加班打乱了你的生活节奏。事实上，任何事情若以一种不加评判的状态去体验，你的心态就会更加平和，很多痛苦、紧张也就不复存在。也就是说，正念减少了即时情绪对你的思维控制，改变了自动化的习惯反应模式。再感知模型认为，正念有利于让我们对自身的心理内容有清晰的洞察，认识到它们的短暂、易逝，对不愉快的内在状态能高度容忍、增强认知—情绪—行为的灵活性，从而对情绪进行调节，增强幸福感。

如何进行正念训练，从而减少你的自动化思维呢？我们可以从以下几个小步骤开始。

留意自己的呼吸

呼吸在冥想训练中扮演着重要角色。从出生到死亡，每一个瞬间我们都在呼吸，但我们对自己的呼吸似乎"视而不见"。你们知道吗？呼吸支持着我们知觉的过程，对我们感知世界起到很重要的作用，我们的呼吸节律也会随着活动量以及情绪的变化而改变。

我们可以在呼吸中培养正念，通过有意识地留意呼吸，觉知到自己正处在一个基本的、有节律的、流动着的生命过程中，感悟生命的每个时刻。简单来说，就是我们要全身心去感受自己的呼吸过程，这不需要刻意地深呼吸或改变平时的呼吸节奏，也不必努力去体验什么特殊的感觉，而是纯粹地、充分地感受气息吸入身体又呼出身体的过程，还可以尝试着去察觉在我们感到兴奋、愤怒、吃惊以及放松时呼吸的变化。经常这样做能帮助我们集中注意力，使我们专注当下正在进行的活动，还可以帮助我们认识情绪和呼吸的关系，在一呼一吸间敏锐地觉察自己内在的情绪改变。

关注我们的身体

我们的情绪大多是在大脑的认知加工基础上产生的。情绪的变化，哪怕是轻微的波动,我们的身体都能敏感地察觉到,并且通过心率、血压、呼吸、肢体动作等表现出来。现实中,大多数人在情绪产生时,不太会留心自己身体的变化。然而,如果我们留意身体的变化,及时发现自己的消极情绪,就可以阻止消极情绪的蔓延和扩散,重新获得宁静。

身体扫描(Bodyscan)是正念训练常用的方法。它需要我们关注自己的身体,强化意识反应的能力。我们可以尝试将自己的注意力围绕身体移动,无批判意识地让身体每个部位轮流成为意识关注的焦点,从头到脚,依次感受身体每个部位的"活动",直至完成全身的"扫描"。在进行身体扫描时,要尽量选择一个专属的时间和空间,排除外界的干扰。安静的训练环境对正念训练效果颇有裨益。通过这样的练习,我们可以培养有意识关注身体变化的能力,察觉情绪状态,训练正念。

通过冥想让自己平和

冥想源于东方宗教文化,它是一种与平时截然不同的意识状态。正念式冥想强调开放和接纳,它要求冥想者以一种知晓、接受、不做任何判断的立场来体验自己在此过程中出现的一切想法和感受。冥想具有治疗作用,它能够放松紧张的肌肉和神经系统,将我们从精神压力中解放出来,使人获得安宁的情绪,在一定程度上化解焦虑、愤怒、抑郁等情绪。

在冥想的过程中,我们的大脑是清醒的、放松的。放下对问题的思考、分析、判断,也放下对过去的执着、对未来的期待,用内在的察觉和专注力来取代它们。我们的目的不是清空大脑,而是赋予意念一个焦点,让意念专注于某一特定的对象或物体,从而获得平静。可以通过声音来辅助,以使注意力集中。记住,专注是冥想的基础,尽量避免沉睡或幻想。

【小练习】身体扫描

请选择一个舒适且不受打扰的地方仰卧躺下。你可以躺在床上,也可以直接躺在地面或地毯上。闭上双眼,花一点儿时间将意识集中到你身体的某个部位,可以是与床或地面接触、感觉有压力的部位,也可以是心脏的跳动、腹部的肠道蠕动，等等，让自己平静下来。现在，将意念引导到你的呼吸，注意气息进出身体时腹腔的变化，感受呼吸时身体起伏的感觉。以同样的方式继续扫描整个身体的其他部位，在每个部位停留一会儿。温和地提醒自己，这段时间保持清醒，不要入睡。充分地关注自己的真实感受，而不是认为它应该是怎么样的。

驱散消极情绪的阴霾

尽管消极情绪也有其积极作用的一面，但当消极情绪维持时间较长又无法避免时，我们还是要掌握一些缓解消极情绪的方法，调节情绪。常见的情绪调节类型有两种，分别是情绪宣泄和情绪转移。

情绪宣泄法是通过排出消极情绪进行心理治疗的方法。如果不把消极情绪宣泄出去，它就会在心中不断积累，引起心理问题。及时把情绪宣泄出来，能减轻心理上的压力，消除紧张、烦躁、沮丧等情绪，恢复快乐、平静的心情。运动、倾诉、痛哭等就属于宣泄法的具体应用。

而情绪转移有两类，分别是情景选择和注意转移。

情景选择说的是，当我们不开心，且不能立即解决目前的问题时，那就暂且离开让我们痛苦的场景。当心情郁闷时出去散心、旅行，暂时离开让你烦恼痛苦的环境，就是一种情景选择。通过情景的转换，我们能从消极的氛围中抽身，避免消极情绪的蔓延、失控。当你工作进展不顺时，你可以到窗台上伸个腰、看看窗外的风景；如果你觉得生活不顺心，你可以选择去旅行，走进久违的大自然、观赏不同的人文风光等，通过环境的切换让自己平静下来。

注意转移说的是，通过改变我们的注意焦点来调节自己的情绪状态，这是心理学上常见的调节情绪的辅导方法。出去散散心，我们的注意力会从消极情绪中转移到风景、人文等方面，从而让过高强度的消极情绪冷却，达到控制情绪的目的。常见的注意转移方式还有从事兴趣爱好、逗一逗宠物、做家务、观看影视作品等。下班回到家之后，我会去阳台上给植物浇浇水，将一天的疲劳、紧张转移到舒缓的家庭节奏当中。相信你也有自己喜欢的方式！

了解了情绪调节的基本分类后，下面我们将介绍一些情绪调节的具体方法。

心情不好的时候就去运动

想必大家都知道运动的好处，运动能够给我们的身体提供更多的能量，那些希望身体健康、保持身材的人都视运动为不可或缺的手段。体育活动对向大脑输送的氧气量有积极影响，而氧气与脑细胞的生长又有直接关系，所以说体育锻炼为脑细胞的生长创造了一个更有营养的环境。因此，经常运动的人思维方式比较灵活，更活跃、更有创造力。

然而，运动还拥有比我们想象中更神奇的力量，它有助于提升积极情绪、增进内心力量、提高幸福感。脑科学的研究早已证实：通过运动，大脑会分泌一些可以支配心理和行为的肽类物质。其中一种叫作"内啡肽"，科学家称之为"快乐素"，它能使人产生愉悦感。此外，足球、篮球和排球等诸多运动都是集体运动，参加这种团体活动，我们在锻炼身体的同时还能不断地和别人互动，这将帮助我们提升人际关系和自信，而这种积极的人际关系和自信又能帮助我们建立和提升积极情绪，从而提高幸福感。

可见，运动是一种很好的情绪宣泄方法。跑步便是其中一种简单有效的方式。还记得电影《阿甘正传》里那个不停奔跑的阿甘吗？阿甘在学校里为了躲避别的孩子的欺侮，听从一个朋友的话而开始跑。在中学时，他为了躲避别人而跑进了一所学校的橄榄球场，就这样跑进了大学。阿甘被破格录取，并成了橄榄球巨星，受到了肯尼迪总统的接见。通过跑步，阿甘得以宣泄不安，抛掉烦恼。因此，当我们心情不好时，不如去户外跑步吧！

如果受限于场地因素，我们也可以进行原地跑步。先原地慢走，自然摆动双臂，然后再慢慢加速，直到真正畅快地跑起来。当我们真正跑起来的时候，会感觉身体的每一个毛孔都打开了，随着血液循环的加速、汗水的流出，那些悲伤的、愤怒的、压抑的情绪都会被释放。

另外，条件允许的情况下，我们还可以尝试更多种类的运动。比如拳击这样的高强度有氧运动，出拳猛击沙包等动作能令紧张、愤怒等情绪一扫而空；又如瑜伽这样的全身舒展运动，可以促进压力释放、提高睡眠质量，如果再加上冥想，效果会更好……

倾诉：把你的烦恼说出来

倾诉是缓解消极情绪的良药。通过倾诉将心中积郁的消极想法宣泄，可以减轻或消除心理压力，让人从消极情绪中解脱出来，尽快地恢复心理平衡。霍桑实验证明，倾诉可以宣泄情绪。美国芝加哥的霍桑工厂是一个制造电话交换机的工厂，薪资和各方面待遇都非常不错，但工人们仍然愤愤不平，生产状况也不理想。为探求原因，美国国家研究委员会组织了一个由心理专家参与的研究小组，对工厂进行研究。实验之一便是谈话实验。在两年多的时间里，心理专家们找工人个别谈话两万余人次。在谈话中，专家耐心地听取工人对管理的意见和抱怨而不加任何反驳和训斥，让工人们把不满情绪尽情地宣泄出来。出人意料的是，谈话实验收到了非常好的效果：工人们的工作效率大大提高。工人们长期以来对工厂各种管理制度有诸多不满而无处发泄，专家们的谈话方式能让他们将这些不满情绪发泄出来，对情绪起到了疏导作用，从而使工人们心情舒畅，干劲倍增，工作效率自然也大大提高。

当我们面临压力、有烦恼困扰的时候，仅仅是选择与他人"分享"，就可以让身体自行纾压，这样简单易行的情绪调节方法可不要浪费哦。为什么倾诉可以有这样神奇的作用呢？因为我们人体有一套天然的纾缓压力的机制，而与他人的互动交流，就是激活这套机制的一把钥匙，承载这套机制正常运行的基础是我们拥有的社会支持。社会支持是一个人通过社会联系所获得的可以减轻心理应激反应、缓解精神紧张状态、提高社会适应能力的影响。一个完备的社会支持系统里一般有亲人、伴侣、朋友、同学、同事、邻里、老师、上下级、合作伙伴，以及由陌生人组成的各种社会组织等。我们可以把烦恼向社会支持系统中信赖的亲朋好友倾诉，一起吐吐槽、发发牢骚，通过倾诉让负面情绪在这过程中烟消云散。倾诉的目的不是让对方给你提供解决方案，倾诉本身就是疏解情绪的方法，能让你积压的消极情绪得到缓解。

如果你不愿意和别人倾诉，还可以写日记，写日记也是很好的自我倾诉方式。我们可以建一本烦恼日记，把不快融于笔端，把怒火化为文字，在日记中倾诉。心理学家建议病人坚持写"烦恼日记"，每天早起10分钟，把自己的感受写满三页纸,事后不要修改,也不再重读。过一段时间,人们发现当把自己的烦恼表达出来时,大脑对很多问题的看法更清楚了,也能更好地处理这些问题了。这种自我交谈的方式能帮你解决许多问题。

有时候哭一哭也无妨

自古以来,哭泣就一直是性价比最高的压力应对方式之一(倾诉还需要一个倾诉对象)。哭泣是一种安全有效的压力应对方式,它能让被抑制的负面情绪和挫折感彻底释放,有些用语言无法表达的情感,也可以借此来传递。哭泣能起到较好的自我安慰和情绪改善作用。

来自美国明尼苏达州圣保罗-拉姆齐医疗中心精神病学系的心理学家威廉·弗莱在研究中讲道:"就像呼气、出汗、小便和排便等一样,情绪性眼泪通过清除体内有害物质,在维持体内平衡方面可能发挥重要作用……人们哭后感觉更好的原因是,他们可能在眼泪中去除了由于情绪压力而积累的化学物质。"弗莱和他的同事们通过实验证明了这一观点。他们将志愿者分为两组,一组是由外部刺激(如洋葱)而导致反射性流泪,另一组是由于观看时长约两小时的悲伤电影而导致情感性流泪。他们通过对比两组参与者的眼泪成分发现,情绪性眼泪中的蛋白质含量比刺激性反射眼泪中多21%~24%。他们还检验了参与者的血清成分,发现两组的眼泪中锰的浓度是血清的30倍。由于锰参与神经递质合成的调节,他们认为流泪可能有排出锰的功能。他们由此得出结论,流泪可能是一种排泄行为,能排除人体由于感情压力所造成和积累起来的生化毒素。

由此可见,哭泣其实是一种不可或缺的、科学的宣泄方式。哭泣时,生理上那些有害生化成分得以排除,我们的负面情绪也得到很好的宣泄。通过哭泣宣泄负面情绪,对于一个正在接受压力考验或者疼痛折磨的人来说是有帮助的。回忆一下,每次我们哭完擦干眼泪,是不是都感觉如释重负?当我们独自在外拼搏、面临巨大压力、内心郁闷烦躁的时候,请不要压抑自己,可以找一个私密的空间,放声地哭出来,好好发泄一下自己的情绪,这不是什么见不得人的事情,而是一种主动的情绪调整方式。调整好情绪后,我们就能重新变得干劲十足。

3　积极情绪是幸福的基石

走近大自然，多和自然接触

当我们心情不舒畅的时候，最无效的举动便是在不愉快的事情上纠缠不休。身处消极事件的旋涡是寻找不到解决方法的。此时不妨试试转移自己的注意力，走近大自然，多和自然环境接触。这是因为，人类具有进化驱动的倾向，在无威胁的自然环境中更容易体验到积极的情绪反应。因而，置身于大自然有利于我们建立和恢复心理资源，获得更多能量应对不良情绪。

如果条件允许，我们可以去旅游、爬山、骑行、攀岩等，看看白云间的青山、树林中的清涧。如果分身乏术，我们还可以采用非常简单的做法，比如看看窗外的树荫、桌角的盆栽、照片上的自然风光，这对我们转移情绪都非常有帮助，你会惊喜地发现，窗外的树不知何时又高大了许多，随风摇曳的树叶悄悄改变了颜色变得美丽，桌上盆栽又长出新的嫩芽，充满了力量与对未来的希望，相信你的心情也能跟着明朗起来。

用兴趣、爱好来舒缓自己的情绪

转移注意力是排解消极情绪的重要方式，我们也可以通过忘我投身于一些感兴趣的事情来舒缓情绪，比如读书、听音乐、看电影、练书法等，在这些充满情趣的活动中冷却、排解不良情绪。

就拿读书来说，它对我们的精神境界有塑造作用。法国伟大的启蒙思想家孟德斯鸠曾言："喜欢读书，就等于把生活中寂寞的时光换成巨大享受的时刻。"确实，读书使人重获平静，是转移注意力、冷却消极情绪的极佳方式。阅读时，你会抛开一切烦恼，悄然进入全新世界，在其中自由漫步。

当我们被不良情绪包裹时，有很多种方法能够帮助我们转移注意力。我们不必压抑自己的情绪，而要学会利用合适方法进行合理疏导，这样，情绪才能得到释放，我们才能轻装走在人生路上。

与消极情绪共舞

焦虑的旋涡

尽管焦虑有助于我们保持欲望、期待和目标,使我们专注、投入,但焦虑始终是一种紧张、着急、忧愁的消极情绪体验。还记得那道公式吗?焦虑=威胁+关切。因为不合预期的事情,因为对未知的不确定,因为我们的关切,焦虑的情绪总会出现。焦虑几乎无处不在。每天早上睁开眼睛,打开手机,收到今日推送的新闻、看到凌晨错过的消息通知,来自教育、婚姻、职场等方方面面的焦虑,无论你是否身处其中,都会抵达你的面前。有时候,忙碌的学习和工作似乎让我们无暇顾及内心的焦虑,但焦虑始终存在,这种渗透体现在你生活的快节奏上。

如何走出焦虑的漩涡呢?

▶ 觉察自己的过度期待

我们总是被各种期待所包围,父母的、老师的、亲戚朋友的……这些期待大部分都是希望我们成为最优秀的、最完美的。这种思维会带到我们自己的生活之中,久而久之形成惯性,让我们也对自己产生过度的期待。合理的期待可以让我们保持动力,突破自我局限;但过度的期待超过我们的心理承受范围,成为我们的能力所不能承载的负担,如果无法实现这种期待,就会陷入一种强烈的内疚,进而自责、自卑。

如何对抗焦虑呢?首先,在认知上,我们要观察焦虑,具体化自己在焦虑情绪下是什么感受。大部分人在忙碌的生活中往往会忽略关注自己内心深层次的感受,处于焦虑中的人未必意识到这种情绪。我们可以尝试问自己两个问题:"我为什么会有这种感受?""这种想法是客观的、理性的吗?"有些女孩子想瘦身,效果不明显时,她可能会想:"怎么别人就吃什么都不胖,我天天控制饮食、保持运动,体重还是居高不下,真是太烦、太沮丧了。"她的不快乐源自她想拥有跟别人一样的苗条身材,但又忽视了每个人的身体基础并不相同这一现实条件。胖瘦和遗传、身体吸收、外界环境等很多因素有关(而且别人是不是真的吃了也不胖?还是说别人吃了之后付出了更多的运动时间去燃烧卡路里,只不过没让你看在眼里?)。更别说"瘦"并不等同于"美"啊!同样地,我们也可以通过思考自己为什么会有这样那样的消极情绪,分析这种想法是否是理性,来觉察自己的过度期待。

对于过度的、不合理的期待,我们或许应该尝试降低目标。譬如上面要减肥的女孩子,是否可以理性地看待身材的胖瘦,身材匀称、健康就是美的,单纯的"瘦身"并不一定就好,所以给自己定一个合理的目标。身材匀称、丰满、健康就是新的目标。那如何缓解在追求目标时的种种焦虑呢?身材匀称也不好达到啊,这时候我们就可以通过制订计划、拆解目标,并且在完成关键步骤的时候给自己一些小奖励等办法来逐渐实现目标。任何目标都是一步一步实现的,不要奢望可以一步到位。有人在实现目标的过程中,容易犯这样的错误:不给自己改变的时间。锻炼没几天,发现身材没什么变化,担心目标实现不了,就又开始焦虑了(焦虑的人容易暴饮暴食,然后就又发胖,最后更加焦虑,陷入恶性循环)。

▶ 学会妥协,过度追求完美是一种病

在求职面试时,对于"你最大的缺点是什么"这样的问题,很多人喜欢回答:我太过于追求完美,总会一丝不苟完成任务。他们认为这样的回答几乎无懈可击,看似回答的是自己的缺点,实际上又暗示自己做事有追求完美的优点。其实对于一个组织而言,拥有一位"完美主义"的成员并不是好事。他们可能能力很强,却也是比较敏感、偏执、喜欢比较的,也更可能孤军作战,一旦面临失败或无法解决的困难,会产生巨大的挫败感和焦虑感。过度的完美主义实际上是一种有问题的思维方式——"非黑即白"的二极管思维模式,它会让人变得狭隘、偏激。

生活本身不是完美的,人无完人。我们可以追求完美,但不能偏激地执着于实现面面俱到的完美。一千个人眼中有一千个哈姆雷特,你眼中的完美,可能在某些人眼中就存在瑕疵。"妥协"对于有些人来说是一个彻头彻尾的贬义词;在他们看来,绝对不能"凑合",要就要最好、最完美的。比如,在爱情中,有人吹毛求疵,坚持要找一位完美恋人;在人际交往中,有人事事都与他人争个是非对错;在工作中,有人狂热追求业绩,不惜牺牲健康……其实人生不是一成不变的,也没有谁可以按照自己的想法设计好生活的剧本,适时的妥协是对抗焦虑的"良方"。妥协不是简单的让步和放弃,而是与自己、与他人、与外界达成的和解。

我们可以通过以下两项措施来纠正不健康的完美主义心理:第一,允许小缺憾的存在,无须面面俱到,凡事尽力而为即可;第二,学会自嘲,要接受不完美的自己和结果,在不尽如人意的时候,敢于意识到自己的不足,排解焦虑。

不被愤怒牵着鼻子走

愤怒是一种强烈刺激性的情绪,它反映着人类反抗他人、维护自身利益的本能。很多时候,愤怒情绪好像不受我们自己控制。几乎所有人都知道德国哲学家康德的这句名言:生气,就是拿别人的错误来惩罚自己。但实际上,愤怒降临时,人们却不由控制地会"惩罚自己"。控制情绪,知易行难。如何不被愤怒的情绪牵着鼻子走呢?

▶ 不必为小事而失控——找出生气背后的真正理由

在工作或学习中,提交任务的最后期限将至,而计算机却突然故障时,你是否会郁闷不已、抱怨如潮呢?当约定的时间已过,对象或者好友却迟迟不出现时,你是否会烦躁不安、焦灼难耐呢?工作上的小难题、亲友之间的小摩擦等都可能使人生气、暴躁。易怒并不是好事,觉得不爽的时候一点就着,认为自己有充分的理由怒发冲冠,这是理所当然的吗?事实上,愤怒扭曲了你的判断,阻碍你的行事计划,最后并不能解决任何问题。

如何对愤怒保持觉知,做到不为小事而失控呢?我们可以问自己一个问题:我为什么会生气呢?想要通过愤怒来实现什么目的呢?我们只有先弄清楚自己愤怒的缘由,才能平息情绪,并围绕问题去解决问题,而不至于使愤怒情绪蔓延,蒙蔽自己眼睛、冲昏头脑。例如开始我们提到的例子,约会时间已到,对象却没有出现,竟然迟到了!这时候有人就会很生气,但你仔细思考一下,你真是因为对方没有按时到达而生气吗?路上堵车、车子坏了、临行前突然有什么事情耽搁了……其实造成迟到的因素可能有很多,但你为什么还会不接受对方迟到呢?是不是你生气的真正原因是觉得自己不被重视、没有被尊重?无形中你是否把这件事情的严重性抬到了不必要的"高度"?一次迟到真的能反映出这么严重的问题吗？我们就是要不断通过这样的反思，发掘愤怒背后可能存在的不合理观念，认识到自己产生愤怒的"不合理"，逐渐平息这种"不合理"的情绪。

▶ 不要用暴力的方式表达愤怒——让自己冷静下来

用暴力的方式来表达愤怒，特别是争吵、辱骂、物理性攻击，都是极具破坏性的。指责别人，好像可以减少自己的怨气，让自己得到宣泄。但当你指责别人的时候，得到的要么是沉默，要么就是反唇相讥，最终演变为互相谩骂。指责与抱怨别人，非但不会让事态朝着好的方向发展，反而会让双方在争吵上耗费大量的时间与精力，阻碍事情的解决、破坏人际关系的和谐。

人在受到伤害时，愤怒是正常反应，首当其冲的念头就是反击伤害自己的人。愤怒孕育冲动，冲动引发大脑短路，最终诱发失去理性的行为。重庆万州公交车坠江事件中，一名中年女乘客的冲动之举便酿成了无法挽回的错误。因坐过公交站点，她要求司机在行驶途中停车。在没有得到应允后，用手机两次击打司机，导致司机注意力转移，从而引发了公交车坠江、全车人葬身江中的悲剧。冲动是魔鬼，以理性战胜冲动需要有强烈的自我控制意识，需要努力陶冶自己的性情，不断提高自我修养。

当我们怒不可遏时，以下一些小建议可以帮助你控制愤怒，可以经常练习：

1. 马上深呼吸，提醒自己冷静下来。深呼吸可以让我们的心跳变得平稳，我们的情绪也会因此而平复，这是一种简便易行的情绪调节方法。

2. 请保持沉默，不要一味发泄，先倾听他人。通过深呼吸让情绪尽量平复，不要着急表达自己的想法，先倾听他人的观点，尽量做理性分析而不仅仅是情绪发泄。

3. 学会正确地表达自己的愤怒。与其说"你真是过分，你就是一个彻头彻尾自私的人"，不如说"我现在很生气，因为我觉得你完全没有考虑我的需求"。同样的话用不同的方式表达出来，会有截然不同的效果。希望别人理解自己，前提是要自我表露，要告诉别人你的想法是什么、你有什么需求。

4. 学会情绪转移。将注意力转移到其他事物和活动上，诸如欣赏窗外风景、听音乐、看电影、阅读等，帮助自己平息愤怒。比如有的夫妇会在吵架时达成共识，先将争议搁置，双方过一阵子再重新讨论这个问题。往往结果就是一段时间过去，重新讨论的时候，这个问题已经不再是问题了。

不要单纯考虑自己的感受——学会宽容别人

法国文学大师雨果曾说过："世界上最宽阔的是海洋，比海洋更宽阔的是天空，比天空更宽阔的是人的胸怀。"宽容是一种保持心理健康的"维生素"，它给我们带来平静和安定。研究表明，宽恕使受害者从愤怒、憎恨、恐惧中解脱出来，并不再渴望报复。当你在对他人生气的时候，不妨试着换位思考一下，站在别人的立场上考虑问题，理解并宽容别人，心情也会变得平和许多。例如：吃饭的时候，10岁的孩子不小心打碎了碗，家长就会很生气，批评的时候还会总结"你总是这么不细心，打烂多少碗了"。其实想想家长有没有打碎碗的时候呢？孩子的手没力气或拿滑了是不是也很正常呢？所以宽容地理解和接受别人的错误也是我们需要练习和培养的能力。

不要让悲伤占据心灵

英国文学史上最杰出的戏剧家莎士比亚曾在他的作品中写道："忧思分割着时季，扰乱着安息，把夜间变为早晨，昼午变为黑夜。"悲伤是我们心灵的常访客，分离、丧失和失败是我们悲伤的根源。从我们呱呱坠地，到我们的成长过程，忧伤、难过、沮丧、孤独、失望、彷徨这些情绪都会时不时造访。"在悲哀里度过的时间似乎是格外长的。"这句话近乎完美地刻画了我们悲伤时的感觉。如何走出低落、扫除悲伤情绪呢？

▶ 苦难是生活的必修课，请坦然拥抱它

人总会遇到这样那样的挫折、逆境，没有人能风平浪静地度过一生。生命就像一条河，可能会遇到巨石拦路，可能会面临暴雨侵袭。河水也会出现回流，产生湍急的漩涡。然而，柔和而韧性的水，终究会溶解任何坚硬，找到自己合适的方向，平缓而清澈地流淌着。生命的漩涡也会平息，流淌的轨迹也会重建，让河水流向最终的目的地。逆境是生命最好的礼物。

3　积极情绪是幸福的基石

"经营之神"松下幸之助9岁时因家境贫困不得不外出赚取生活费,远赴大阪谋职,在船场火盆店当学徒。他小小年纪,远离亲人,孤独无助。有一次,店主递给他一个五钱的白铜货币作为薪水,这数目对穷人家的孩子相当可观。小小的报酬激起了他工作的狂热。从此他扬起奋斗的风帆,靠着不可思议的生存欲望,变得坚强。有时候,他的双手被磨得皮破血流,连最简单的提水动作都会触碰伤口,但他仍咬牙挺了下来,最终他掌握了自己的命运。所以,尽管经受苦难不是我们希望的生活,但苦难是精神上的钙元素,可以锻炼心智、磨炼意志。当生活出现了艰难、挫折时,如果我们能坦然接受,勇敢和乐观地面对,我们的人生之路便能越来越宽广、越来越顺利。

宝剑锋从磨砺出,梅花香自苦寒来。面对挫折与苦难,我们要保持乐观豁达的心态。面对困难,不断地升华精神、积蓄能量。要学会幽默和自我调解。悲伤、压抑这些情绪不利于我们轻装上阵,不妨通过幽默、自嘲来安慰自己,平衡心情。学会自我接纳,坦诚面对自己的错误和不足。失败不可怕,可怕的是在同一个地方跌倒两次、三次、无数次。要摆正自己的位置,以发展的姿态去进步和成长。

▶ 不为昨天的逝去而流泪

西方有一句谚语:"别为打翻的牛奶哭泣(Don't cry over spilled milk)"。表达的意思是:既然事情已经发生,无法挽回,就别再为它苦恼了。它向我们强调了一种不计较的心态。所谓"覆水难收",我们不必为昨天的逝去而流泪。因为自己的不小心,打碎了最好的朋友送给你的一个杯子,为此你难过了好几天,甚至觉得内疚。而破碎的杯子本来就无法复原了,再伤心也无济于事。那就更加珍惜朋友之间的友情,因为你相信,无论朋友的礼物是什么,他的愿望是希望你快乐。东西可能被打碎,但你们的友谊可以长存。当我们无法从不可挽回的事情中自拔,陷入无尽的悲伤情绪时,我们便掉进了"沉没成本"的陷阱中。

过往投入的且不可回收的支出,便是沉没成本。在经济学中,沉没成本不再是当下决策应该考虑的内容。而对于我们生活中已然发生的不幸,不应再成为抱怨的内容。昨天的创伤已经结疤,我们不要再把精力放在它身上了,不要为昨天的失败而流泪,而要从昨天的创伤中吸取教训。

▶ 停止抱怨，迈出步伐

我们的烦恼大多数时候是自找的。因为我们的欲望没有得到满足，或者欲望满足之后的无趣，抱怨随时随地都会发生：抱怨工作钱少事多，抱怨爱情中遇人不淑，抱怨生活压力大……虽然抱怨可以暂时宣泄情绪，但是不能解决问题。抱怨者放弃了主动权，将自己的幸福和情绪管理寄托于他人；过多的抱怨是消极能量的扩散，满腹牢骚使人厌烦。抱怨还是一种责任转移，机会可能在抱怨中消逝。

如何才能迈开步伐，停止抱怨呢？我们所谓的烦恼、不满很大程度上可以归结于我们对事物采取的态度，如果将抱怨转为奋斗，坏事往往就会变成令人鼓舞的事。还记得那个寓言吗？两个想要穿过茫茫沙漠、到绿洲去开拓新生活的人，历经艰辛，艰苦跋涉，顶着火辣辣的太阳，忍受着巨大的饥渴。第一个人，当他走到旧城，寻找到半杯水的时候，他开始抱怨、谩骂，恨前边走过的人怎么喝了杯子里的半杯水。第二个人，当他面对半杯水的时候，他立即端起水杯一饮而尽，然后他跪在地上感谢上天。他们的结果也大不相同，只有第二个人走出了沙漠，过上了新生活。我们无法决定生活中出现的不愉快，但是我们可以选择我们对待不愉快事物的态度。保持一颗平常心，做到平静、理智、乐观，遇到不愉快的事情时，努力发现其积极的一面，以积极的态度去面对。就像同样是面对半杯水，你可以抱怨前面的人为什么喝了那么多，才给我剩下这么少；你也可以感谢上天，饥渴难耐的时候还可以幸运地有半杯水解渴。

来自积极情绪的幸福秘密

积极情绪对人类的幸福追求有着重要意义。在前面的叙述中，我们探索了情绪的本质，了解了消极情绪与幸福的关系。然而，当我们战胜消极情绪后，是否就意味着我们已经得到了幸福？

试想一下，你过着平淡无奇的生活，无悲无喜，每天都在重复着，虽然没有纷扰，没有不快，没有任何消极情绪，但是也没有任何积极情绪。这样的生活是幸福吗？平淡无奇到了最后就是枯燥，心中空空如也，没有积极情绪的滋养，又怎么会得到幸福呢？幸福就是积极情绪降临心中那一刹那的触动感，甜蜜而经久不绝。我们要得到幸福，只是没有了愤怒、悲伤、焦虑等消极情绪，这还远远不够，真正的幸福还需要积极情绪在我们的心中永驻。

那么，积极情绪蕴含了哪些通往幸福人生的秘密呢？

拓展与构建：积极情绪的作用机制

正如前面所强调的，消极情绪唤起我们对危险的注意，所以当我们体验消极情绪时，我们的反应模式往往有限，认知范围变窄。消极情绪让我们在危及生命的环境下选择某种特定的行为倾向。而积极情绪则传达了更安全的信号，我们反应选择的范围没有缩小，反而扩大了。早在21世纪初，积极情绪专家芭芭拉·弗雷德里克森便分析并总结了积极情绪的作用机制。该机制被称为拓展-构建理论，在积极心理学领域有着重要的影响力。她认为，积极情绪能够拓展个体的瞬间思维-行动范围，进而建构持久的个人资源（认知资源、生理资源、心理资源和社会资源），从而给个体带来长期的适应性益处。简言之，积极情绪并不产生特定的行为，但它能让我们的认知更灵活、开阔，行为更大胆，从而构建和积累更多资源。

弗里德里克森和同事布兰尼根通过实验证明了积极情绪可以拓展认知资源。他们向大学生被试呈现一些简短的电影片段，以唤起被试不同的情绪反应：愉悦、满足、愤怒以及焦虑；再邀请被试参与一个视觉处理任务。结果发现，唤起了愉悦、满足情绪的被试，更关注整体视觉信息；相反，唤起了愤怒、焦虑情绪的被试则更关注局部视觉信息。这在某种程度上说明，积极情绪拓宽了注意力范围。除此之外，积极情绪也带来更强的记忆、信息处理能力以及更流畅的语言能力，这些都是认知资源的重要体现。日常生活中大家应该都有过这样的感受：当你心情愉快的时候，"人逢喜事精神爽"，走在路上猛然发现了大树已经开始长出嫩芽，干活的效率好像也高了很多。这些小例子说明，积极情绪会使我们的注意力范围变得更广阔，会拓展我们的心理资源。

积极情绪：打开幸福之门的钥匙

从扩展-构建这一作用机制出发，积极情绪蕴含着幸福的密钥。

积极情绪使我们的生活形成良性循环。首先，积极情绪扩展了我们的个人资源，提高办事效率，增加认知范围，无形中增加我们成功的概率，进而提高我们的生活满意度和幸福感，这又能反过来增加我们的积极情绪，所以积极情绪和幸福感是相互促进的关系。我们要记住：不是要先成功了才感到幸福，而是要先有积极情绪，快乐地工作和学习，才能越发体验到成功的喜悦。

中国有句谚语"笑一笑十年少，愁一愁白了头"，讲的是积极情绪对身体的影响。积极情绪也有利于身体健康。Marsland和Cohen等人研究了积极情绪与个体免疫抗体反应的直接关系。他们通过对81位21～55岁、无乙型肝炎的被试者进行了为期6～10个月的研究。研究者对参与者进行了3次重组乙型肝炎疫苗的注射，时间跨度为6个月。此后研究者抽取了参与者的血样，并让参与者填写问卷以评估其积极情绪、消极情绪。研究结果表明，积极情绪得分高的参与者有更高水平的乙肝病毒抗体反应，这说明积极情绪可以增强个体免疫功能水平。对流感病毒的实验研究得出同样的结论，积极情绪可以降低个体对病毒的易感性，使个体有更高水平的免疫抗体反应。大量医学研究也显示了积极情绪对于疾病的预防能力，积极情绪可以通过大脑对丘脑、胸腺的调节，影响体内植物神经和内分泌的功能，增强细胞免疫、体液免疫和体内其他功能，从而增强身体抵抗疾病的能力。还有研究表明，积极情绪对心血管疾病的预防具有重要影响。比如，研究者通过实验发现，乐观的、焦虑水平较低的人比悲观的、焦虑水平较高的人表现出更少的血压波动。也就是说，人在轻松快乐的时候，免疫力是很强的；相反，如果压力大、情绪糟糕，免疫力也会大打折扣。

积极情绪还能让我们充满希望地看待挫折和失败，给我们从困难中恢复的力量，使我们更加坚强。以积极的心态去看待事情，我们就更容易发现其中蕴含的积极意义，有更强的适应环境的动机和能力。2021年，年仅10岁的塔尼·阿德沃米成为美国最小的国际象棋大师。在很多人眼里，塔尼是一个天才棋手。而人们不知道的是，塔尼一家是从尼日利亚逃离的难民，曾在不到一年的时间里，经历了五次搬家。但塔尼从没抱怨过，总是积极乐观地看待生活，并且在学校老师的带领下开始学习国际象棋。2019年，他就以五胜一平零负的成绩加冕纽约州赛冠军，这距离他们一家人落根纽约也才15个月。在成长的过程中，陪伴塔尼的除了动荡环境，还有积极的情绪和心态，正是这些积极元素，使得塔尼更加坚韧地克服困难，获得新生。

十种常见的积极情绪

提到积极情绪，很多人的第一反应是"快乐"。但"快乐"是个过于笼统的词汇，不能精确地描绘出人们的感觉。你可能不知道，人们最常感受到的积极情绪可以具体划分为10种：愉悦（joy），感恩（gratitude），宁静（serenity），兴趣（interesting），希望（hope），自豪（pride），逗趣或幽默（amusement），鼓舞（inspiration），敬畏（awe）与欣赏（appreciation），爱（love）。培养积极情绪，我们有必要超越"快乐"这样千篇一律的词汇，更全面地了解积极情绪。

愉悦

愉悦是人们最经常触发的积极情绪。当你感到愉悦的时候，你的周围是安全而熟悉的，一切都按照预定的方式发展，甚至比你期待的更好。引发愉悦的条件很简单，可能是由美食或音乐等带来的感官享受，也可能是书籍或电影等带来的心灵愉悦，还可以是自己完成重要任务或自己喜欢的球队取得胜利等带来的成功喜悦……愉悦的触发是如此简单。但现实是，现代社会的生活节奏越来越快，乘车、上班、吃饭、加班、做家务……愉悦感似乎在这高频、重复的生活中逐渐淡去。所以，我们要有发现"美"的眼睛，留意并细心感受使你产生愉悦的生活细节。

感恩

感恩是我们对自己所互动的人、所经历的事感到或表达感激的情感。感恩是改变我们生活态度最强大的力量。当我们在工作中表达感激之情时，我们更容易获得同事的尊重和友谊。当我们感激我们的伴侣或朋友时，他们对我们更信任、更友善。当我们对日常生活中的点点滴滴心存感激时，我们会发现活着的意义，体会到对生活的满足感和热爱。著名学者迪帕克·乔普拉将感恩描述为"一种非常强大的力量，我们可以用它来扩大我们的幸福，建立爱的关系，甚至改善我们的健康"。当你心情低落的时候，不妨去孤儿院、医院、养老院看一看，就会更加珍惜我们现在已经拥有的，感恩生活的馈赠。常怀感恩之心是幸福之道，无论事物好坏，感恩并体会其中的意义。

宁静

宁静是一种绵柔、低调的喜悦，是一种内心的安宁，通常发生在安全而美好的环境中，当然这种宁静更多的是来自自己的内心，心胸的豁达是关键。例如，宁静可以是坐在院子里或阳台上，沏上一壶喜欢的茶，不管茶叶本身价格高低，喝的就是这种意境，感受到的就是宁静；可以是工作闲暇之时，望着窗外的风景，听见轻风拂过树叶发出"沙沙"的音符，这种内心淡淡的喜悦让人陶醉；还可以是周末早上睡个大大的懒觉，醒来后被窝舒适的、温暖的感觉。弗雷德里克森把宁静称作夕阳余晖式的情绪。宁静就是沉浸在当下，细细品味当前的感受，我们要更频繁地将其融入生活。

兴趣

兴趣是我们被一些新鲜的人、事、物吸引了注意力时感受到的情绪。我们会被兴趣牵引着，去探索、尝试，去消除神秘，了解更多。当你感兴趣的时候，你会感到心胸开阔、充满生机。兴趣可能是你被一个公众号新颖的观点所吸引，你会废寝忘食地阅读公众号上的文章；还可能是在我们回家的路上，发现有一家新的饭店开业，你就跃跃欲试，想尽快品尝它的味道；当我们花盆中的种子冒出新芽时，我们也会饶有兴趣，拼命拿着相机记录它的成长……你能体会到这些充满兴趣的瞬间吗？兴趣是我们对生活和工作保持源源不断热情的源泉，我们需要做到的是发挥人类好奇的本质，保持与外界的连接感，更多地去探索和了解未知领域。

希望

希望是一个人关注所渴望的重要且积极的未来结果时产生的情绪。当境况紧迫，事情的发展对你不利，或者是事情的发展存在着相当大的不确定性时，希望就会发挥作用。希望的核心是我们相信事情能好转、好事有可能发生的信念和愿望。即使找工作不顺利、考试失手、身体检查发现了异样，希望仍然让我们相信：不论现在如何，事情变好的可能性是存在的。来自康奈尔大学的安东尼·昂和他的研究团队在对老年人持续45天的动态研究中发现，那些每天对未来保持希望的老年人，他们的消极情绪出现的频率会更少，而且能更好地缓解面临的压力。怀着希望，我们变得充满活力，会尽一切努力来为自己和他人创造美好未来。

自豪

自豪是个体把积极事件的产生归因于自己时所产生的一种积极的主观情绪体验。当顺利达成目标或成功完成任务时，在自我或他人的积极评价基础上就会产生自豪情绪。自豪和自大是一对兄弟，我们总是说骄兵必败，自豪过头就会变成骄傲自大。但并不能因此否认自豪作为积极情绪的积极意义。你完成一项看似不可能成功的高难度任务，你作为团队代表向外界发表观点，你的指导和帮助对某个人产生了重要的影响……这时你难道不值得为自己自豪吗？自豪伴随着成就而绽放，是自我肯定的一种体现，只是这需要用适当的谦逊来调节。所以，不能因为怕骄傲的消极作用而忽视自豪感带来的积极影响，当我们感到自豪时，我们才有动力去做更艰巨的任务、承担更大的责任。

逗趣（幽默）

逗趣是让你开怀大笑时的情绪体验。这是我们最熟悉的积极情绪之一，它比"愉悦"情绪来得更直爽、更畅快。逗趣是娱乐性的，由衷的逗趣使你放松大笑，甚至带来抑制不住的冲动去与他人分享你的快乐。也就是说，当你体验到逗趣情绪时，你是感到安全和放松的，并且你想要与他人建立联系。你上次开怀大笑是什么时候呢？诙谐幽默能让人的内心充满阳光。

逗趣有一定的治愈效果，无论是不经意的还是"有预谋"的，坏心情可以通过逗趣来缓解。弗雷德里克森（Fredrickson）在2004年进行了这样一项与情绪有关的实验。在实验中，参加实验的人员先观看一部诱发恐惧情绪的短片，在那之后，她把所有实验对象随机分成四个组，并让四个组分别观看诱发悲伤、逗趣、中性和满足四种情绪的短片。后来发现，观看诱发搞笑情绪的实验对象能更快恢复观看影片前的状态，并在情绪上有积极的信号。这也说明，观看幽默诙谐的视频可以帮助我们提升积极情绪。所以在你心情低落的时候，做一些引起逗趣的活动，如观看有趣的视频，不失为一种治愈的好办法。回忆一下，当你观看喜剧小品、相声或是一些搞笑短视频时，心情是不是也会随着欢快的笑声而好起来呢？所以，多一些开怀大笑、幽默的调侃，能给我们带来积极的情绪体验。

3 积极情绪是幸福的基石

激励（鼓舞）

激励源自受到鼓舞的瞬间。当你看到抗疫医护人员逆行到医疗一线无私奉献时，当你看到中国女排再次夺冠奏唱国歌时，当你看到同事从他紧迫的时间表中抽开身，耐心地救治一只受伤的流浪猫咪时，当你通过纪实影片看到先人辛劳耕耘、建功立业时……都能让你感受到激励（鼓舞）。这能集中你的注意力，温暖你的心，还能使你产生一种"自我超越"的感觉，激发你亲自去做好事的动力，使你追求更高的境界。例如，我们看到运动赛场开赛前教练员和运动员一起拍手、呐喊，就是一种简单的激励和鼓舞，以此激发运动员力争第一的精神；力争销售突破千亿元的誓师大会上，董事长的慷慨陈词让大家热血沸腾，以此激发大家完成任务的信心和决心。

敬畏与欣赏

在芭芭拉那本《积极情绪的力量》中，她把敬畏作为一种积极情绪，敬畏产生于伟大与渺小的强烈对比。你被伟大的人、事、物彻底征服了；相比之下，你感觉自己渺小和谦卑。我们敬畏自然，敬畏那江河湖海、高峰峡谷；我们敬畏历史，敬畏那王朝兴衰、沧海桑田；我们敬畏生命，敬畏那转瞬即逝却顽强有力的生灵。然而，敬畏有时离安全边界过于接近，以至于我们也会感觉到一丝丝消极情绪的味道。所以我更愿意把欣赏作为一种与敬畏有一定联系的积极情绪。欣赏可以是惊叹大自然的巧夺天工之美、英雄人物的感人之举、同事完成任务的完美；欣赏还可以是日常发现别人的优点、生活中的"小确幸"等产生美好的感受。但欣赏不像敬畏那么强烈，少了一些"畏"的成分。当我们欣赏大自然的美、艺术作品的美、同事或朋友的优点之美时，我们的内心体验是温暖的、幸福的。多欣赏别人的优点是一举多得的好习惯，希望我们都多赞美、多欣赏我们周围的人和事。

爱

爱是多种积极情绪结合的复合情绪。当这些良好的感觉与一种安全的并且往往是和亲密的关系相联系,扰动我们的心灵时,我们称之为爱。当你体验到被人关爱、被人关心的时候,内心是温暖的、愉悦的;当你关爱别人、表达你的爱意的时候,你的内心也是幸福的、期待的。爱的表现与表达比较复杂,不同的人可能有不同的表达爱的方式和方法,但不管怎样的方式,爱的体验应该是让人愉悦的积极情绪。如果你的体验不是积极的,那可能是"错爱"了,爱的方式方法出了问题。

在这里,我们可以一起做一个小练习:拿起你的纸和笔,写下自己最后一次体验这些积极情绪的感受是什么时候。当时自己在做什么?为什么能产生这种感受?还有什么也是这种情绪的触发因素?我们还能做什么来培养这些感受?或许你有些提笔困难,那就让我们一起进入美妙的积极情绪之旅吧!

创造与培养积极情绪

积极情绪对我们身心健康、生活以及工作都有重要作用，当我们驾驭积极情绪时，它对我们的影响是惊人的。积极情绪使我们思考问题的方式也变得积极，还可以给人带来积极向上的力量。即使周围的人都很悲观，乐观的人仍能以积极的态度对待一切。为了幸福的人生，我们该如何充分挖掘积极情绪的能量呢？

与其等待，不如主动创造，培养积极情绪，体验幸福的人生

了解大脑的运作方式

说到这里，想必大家都有个疑问：我们都知道积极情绪是好的，都愿意追求积极的生活，可为什么现实中我们很难总是保持积极的心态呢？这与大脑的运作模式有关。我们的大脑时时刻刻关注着周围的环境，但由于大脑在人类起源以及发展过程中为适应环境产生了应激性进化，因而更容易注意到负面信息。这导致我们总是不自觉地关注一些负面内容，消极想法往往反复出现，我们也因此很难将注意力放到积极的事物上面，也就很难培养积极情绪。但是，积极情绪并非遥不可及，只要掌握了合理的方法，有意识地关注自己的积极情绪体验，就能更有效地培养积极情绪。

积极情绪需要我们主动去创造和培养，不是外界有没有让我们高兴，而是

我们自己要让自己每天开开心心的。通过主动感受，我们可以在工作、生活的点点滴滴中体验感恩、爱、欣赏等积极情绪。积极情绪的培养和形成不是一蹴而就的，需要我们持续不断进行有意识的训练和锻炼。我们首先要有一个信念：我的幸福我做主！我们的快乐不是别人给的，而是我们自己创造的。我们要相信相信的力量——相信自己一定可以培养积极情绪，相信自己感受幸福的能力可以变得越来越强，相信自己可以变得越来越幸福！

不是高兴了才笑，试一试：笑了就会高兴

你知道吗？面部表情和姿态表情等不仅能反映我们内在的情绪，而且还能影响我们内在的情绪。这是因为身体是有记忆功能的。当你主动做出微笑表情的时候（并没有真的令人高兴的事，仅仅做出微笑的表情），这种身体的形态结构、感觉系统、运动系统以及表征身体的神经系统均会传递信息给大脑，激活大脑的愉快情绪。如果你不信，你可以马上自己做个小实验：你试图做出悲伤的表情，默念，好烦啊、好郁闷啊……你会发现越是皱眉和噘嘴就越感觉真的悲伤起来了。因为怕让你做出微笑的表情你不容易相信，我们就做个相反的表情让你体会一下面部表情和内在情绪的关系。

德国维尔茨堡大学的心理学家斯特拉克·弗里茨和他的研究团队通过实验证明了面部肌肉对情绪的调节作用。他们邀请参与者用嘴唇或牙齿衔住一支笔，分别以两种姿势阅读一系列引起愉快情绪的卡通漫画，并判断卡通漫画的有趣程度。当参与者用嘴唇衔住笔时，运用了抑制微笑的口轮匝肌；而当参与者用牙齿咬笔时，运用了颧大肌——这是促成微笑表情的主要脸部肌肉。结果显示，用牙齿咬着笔看漫画比用嘴唇衔着笔看漫画感觉漫画更好笑。这个研究结果是不是很神奇？就是说，在参与者没有主观愉快体验但做出微笑面部表情的情况下，他们内在的积极情绪已经被调动起来，也就是说他们更能感受漫画带来的愉快情绪。这个研究告诉我们，微笑的表情已经让你愉快了，只是你自己没有意识到。

肢体动作同样可以与个体的情绪体验紧密相关。研究发现，紧握拳头斜放在

身前会让人感到愤怒,而把头埋在胸前会感到悲伤;背部挺直比耷拉着双肩更容易使人体验到自豪感。你现在就调整一下拿书的姿势,挺胸抬头、背部坐直,现在的感觉和刚才瘫在椅子或沙发上的感觉有什么不同?我猜你的情绪体验一定还是有差异的。

这是为什么呢?改变一下面部表情、肢体动作就能改变情绪?前面我们说过,情绪的产生伴随一定的生理反应,如心率、血压、肠胃的蠕动、面部肌肉和某骨骼肌运动等躯体反应,这些躯体反应模式被表征在我们的脑区中,躯体反应在脑区的表征就构成了"情绪信号"。例如,嘴角上扬(颧骨肌肉运动)、眼角弯曲(眼周肌肉运动)等这些面部肌肉的变化就在大脑标记为"微笑",情绪体验的信号就是愉快、高兴或兴奋等,这些情绪相关的信号被称为"躯体标记",我们可以理解为躯体"记忆"。这些"记忆"通过躯体活动向我们的大脑发布标记信息,我们通过利用储存在大脑中的躯体标记而产生相应情绪的体验。也就是说,大脑中关于躯体的记忆影响着我们的情绪。我们的大脑是不是很聪明呢?所以,从现在开始,留意你的表情和肢体动作,舒展你紧锁的眉头,放松地露出你的笑容吧!

让生活充满微光的仪式感

平淡的生活中,无聊是常态;缺乏热情,抱着敷衍的态度来看待任何事物并不可取。我们总要找到一种新的方式,让自己度过平淡无奇的日子。我们既可以享受一切的美好,也可以坦然面对当下的糟糕。哭也一天、笑也一天,为什么不笑对每一天呢?无论境况如何,生活必须进行下去,那就让我们创造让我们笑、让我们开心的事情吧。仪式感,会让我们在平凡又琐碎的日子找到生活的诗意,找到继续前进的微光,找到不将就的勇气。

生活中的仪式感,不是矫情,而是一种认真对待生活的态度。《唐顿庄园》里有这样一句话:"你厌倦了格调,也就厌倦了生活。"在日本电视剧或电影里,很容易看到坐在餐桌前吃饭的日本人,食物准备完毕,一家人举起筷子,说一声"我开动了",然后才正式吃饭。礼貌之外,更是体现了日本人对食物和食物生产者的感恩。而随着科技的发展,中国人也在餐前仪式中加入了新的内容:

拍照。在智能手机和朋友圈同步兴起的几年里，饭前拍照分享，宛如祈祷仪式一般成为很多人不可缺少的存在。食物摆在盘子里的各种美丽造型，让人们的视觉产生愉悦感；食物的香味让人垂涎三尺，产生嗅觉和味觉的积极体验；发朋友圈后朋友们的点赞和羡慕又增加了满足感：这就是日常生活中简单的一个动作带来一系列积极情绪体验。生活就是要这样创造快乐，即使自己在家做饭，也要买一些漂亮的餐具，把炒好的菜摆个造型。菜还是你原来经常做的菜，但加上这样的仪式感，你再来让你的家人品尝，他们一定会赞叹：呀，今天的菜怎么这么漂亮，好赞哦！今天的菜格外好吃呢。不信哪一天你试试？

小小的仪式感，有着心理疗愈的功能。仪式感治愈心理伤痛。在中国，一年一度的清明节便是一次集体心灵疗愈的仪式。生离死别是人生最痛的别离。清明扫墓是一种与去世亲人维系联结的方式，是活着的人治愈内心伤痛的重要仪式。中国的传统节日都有其特有的意义，比如春节，贴对联、贴福字、穿新衣……这些仪式感构成中国人特有的家国情怀，让每个人心里都暖暖的。

如何为我们的生活创造惊喜呢？要策划一些有仪式感的流程或事件，让我们与美好握手。只要你用心去思考，每个人都会有很多的方式方法来增加仪式感。我们不妨先抛砖引玉启发一下大家，从下面一些小步骤开始：

1. 开始一天的忙碌之前，来一杯香气扑鼻的茶或咖啡，用来提醒自己一天的工作开始啦，我要积极投入地工作。

2. 每天早上的煎蛋，变化一下形式吧；可以买各种形状的煎蛋模型，周一心形的、周二圆形的、周三花朵的……用这种简单的仪式感就把每天的煎蛋吃出不同的味道，充满爱的味道、对生活热爱的味道。

3. 重视每一个节日或对自己重要的节点，节日要遵守传统习俗，生日买一个小蛋糕、一两朵鲜花，毕业要拍照留念……选择一个简单而独特的仪式去纪念每一个精彩日子吧。

4. 添置自己喜欢的小物品增加生活的乐趣，例如做饭中用到的餐盘、刀具可以换成外观精致的用具，颜色舒服或是造型精巧，让人觉得做饭是一种享受，让人体会到点滴小事的乐趣与浪漫。

3 积极情绪是幸福的基石

5. 定期清扫收拾房间,除了清理灰尘和垃圾,同时也要将七零八乱的物品收纳起来,将闲置之物整理起来捐赠或者处理掉,这种舍弃的过程会让人减轻生活的负担。而整理过后的房间,虽然并没有特别明显的变化,但会让你觉得一切都是崭新的,是一种重新开始的仪式感。

请不要低估自己的能力,为营造生活的仪式感,写一份简单的规划吧!

更多地去发现事物积极的一面

饥渴难耐时得到的半杯水,在乐观者眼中是"太棒了,还有半杯水",而悲观者却认为"怎么才有半杯水"。尽管两者面对的事情是一样的,但两者的反应却不尽相同,而这引发了消极和积极两种情绪。有些人习惯于看到生活中负面的事情,总是关注自己的失败和挫折,总是看到别人的错误和缺点。这样的人经常被消极情绪包围,很少感到快乐。相反,有些人习惯于看到生活中好的一面,看到身边快乐的事情,尽管他们的生活并不尽如人意,但他们更看重生活中的积极面。

当我们走不出负面情绪的困扰时,不妨想想同样情况下积极的一面。例如,面对枯燥的工作,不要说"呃,我讨厌我的工作",而应该说"我很感激我有这么一份工作,就因为这份工作我能养活我自己,顺利经营自己的生活"。不妨更加积极地对待可能枯燥无聊的工作,你可以在可以掌控的范围内主动增加你的工作内容,让工作不那么枯燥。比如,秋天的时候,满地都是落下的金黄色的银杏叶,有个清洁工人一边清扫一边欢快地欣赏着美丽的叶子在扫把的作用下飞舞的样子,最后他把一大堆叶子摆放成一个心形,自己欣赏着自己的"作品",露出了赞叹大自然美丽的笑容。在一般人眼里,清洁工的工作是枯燥的、无聊的,但这位工人师傅把平凡的工作做出了不平凡的感觉,为他点赞!

小迪人长得挺好,而且很善良,但就是个子不太高,经常被人有意无意地拿身高来说事,朋友们也经常拿他的身高开玩笑、取外号。他因此整天埋怨自己为什么个子不高,甚至因为这件事情不怎么和别人打交道,不管是去逛街还是去吃饭都是自己一个人。后来,网上的一个视频吸引了他的关注,这个视频内容是有关尼克·胡哲的,尼克·胡哲天生残疾,但他克服了生活的不便,取得了很大的成就。小迪不禁感到惭愧,他虽然个子不高,但终归是个正常人。小迪渐渐有了勇气,个子是天生的,欣然接受就好,不必为此着急上火。渐渐地,他开始从自己身上找一些积极的东西,主动与别人打交道,心态也逐渐变得乐观起来。后来,当别人拿身高取笑他的时候,他幽默地说道:"就因为我这身高,可没有多少人能让我弯腰的呢!"可见,后来他不仅坦然接受了自己个子不高的事实,而且还发现了个子不高的积极一面。

生活就是这样,上帝关上了一扇门,必然会打开一扇窗。无论身陷何种困境,我们总有办法克服它。苦难中的自怨自艾毫无作用,我们要竭尽所能开出最灿烂的生命之花,即使无人欣赏,也值得孤芳自赏。

给自己积极的心理暗示

著名的心理学家巴普洛夫认为:暗示是人类最简单、最典型的条件反射,心理暗示是一种被自己主观意愿所肯定的假设,它不一定有依据,不一定正确,却因为主观上认可了它的存在,所以人们心理上更趋向于接受这个"事实"。

自我暗示的力量是无穷的,它拥有一种非同寻常的、巨大的潜力,它通过环境作用,将最好或最差的结果带给人们。我们知道,神经系统控制着人的整个机体,而人的思想源头就是神经系统的核心——大脑。换句话说,承载着意念的大脑控制着我们的身体机制,我们的潜意识受我们意念的影响。成语"望梅止渴""画饼充饥"就体现了心理暗示的作用。

法国心理学家、欧洲心理暗示研究集大成者埃米尔·库埃曾介绍过这么一个案例:在巴黎医学院记录的众多病例中,有一位身患重症的老妇人。她在经历过一次令人绝望的外科手术之后,已经处于死亡边缘,而她的儿子还需要两天时间才能从印度赶过来。如果仅凭她脆弱的身体,她根本不可能支撑那么久。于是医生就采用了暗示的辅助疗法,他们告诉生命垂危的老妇人她正在恢复,并且第二天早上她的儿子就会赶到医院看她,同时进行积极的药物治疗。令人意外的是,两个星期后,这个老妇人仍然健在。这真是医学方面的一个奇迹。

积极的心理暗示向潜意识传送积极的"信号"。当我们与目标追求还有距离时，积极的暗示能够让我们更趋近目标。那么如何进行积极的心理暗示呢？

1. 经常对自己说一些鼓舞的话。每天都可以尝试对着镜子，说一些鼓舞自己的话，特别是即将有重大的活动时。肯定自己所取得的成绩、认可自己的优势和长处。这样的积极评价有助于启发我们的潜能。比如说"我能行""这次我更加进步了""我有信心"等等。不要害怕自言自语，我们会因此变得更加积极乐观。

2. 日常生活中尽量避免使用否定或消极的词语。我想大家可能有这种经验，当你即将登台演讲、表演或者比赛时，你或许会暗示自己"不要紧张"。这样的鼓励其实是间接的、负面的。不妨尝试将否定句转换成肯定句，对自己说"放轻松"。尝试下班之后不要说"我好累"，而是说"今天真充实"……这样就会在潜移默化中养成积极思考的习惯。

3. 不要总强调负面结果。我们不必总考虑那些消极的信息，如"昨天我在领导面前出错""我的考试成绩不理想""恋人最近对我不冷不热"等等。越是这样，我们越是消极。避免过多强调负面结果，而要多思考事物积极的信息，比如说："我下次一定要在领导面前多留意这些问题""这次的考试使我看到自己没有掌握的知识点，下次考试我一定要加油""恋人最近比较忙碌，我要对他更关心"。

培养一颗懂得感恩的心

感恩是改变我们生活态度最强大的力量，所以我们一定要培养感恩之心。表达感恩之心也有方法。不能只是说，"我会感激你的"，感恩不应该只停留在言语上，更要体现在我们的日常行为中，采取切实可行的各种感恩措施。下面是两种培养感恩之心的方法：

▶ 心存感激，倒下了可以再起来

一天，一位卖陶瓷的老大爷提着装有陶瓷罐的包裹走在路上，突然一不小心摔碎了一个陶瓷罐。一旁的路人看到后认为老人会伤心难过，可是老人头也不回地继续往前走。路人很惊奇地问他：这么贵重的陶瓷摔碎了，您怎么无动于衷？"这位老爷回答道："还好摔碎的不是我，只要我还健在，这样的陶瓷我还能做出来。"当陶瓷摔碎的那一刻，他并没有抱怨或者伤心，而是感激那一刻摔下的是陶瓷而不是他。其实很多人做不到这一点。当遇到困难或者挫折的时候，很少有人会摆出感激的态度，不是抱怨就是觉得不公平。我们其实可以有一颗感恩之心，当遇到挫折时告诉自己：不是所有人都能有机会经历这些，感谢这次挫折找上我，这次失败让我对人的认识更全面。不管经历多少苦难，我们都可以感恩：自己的身体还是健康的，明日还能看到阳光。哪怕卧病在床，我们还可以感恩自己还活着，还能有人爱，还能向往美好、健康的生活，活着就是最大的动力了。

不管经历了多少，生活的苦难并不会因为你的不开心而减少，生活还得继续。在一段不确定长短的人生里选择整天抱怨、烦恼岂不是浪费生命吗？所以要学会开心、学会感恩。我们还可以把一些激励自我的话写在每天都能看到的地方，比如浴室的镜子上、电脑或手机屏幕上。每天早上醒来的时候对自己说："今天会是个美好的一天""又一个美好的一天开始了""我今天会很棒的，我是最棒的！"

▶ 写感恩日记

著名积极心理学家塞利格曼领导了一项追踪实验研究，在研究中他把实验对象分为实验组和对照组，他惊奇地发现：记录积极事件的实验组尽管最初一个月内与对照组没有差异，但在之后长达6个月的时间内，快乐指标都显著高于对照组。因此，他把记录积极体验与提升积极情感联系在了一起。国内学者王振宏（2010）对105名大学生进行了积极情绪的干预研究，要求参与实验的大学生在五周里每天晚上用半小时到45分钟的时间记录当天所体验到的积极情绪以及相关的生活事件，记录过程要用心去感受。干预前后的问卷测试结果显示，经过五周的干预，被试者的幸福感和积极应对的水平都有显著的提高。

与感恩日记有异曲同工作用的是每天记录"感恩三件事"。每天记录三件让人感恩的事情，一是可以培养我们对生活的感恩之心，二是可以让我们发现生活中点点滴滴的美好，从而对我们的情绪和生活产生很大的积极影响。我们课题组开发了一款小程序，大家可以在这个平台上记录、分享每天发生的三件好事，在回味自己幸福、感受他人快乐的同时，我们也会受到更多启发和感染，提醒我们生活中有许多值得回味和感恩的点滴。随着时间的推移，现在已经有很多平台使用者表示自己通过记录感恩三件事提高了感受幸福的能力，并且他们的精神状态变得更好、工作绩效得到提升、家庭氛围更加融洽、人际关系更加和谐。竟然还有人说自己因为记录好事，味觉能力得到提升，菜品是不是有农药残留都能吃出来。这是使用者告诉我的，不是严格的科学研究后的结论。我自己都为此感到惊奇。或许，培养感恩能力、懂得感激生活馈赠、体验生活日常美好，确实有在无形中让我们变得更加积极、进而改善生活方方面面的神奇力量。

来吧！翻开笔记本或者打开手机备忘录，记录每天那些让你感恩的事件。如果你能想到的只有一件事，那么只记录一件。慢慢地，你可以尝试记录更多的感恩事件。最后，试着每天写三件你感激的事。最好找一个固定的时间做这件事，这样它就会成为你的习惯。或许你在短期看不到明显的效果，但是我相信坚持一段时间后，你将会遇见更积极更幸福的自己。

培养福流

一般人认为，最美好、幸福的时光莫过于心无牵挂、完全放松的时刻，其实不然。虽然这些时候我们也有可能体会到快乐，但最愉悦的时刻通常是在一个人为了某项艰巨任务而辛苦付出，把体能与智力都发挥到极致的时候。这被美国克莱蒙研究生院的著名积极心理学家米哈里·契克森米哈称为"最优体验"，也叫作福流（flow）。这个概念最初正是契克森米哈在20世纪70年代提出的。所谓的福流，指的是一个人完全沉浸在某种活动当中，无视其他事物存在的状态。由于时间像流水一样流过自己的生命，因而他将这种因专注而流逝的时间命名为"flow"（福流，心流）。

契克森米哈认为，人们对某件事情保持专注对其幸福感具有非常重要的作用，体验过福流的人更容易感到幸福。在这种体验中你不会感到无聊和焦虑，反而会有一种满足感。完全沉浸在自己正投入的活动中，就好比与该活动成为一体一样。就像科学家、画家、设计师、作家在工作、创作过程中，常常会忘记周围一切的存在，进入想象力爆发、思涛滚滚的境界。在体验福流的时候，人们几乎施展了全部大脑技能，达到精神上的极大满足感。

那么，福流体验是怎样产生的呢？有一次，米哈里·契克森米哈看到一位艺术家在工作，好奇地观察了几个小时。尽管这位艺术家看起来有点疲惫，但依然全神贯注并坚持画画，直到画完这幅画才停下来。他注意到艺术家的这种状态具有特殊性。于是契克森米哈把研究拓展到舞者和棋手在内的其他领域的人，观察这种与快乐相关的现象的主观本质和所处环境之间的关系。结果发现，这种现象与目标和反馈有极大的联系。

产生福流体验有一定的条件。首先，福流产生于一个目标明确、规则分明的行动体系中。其次，个人能力和任务难度对福流产生也有重要影响。当个人能力足够应对当前挑战、任务难度适中时，是最可能产生福流体验的，这就意味着，只有当个人能力和任务难度相匹配的时候才会产生福流。最后，福流的产生还在于，对于自己表现的好坏，可随时得到清楚的反馈。正如上面提到的艺术家，之所以废寝忘食，正是因为他全神贯注地绘画后，会得到一幅自己较为满意的画。总结而言，产生福流体验的要素包括清晰的目标或规则、挑战与能力相匹配与及时的反馈。在体验福流时，人们是全神贯注、物我两忘的，人们驾轻就熟，达到行动和意识的完美统一。

从人群来看，科学家们是最容易进入福流状态的群体。我们都知道英国著名物理学家牛顿请朋友吃饭的故事。有一次，牛顿请朋友到家中做客，饭菜准备好之后，朋友还没到，牛顿便回实验室继续做实验。朋友抵达后四处没找到牛顿，为了上班不迟到，就把饭菜都吃完然后离开。接近傍晚时，牛顿从实验室出来，发现餐桌上剩下的骨头，就以为自己原来已经吃过饭菜了。像这样废寝忘食的忘我境界，是真正能够体验福流的境界。

实际上，生活中的福流体验也随处可见。比如，两个年轻人婚后喜得一对双胞胎，每天下班后都尽情享受和宝宝们共处的欢乐时光，不把工作带到家里。再比如，两名年轻人开始了甜蜜的恋爱，他们经常相约骑自行车出游，即便再远的地方，他们都会一起穿越，从不觉得累和辛苦，并且常常感叹相伴的时间过得太快，这是因为他们已经"沉浸"在彼此的陪伴中，并尽情享受这种美好的时光。

日常生活中，爱好、兴趣是福流体验的主要来源。我们也可以尽力将生活中更多场景和福流结合起来。在家庭中，我们要明确福流体验对孩子获得满足感的益处，尊重孩子的选择、让其自主选择、鼓励孩子忘我地做自己选择做的事情。在亲密关系中，可以与伴侣分享兴趣、希望和梦想，尝试不同性爱技能，提高快感。在工作中，要有明确的目标，既要重视工作控制感，也要适当尝试具有挑战性的工作。

帮助他人，活出生命的意义

亚里士多德曾写道，"找到幸福和满足感的方法是给予爱而不是被爱"。帮助别人是一件很有成就感的事情，我们会惊奇地发现：我们的行为对于其他人是无可替代、具有特殊意义的，我们是被需要的。乐于帮助他人的人往往会有更多的满足感和幸福感，会更加积极快乐。

帮助他人是培养爱的最好方式，它会使我们对他人产生同情和同理心。帮助他人也是学习的过程，我们能从别人身上获得更多的有效信息，更重要的是，我们通过帮助别人，把时间花在了有意义的事情上。

我们的助人行为也在激励、感染着他人。当别人受到我们的帮助时，他们也更倾向于帮助周围的人。这就是爱的传递，让这个世界变得充满爱、让人们感受温暖和幸福。

帮助他人的形式很多，比如扶老人过马路、在公交车上让座、帮助同事解决工作问题等等这些日常小事。还可以参加志愿者活动，这是一种更有仪式感的助人方式，在这个过程中，既能帮助别人、为社会做贡献，又能使我们自己有更多的意义体验和收获，比如体验快乐、开拓眼界、增加人际交流、结交新朋友、感受团队精神、提高感恩能力等等。

两年前，我有一位朋友去西藏支教，回来后与我分享他的经历。他说，支教经历让他真正了解了西藏的人文环境，那里的人们纯朴善良，但由于经济条件不好等原因，许多孩子即便学习热情浓厚，也无法享受很好的教育条件，有些甚至初中毕业后就开始打工赚钱，担负养家重任。他感慨道："我很感谢父母让我拥有了这么好的成长环境和生活条件，让我有机会实现自己的梦想，但我也很惭愧，虽然我在城市长大并接受良好教育，但那里的人对生活的热爱、对他人的热情真的深深打动了我，在这些方面我感觉自己还不如他们。"一段短暂的志愿者经历使我朋友不仅帮助到了需要帮助的人们，而且自己也有了很多收获和对人生的感悟。

总结

积极情绪是幸福的基石，我们要在日常生活中主动创造积极情绪体验；另一方面，我们也要全面、辩证地看待消极情绪，认识到消极情绪存在的意义和价值，运用合理方式及时疏导消极情绪，并努力将消极情绪转化为前进的力量。

4 自我接纳

开篇案例

"小不点嘚吧嘚"是国内一个颇有名气的自媒体,主要发布一些小朋友的采访视频,让人们了解小朋友眼中的世界。其中一期的采访问题是"你觉得穷、丑、单身,究竟哪个更可怕?"小朋友们的回答五花八门。一些小朋友觉得单身更可怕,因为"单身就没人陪,会感到很孤独""如果单身就没有后代了";一些小朋友觉得穷更可怕,因为"穷就吃不饱饭";也有小朋友觉得丑更可怕,因为"丑会给人带来自卑的心理""长相不合群,别人会瞧不起""长得丑别人都不愿意和你在一起,长大了找不到老婆"。还有一部分小朋友觉得穷、丑、单身都不可怕,他们中有的认为"穷、丑、单身本身并不可怕,可怕的是不思进取,不去努力,因为没钱可以挣,单身可以去找,丑可以通过改变自己的自信让自己好看起来",有的认为"做好自己就可以了,不要理那些觉得你穷、丑、嘲笑你单身的人,如果一个人老活在别人的评价里就是精神上被别人绑架了",还有的认为"日子过得充实就好,不完美的生活才叫生活"。

如果这个问题让你来回答的话,你会如何回答呢?贫穷、丑陋、单身,哪一个更让你无法接受?还是你觉得这些都无关紧要?孩子们天真的回答是否让你有所思考,受到启发?

什么是自我接纳？

如果我问大家：你思考过自己是谁、有什么特点吗？你像研究别人、分析别人一样研究过自己吗？估计很多人的第一反应是有点惊讶：嗯？我好像真的没有认真地想过这个问题。每次我让学生概括自己的特点、想一想自己是谁的时候，他们很多人感觉无从下手，有的人勉强挤出三四个特点后就再也说/写不出来了。其实这说明我们很少内观自己，对自己是不够了解的。当我们并不了解自己，不知道自己是什么样的人的时候，别人的评价、外界环境的反映就成为我们对自己认识的主要来源，这不仅会影响我们对自己的正确判断，也有很大的风险。静下来想一想：因为除了自己之外的人都是"别人"，那么多"别人"对我们的要求和评价肯定是千差万别的，我们应该听谁的呢？那么多"别人"对自己的评价，是不是很容易让我们抓狂？所以我们的"定心丸"或者说"定海神针"——对自我的正确认识和接纳对我们十分重要。

要自我接纳，首先要了解什么是自我。自我是人们对自身存在状态的认知，直白地说就是回答"我是谁？"。看似简单的问题，可不是就回答"我是张三"那么简单。姓名只是你的称呼，并不能定义你是怎么样的人。假如同名同姓的人都回答他们是"张三"，哪个是代表你呢？所以，在某种程度上，姓名并不是自我认识当中非常重要的内容。那认识自我包括哪些方面呢？具体而言，对自我的认识包括每个人对自己的生理状态、心理状态、人际关系、社会角色等方面的认识。生理状态也就是你的身体方面的特征，如高矮胖瘦、男女性别、五官长相等；心理状态指对自己的能力、性格等方面的认识，如开朗、敏感、大度、睿智、马虎等；人际关系和社会角色涉及与他人的关系和承担的角色，如学生、教师、程序员、司机、母亲、女儿等。这是一个人全面认识自我的几个主要方面。请先放下书，找到纸和笔（或者拿出手机等电子设备），试着从这几个方面写一下自己的特点，越全面越好，看看你能写出多少个特点？至少写出 15 个才算及格。

自我接纳是指个体对自我持有肯定的态度。来看一下你刚才写的自我特点，是不是有些是认可、欣赏自己的积极词汇，有些是"谦虚"抑或是自嘲的词汇？例如"马虎""没什么本事""长相平平"等等。自我接纳，简单来说就是个体能够欣然接受自己在现实中的一切状况，无论自己的身体、能力、性格等方面存在哪些缺陷，也无论自己在现实中遭遇了何种失败或不幸，都能正视和悦纳与自我相关的一切，不掩饰、不否定它们的存在。所以，即使刚才你写了有关自己"负面"的一些特点，但你内心里接受了这些特点，能够坦然地说出"我就是这样的人"，这即是自我接纳。

对自我的接纳体现在两个方面。第一是接纳自我相关的一切特征，比如接纳自己在身体方面比别人高或矮、胖或瘦、强健或虚弱；接纳自己能力方面存在的优势或劣势；接纳自己性格方面的内向或外向、乐观或悲观；接纳自己的出生地点、身份以及家庭贫富、家庭情况等。接纳主要是指个体不会因为某些特征而自卑，是自然地坦然地接受自己的所有，无论这些特征如何。被有些媒体称为"寒门出贵子"的清华学生何润琪，他自己并不认为自己的家是"寒门"，因为他家是二层房子，父亲很辛苦打工但可以养活他们；再者他也不自认是"贵子"，他对自己的定位只是一名普通的清华"学子"。这种不卑不亢的态度就是积极的自我接纳，是坦然地、开放地对待、接纳自己的所有特征。2020 年由于疫情学校上网课，何润琪家里没有电脑没有网络，都是用老师借给他自己的笔记本、手机上课。但他并没有因为这个就感觉自己低人一等，他没有抱怨，而是坦然接受一切。

第二是从时间的维度，自我接纳是正确看待自己过去的经历、现在的状态以及未来可能发生的情况。对于过去，记忆的主要是自己成功的、愉快的经历，总体感觉自己不枉时光。对过往的失败或创伤、痛苦的经历或悲伤的体验，不会反复过度地思考，事情过去了就翻篇；同时能够坦然面对当前的状况，不对未来可能发生的事情或自己可能变成的样子过度焦虑，也就是不会患得患失，享受现在已经拥有的；对未来也不想过多不好的方面。

自我接纳是走向幸福的第一步

自我接纳是幸福的根基，只有接纳自己的所有，承认自己的独一无二，才能冷静、淡定地观世界、悟人生。自我接纳就像一棵大树的树根，没有深入土壤的深耕，哪里有大树的枝繁叶茂。正所谓根深蒂固，方能安如磐石。只有对自己接纳，才能抵御来自四面八方的狂风暴雨。

自我接纳有助于塑造积极的自我认知

金无足赤，人无完人。我们每个人都会有不完美的地方。自我接纳意味着能够承认和接纳自己存在不完美的事实，不过分苛求自己，即便知道自己存在一些缺点，也会欣赏自己、肯定自己。所以，自我接纳的人对自己的认识更积极，会对自己更有信心，觉得自己有价值，也就是自我接纳会带来积极的自我认知。事实上，自我接纳和积极的自我认知是相辅相成、互为因果的关系，因为对自己的积极认知多，所以才会更接纳自我，接纳自我之后会让我们更关注自己的优点，这样就形成了良性循环。

自我接纳需要勇气，要勇于接纳真实的自己，坦然面对自身的缺点与不足。例如：确实有人对矮个子的人不是很友好，甚至有些单位还会因为身高而拒绝矮个子的候选人，这是真实的现实世界。因此，有些个子不高的人就感觉自己低人一等，朋友聊天提到身高的问题就有意回避，对这方面的话题特别敏感，感觉有人故意捉弄自己。其实这些表现就意味着没有接纳自己的身高特征。接纳自我的表现是当别人提到身高的问题时，首先大方地说明："身高是爹妈给的，很不巧爹妈给我的是矮个子。不过呢，只有我不够高，才显得你们高嘛，你们应该感谢我呢，哈哈。"这个回应就是坦然地接受自己个子不高的事实，不掩盖、不回避，大方地和别人谈论身高。我们没有办法改变别人对待我们的态度，但我们可以调整自己的认知。因此，自我接纳的人有着独立和强大的自我，不会因为外界消极的评价而轻易否定自己，有着客观且坚定的自我认知。

自我接纳能够帮助我们保持良好的心理状态，远离各种心理问题

自我接纳能够使人始终以积极的心态看待过去、现在和未来。对于过去发生的事情，自我接纳的人往往可以将不好的经历留在过去，不会在糟糕的回忆里徘徊，因此很难因为自己不如意的过去而抑郁或受到伤害。而对于当下，自我接纳的人能够坦然面对自己当前面临的所有状况，即使自己正处于恐惧、愤怒、伤心等消极的情绪中，也能意识到存在这些情绪反应是合情合理的，不会为拥有这些负面情绪而焦虑，不会否定自己调节情绪的能力，而是正视自己所处的状况，及时调整自己的情绪状态。对于未来，自我接纳的人能够泰然面对未来的不确定性，即便预知自己未来可能面临危险，也不会整日惴惴不安，过分焦虑，有着"是福不是祸，是祸躲不过"的豁达心态。总之，自我接纳意味着能够拥抱真实的自己，不自卑、不隐藏，让自己生活得更轻松、自在和幸福，心理问题也就很难找上门来。

自我接纳有助于客观清晰地认识现实，促进问题的解决

自我接纳代表着可以平静地接受自己的实际情况，既不否定也不逃避。当

4 自我接纳

我们面临问题或缺憾时，客观清晰地认识并接纳现状是解决问题的重要前提。只有正视现实，我们才会更冷静、更全面地思考问题的解决方案，从而合理有效地解决问题。每个人在面临重大的人生考验时，都难免感觉到紧张和恐惧，这很正常。你需要告诉自己："我知道自己现在很紧张，甚至有些害怕，但是没关系，这只是暂时的，我接受此刻的情绪，但我也相信自己可以通过这次考验，所有的紧张害怕最后都会烟消云散。"

"5·14川航航班备降成都事件"被称为一次"史诗级的降落"，机长刘传健在这次降落中居功至伟。事后在面对记者的采访时，刘传健坦言在事故的第一时间他也感到很恐惧，心里想着"完了"，但他很快意识到恐惧是没有用的，紧接着就平静下来开始操纵飞机。在面对挡风玻璃爆裂、自动驾驶失灵、机组成员受伤、对外通信中断、仪表盘损坏无法获取飞行数据、驾驶舱缺氧并骤降至零下四十多度等恶劣情况，机长做出了一系列正确决策，凭借专业素养将飞机成功降落，机上人员全部获救。从后来公开的事故发生时机长与空中交通管制人员的通话录音中也可以听出，即便面临险情，双方的对话都显得十分"淡定"。试想一下，如果机长在面对险情的时候做不到快速接纳现状，而是陷入极度惊恐的情绪不能自拔，从而自暴自弃，觉得不可能正常降落，就很可能影响到他在危机中的判断和操作，甚至造成难以估量的严重后果。

我们为何难以自我接纳？

自我接纳对我们的人生有着重要的意义，也是我们幸福的根基，然而做到真正的自我接纳并非易事。为什么呢？对自我的认识既包含现实的自我，也包含理想的自我。现实自我，顾名思义，就是对现在实际的我的认识；理想自我是希望自己能够成为的自我的概念。例如：实际的我是有些微胖，理想的我是瘦成一道闪电。可见理想自我和现实自我之间有一定的差距，这个差距有利有弊。有利的一面是因为想成为理想中的自己，我们才有努力奋斗的动力，为理想而努力创造自己的美好未来。不利的一面是如果没有可行的目标实现路径和具体行动，只是头脑中的想象（"我这么漂亮，这么优秀，应该拥有财富自由"），这样反而是对现实的自我不够接纳，容易滋生对人生的不满，也就更加自暴自弃，产生各种心理问题。

下面我们讨论导致人们难以接纳全部自我的几个主要原因。

"节节攀升"的家庭和社会期望——让我们认识到现实的自我永远不完美

如果理想中的自我形象被设置得很高，那必然会跟现实中的自我之间存在较大的落差，而且这种落差是动态的。现实的自我改善了，但理想的自我要求也提高了，所以感觉理想永远没有止境，我永远达不到期望中的自我。这样产生的认知失调导致我们难以自我接纳。

4 自我接纳

首先，家庭的期望让我们不堪重负，我们因难以实现父母的期望而自我否定。"望子成龙，望女成凤"几乎是每个父母的心愿，但最终能成龙成凤的人只是凤毛麟角。因为坚信"人外有人，天外有天"的真理，父母在孩子小的时候就不断地给他们设立一个个越来越高的目标，希望让孩子变得越来越优秀。比如，在孩子考得不好的时候，父母会要求孩子考到高分；在孩子考到高分的时候，父母又会要求孩子考到满分；有一天孩子考到了满分，父母的期望又变成了孩子能够保持满分。即便孩子整体上已经很优秀了，父母还是能从某个"别人家的孩子"身上找到比自家孩子更优秀的方面，提醒孩子还没有做到最好，不可以骄傲。这种对孩子当下成绩不断否定的教育方式，的确可能促使孩子不断追求优秀，然后又从优秀到卓越。但同时，这样不断提高或者说永远不能满足的高期望，也会将孩子心中的理想自我拔到很高，造成理想自我与现实自我间的认知失调，使孩子因为得不到肯定而对自我缺乏认同，总觉得当前的自己离理想的自己还有很大差距，从而难以接纳自我。

国内外很多网络或电视节目都做过一类亲子访谈节目，让父母和他们的小孩互相评价或打分。这些访谈节目的结论几乎出奇地一致，在孩子们的眼中，父母很完美、很漂亮、很有趣、很强大，所以孩子们几乎都给父母打10分（满分）。但在父母的眼中，孩子身上总是有这样那样的不足，比如有挑食、爱哭等等坏习惯，父母基本上只会给自己的孩子打7分或者8分。可见在很多父母眼中，自己的孩子和心目中理想的样子还有一定的差距。

其次，文化因素也让我们不断反思自己还可以怎样变得更好。除了家庭因素，悠久的历史文化也似乎告诫我们不要轻易接纳现实的自我。"吾日三省吾身""日参省乎己""见贤思齐焉，见不贤而内自省"，这些几乎每个中国人都耳熟能详的先贤警句体现出我们国家深厚的"内省"文化。在这样的社会文化中，我们被要求时刻反省自己哪里还做得不足。当面临失败或遭遇挫折的时候，我们应该"行有不得，反求诸己"，先从自己身上找原因，把失败的最根本原因归到自己身上。诚然，这种"内省"文化对每个人的修身养性、为人处世大有裨益，但这种以"圣贤"标准要求自己的文化，也可能在一定程度上给人们消极的心理暗示，可能会使人们否定现实自我，拒绝自我接纳。

最后，社会期待让我们更感觉自己不完美。我们每个人都生活在社会之中，强大的社会规范、社会期待也使我们难以实现自我接纳。到了一定年纪还没有对象、没结婚，邻里乡亲的就会关心地询问："还没对象呢？都多大了啊？女孩子过了30就不好找了，不结婚怎么行啊……"这种社会规范会让大龄未婚的年轻人认为自己是不被接纳的，是有问题的。对于一个公众人物而言，社会期望就更加设想偶像是完美的。如果想得到社会广泛的认可，不仅要做好本职工作，还需要在其他方面足够优秀。就像歌手周杰伦在他的歌曲《超人不会飞》里唱的那样，"我不知道何时变成了社会的那榜样……唱歌要拿最佳男歌手，拍电影也不能只拿个最佳新人……开的车不能太好，住的楼不能太高，我到底是一个创作歌手，还是好人好事代表"。如果没有达到公众期待的那样完美，就觉得自己不够优秀，不值得人们这样追捧，可能会引发公众人物很大的心理负担，进而对自己产生不满进而不接纳自己。

"功到自然成"的绝对化思维——让我们不接受完善自我过程的"迂回曲折"

追求不断成长和进步本身没有错，它是我们自我成长的动力来源。但是，如果我们总是关注现实自我与理想自我间的差距，那么我们就会不甘心接纳现实的自我，而是努力让现实自我向理想自我靠近。总感觉自己还没有达到理想中的自己，是一把双刃剑，它既是我们前进的动力，又是影响悦纳自己的阻力。

精卫填海、愚公移山、女娲补天、后羿射日这些几乎每个中国人从小就听过的神话传说，教育每个中华儿女要培养不屈不挠、与天抗争的精神。"有志者，事竟成，破釜沉舟，百二秦关终属楚。""乘风破浪会有时，直挂云帆济沧海。"这些我们学过的古诗词句，都告诫我们要相信可以通过努力改变、完善自我，成为理想自我的样子。

除了从小接受的教育，媒体也通过不断给我们塑造一个个励志的故事，鼓励我们完善自己、逆天改命、实现梦想。看着平凡的少年不断努力最终一夜成名，

4 自我接纳

出生在贫民窟的孩童坚持梦想成长为世界瞩目的球星,我们开始相信,我们也有可能改变,最终像他们一样成功。为此,我们一方面努力弥补自己的不足,比如,通过节食和运动进行减肥,通过戒烟戒酒让自己更健康;另一方面,我们通过继续学习丰富自己,比如,通过语言学习和技能培训提升自己的业务能力,通过社交礼仪和技巧的培训让自己更善于交际。

"每个人都可以改变和完善"的这一信念,是社会平等、开放的表现。在这样的社会中,每个人都有机会通过充分的努力和学习让自己变得更好。然而,真正做起来才发现,不管我们多确信自己能够做好某件事情,理想中的结果总是难以企及。本以为通过节食和运动的方法可以成功减肥,可是一旦停止节食或运动,我们的体重总是很轻易地就回来了,经常会越减越重。本以为通过专业的社交技能培训可以让我们在聚会中高谈阔论、口若悬河,但我们的内心还是不爱社交,容易害羞,不希望成为人群中的焦点。自我完善的道路会很漫长、充满荆棘,而且缺点和不完美似乎"层出不穷",补了这个还有那个。

我们要正确理解"功到自然成"。首先,这句话是激励我们要努力付出,必须付出足够多的努力,结果才会让我们有惊喜。但这也只是说明不努力一定不能成为更好的自己,但努力也不一定带来成功,也就是说,努力只是成功的必要非充分条件。现在流行的一句话是"方向比努力更重要",我们要在自己的优势方面或有兴趣的方面付出努力,否则只会事倍功半,就好像五音不全的人再怎么努力,估计也很难成为歌唱家。所以,如果我们认为努力一定会带来成功,就会让人不接受现实的自我:我那么辛苦、那么努力,怎么还是没有成功呢?其次,成功的标准不是绝对意义上的,只要你成了你想成为的人,就是成功。所以,我们不要把成功看得太高远,很多时候人们不接纳自己就是因为总是感觉自己还没有成功,离"真正的成功"还差得远。但其实"真正的成功"并不存在。成功都只是阶段性的,没有最好,只有更好。所以,如果我们只是一直追求所谓"真正的成功",我们可能只能不断遭受挫折,逐渐就会不接纳自我了。最后,追求理想自我的道路一定是不平坦的,要经过"迂回曲折",也就是要经历更加不接纳自己、发现自己不行的过程。"努力了这么久也没什么变化,我真没用"——其实,只要在努力追求理想自我的道路上,感受自己点滴变化和成长的快乐,你就已经成功了。

前面的学习我们已经知道,每个人生下来的基因构成是有差异的,虽然基因本身没有好坏之分,但不同基因决定了人类在不同环境中适应性的差异。所以我们一定要找准努力的方向,发挥自己的优势才是创造精彩人生、成为更好自己的正确选择。比如,在一个以瘦为美,同时美食又无处不在的环境中,那些拥有更易吸收食物营养,同时更少消耗卡路里基因的人,想要拥有苗条的身材肯定是极难的。有一种肥胖就是由于基因突变造成的,15号染色体异常的"Prader Willi综合征"就是由于基因突变形成严重的肥胖。这是一种疾病,我们必须要先接纳孩子就是想进食,他们怎么努力也很难改变他们肥胖的事实。所以他们努力的目标是要实现"不那么胖",只要今天比昨天更能控制自己的食量了,就是进步。ACTN3基因是一种运动基因,决定了人体肌肉的爆发力。对于那些没有ACTN3基因的田径运动员,他们有可能在奥运会长跑运动中夺得金牌,但想在奥运会百米赛跑中拔得头筹,就几乎没有机会。因此,我们相信人定胜天,但这仅仅是一种信念;在每个人的生活中,我们要辩证地接纳自己现有的一切,努力变成理想自我的样子。

"人外有人"的比较——让我们觉得他人都比我们好而自我否定

我们对自己的认识还有一个重要来源是和别人的比较。当我们认为别人的生活都比自己精彩时,我们会觉得只有自己是不幸的,会把现实自我想象得太差,难以接纳现实的自己。如今,随着社交媒体的普及,人们彼此间的沟通与分享变得更加普遍和方便,我们可以通过微博、朋友圈等方式分享我们的工作和生活状态,也可以通过这些方式了解别人的工作和生活。因此,我们难免会将他人与自我进行对比,可能会发现似乎周围的人都过得比我们好。当我们在办公室辛苦加班并思考自己为什么会被领导批评的时候,朋友圈的好友却因为工作表现优异而获得公司的出国旅行奖励,此刻正在一个天蓝水碧的小岛上享受着阳光沙滩;当自己的生活被柴米油盐的家庭琐事充斥的时候，微博关注的朋友晒出了他们的伴侣为其精心准备的惊喜，充斥着满满的甜蜜和幸福……翻看完别人工作和生活的状态，似乎整个世界上只有自己一个人挫折不断，其他人都顺风顺水；只有自己一个人平平庸庸，其他人都很光鲜亮丽；只有自己一个人过得不够好，其他人都生活得很幸福。因此，变得无法接纳现实，无法接纳自己。

当我们和别人比较的时候，常常忘记了这几点：第一，我们忘记了人与人是有差异的，每个人除了有先天的差异还有生活、工作环境的差异，不同行业、不同城市甚至是不同的家庭，都会影响一个人的发展路径和到达的高度。所以严格上说，人与人之间没有可比性，尽管表面上看我们都一样，但还是存在很多客观上的差异。第二，我们对别人的认识不全面、不深入。大多数人一般只在社交媒体上记录自己认为美好而重要的时刻，而生活中的诸多平凡和不易，人们则几乎不会在社交媒体上分享出来。所以，我们无法看到别人生活的全貌，无法看到别人成功背后的辛勤汗水，也无法看到别人幸福美满背后的日常时刻。当我们只顾盯着别人的光鲜而无法自我接纳时，别人可能亦是如此。第三，"天外有天、人外有人"是这个世界的真实写照，不管你怎么努力变得更好，但如果和别人比较，你会发现真的会"人比人气死人"。有些人可能不努力就已经和你费了九牛二虎之力之后的状态一样，这时候你会不会很难接受？感觉很受伤？例如：有人经过自己努力打拼多年，终于凑够了购买小户型的首付款，但和同事聊天，发现人家才刚参加工作，家里就已经为他准备好了大户型的婚房；我们加班学习了几个晚上才搞明白的新技术、新逻辑，同事看了一下就搞懂了其中的原理……所以要做到积极接纳自我，我们首先要接受"人外有人"的事实。

夸大问题的消极影响——让我们不能接受缺点可能带来的严重后果

无法自我接纳，不是因为自己有多么多、多么大的缺点和不足，很多时候是因为无法接纳自我的一些特征或发生在自己身上的事件可能带来的消极结果。这种思维模式已经自动化,自我很难觉察。有时候我们会难以接纳自己的一次面试失败,因为我们觉得这次失败让我们错失了一次重要的人生机遇,让我们本该辉煌的未来变得平庸;我们会难以接纳自己没能给孩子安排到最好的幼儿园,因为我们认为这样会影响孩子将来就读的小学、中学甚至是大学的质量,进而影响孩子的一生。这样的担心和不能原谅自己无能的情况是不是比较熟悉?理智地分析一下,这样思考问题、这样否定自己的逻辑是不是有问题呢?

我们用日常生活的例子再来分析一下这种思维模式的逻辑:有很多人不能接纳自己的身材,总感觉自己很胖,想过各种办法减肥,结果效果都不明显,经常为此而自卑。我们静下心来想一想,首先我们是否真的很胖呢?是医学定义下的肥胖还是只是比较丰满而已?在身体健康水平下,也要接受适当的肥胖。如果确实超出医学定义的标准体重,首先积极锻炼,让身体尽量达到正常体重。如果有些人实在就是这样的体型,或因某些病理因素造成不可避免的肥胖,再问自己:我们为什么不接受胖胖的身材?胖胖圆圆的身材不好看吗?像知名的香港已故电视节目主持人肥姐沈殿霞、喜剧演员贾玲、歌唱演员韩红,他们都在各自的领域成为很优秀的人,他们不都是很可爱很阳光的吗?尽管他们也曾自卑不接纳自己,但她们都走出了自卑,接纳自己的身材。我们的国宝熊猫不是很胖吗?圆圆的肥肥的,怎么大家就喜欢呢?所以说,其实我们不能接纳的并不是肥胖本身,而是因为我们夸大了肥胖可能导致的消极后果。比如,不少微胖人士就会觉得,"如果我稍微胖几斤或者不能减肥成功,那我的人生就完了"等等。我们夸大了消极结果发生的概率及其严重性,这种对潜在消极结果的不理智夸大,导致了我们难以接纳理想与现实的差异,难以接纳当前的不顺和未来的不确定性。肥胖本身带来的消极影响,可能还没有我们为此焦虑、担心带来的不利影响更大呢!所以,先接纳自己,这样才有动力改变。

如何成功地接纳自我?

爱世界先从爱自己开始,杨绛先生曾在100岁生日时感叹:"世界终归是自己的,与他人无关。"当人可以完全身心一致地意识到世界是自己的、与他人无关时,才能真正地感受到自由,才真正有一种世界完全向自己敞开,并且可以随自己心意创造的感觉,这时候我们才是真正对自己的接纳。知之非难,行之不易,下面将从几个方面帮助你在实践中更好地实现自我接纳。

既然"一人千面",难以"面面俱到",那就找到自己最闪光最重要的一面!

虽然我们常常喜欢用具有代表性的词汇概括一个人的特征,比如"能干""富裕""强人""低调"……但大家都知道,每个人都是复杂的统一体,每个人都有着"千面"的特征。

首先,我们有各种与"我的"有关的特征,这是物质自我的范畴。"我的身体特征""我的工作""我的家庭""我的孩子""我的房子""我的包包""我的车"……太多与"我的"有关的特征,而且每个"我的"里面又有很多不同维度的特点可以代表我。比如,"我的孩子"经常是让家长们自卑或自豪的来源:"我的孩子考试第一名""我家儿子钢琴十级""我女儿舞蹈比赛获金奖""孩子没考上高中""这次儿子考试不及格"……如果家长因为儿女的这些变化而对自己的认识都发生着变化——因为孩子考好了,我就是"优秀的家长"，哪次考砸了我就是"失败的家长"——大家想一想，对自我的接纳是不是变得很难？因为我们每个人面临有关"我的"特征都特别多，怎么可能保证每个特征都是好的？如果不好，我们就觉得自己很没面子，自己很不好，我们是不是就变得很累、很辛苦？所以，这是不是已经"一人千面"了？同理，"豪宅（蜗居）的业主、名牌（杂牌）的用户"，都是物质对个人特征的影响。

其次，我们每个人都有一个个复杂的社会角色，在工作中我们是"工人""教师""经理""军人"，回到家里我们是"儿女""父母""兄弟姐妹"，生活中我们还是"闺蜜""铁哥们""朋友""同学""战友"，不同的角色都有不同的角色要求和行为特点。哪个是真正的自己呢？你可以让这么多角色都做到让别人称赞、充分认可吗？你可以做到面面俱到吗？是不是很难？这是不是又是"一人千面"的体现呢？

最后，每个人的心理特点也是多方面的，有时安静有时疯狂、有时开朗有时自闭、有耐心也有爱心、有敏感的时候也有浑然不知的钝感时刻……这些特点在不同场景、不同事件中表现，但这些都是你，这是不是体现了复杂的"一人千面"？

每个人都是复杂的"一人千面"的统一体，同时人的时间和精力又是有限的，我们不太可能做到面面俱到。所以首先要做的是一定要想清楚对你来说什么最重要、最有价值的是什么，只有在最重要、最有价值的方面投入精力，努力做好自己，才能逐渐接纳自己。第二步我们就要做好心理准备，因为我们选择重点做好某些方面，往往意味着我们要放弃做好其他方面。当诗人陶渊明选择了归园田居、悠然自得的自由生活，就放弃了封侯拜将、光宗耀祖的仕途前程；23位"两弹一星"元勋们选择了祖国的"两弹一星"事业，就意味着他们要隐姓埋名，不能发表文章，要失去在科学界的学术地位。他们不会因为没有获得这些荣誉地位而自卑，反而会因为实现了祖国"两弹一星"神圣而伟大的事业感到自豪和骄傲。因为在他们心中，祖国的强大是最重要的，他们不会因为没有发表文章、学术界没人知道他们而自卑、不接纳自己。

当我们无法接纳自己失败或阴暗的一面时，我们应该告诉自己，有光照进来的地方，就必然会产生阴影，不能因为影子的黑暗我们就拒绝光明。没有人能够做到完美。我们要做的是首先想清楚什么对自己最重要，然后投入时间和精力在对自己最有价值的方面，其他的方面即使有不足，我们也要接纳。

认识到优点和缺点是相对的

前面我们已经讨论过，每个人都有很多特点，哪些特点好、哪些特点不好，恐怕也没有统一的判断标准。汉高祖刘邦和楚霸王项羽是楚汉之争的两位主角。虽然项羽是个失败者，但人们对项羽的喜爱程度却高于刘邦。在很多人看来，刘邦奸诈，撕毁"鸿沟之约"偷袭项羽；刘邦无情，兵败后为了逃命抛妻弃子；刘邦武功平平，在多次与项羽的正面交锋中被打得抱头鼠窜。从某种角度来看，奸诈、无情和武功平平注定是刘邦身上抹不去的黑点。但在楚汉争霸的战争年代，作为一位政治家，奸诈、无情和武功平平甚至可以被视为刘邦的优点。刘邦奸诈，可在敌我双方你死我活的战场上，兵不厌诈是每个领兵者都必须了解的生存法则，刘邦敏锐地抓住了"鸿沟之约"后项羽放松警惕的时机，出兵袭击，将项羽围在垓下，一举奠定了汉军的胜局。刘邦无情，可是作为汉军最高领导，他的决策关乎数十万军队的生死，关乎整个国家的命运，能够为了大局舍弃家人应当是刘邦这类政治家的优秀品质。刘邦武功平平，不善带兵，可统一天下靠的并不是一人之力，刘邦贵在知道自己的不足，他深知"夫运筹帷幄之中，决胜千里之外，吾不如子房；镇国家，抚百姓，给饷馈，不绝粮道，吾不如萧何；连百万之众，战必胜，攻必取，吾不如韩信"，所以他礼贤下士、知人善用，手下能人辈出，最终赢得了楚汉之争。与之对应，《史记·淮阴侯列传》中对"西楚霸王"项羽的评价是："项王见人，恭敬慈爱，言语呕呕；人有疾病，涕泣分食饮。"第一，项羽对人"恭敬慈爱"，说话态度温和，这跟我们印象中"力拔山兮气盖世"的霸王形象反差甚大。第二，项羽见人伤病，常因同情而流泪，不惜把自己的饮食分给对方。在某些地方项羽有着他这个地位的人不应该具有的妇人之仁，比如鸿门宴放走了刘邦。仁慈在某些时候是优点，是优秀的品质，但是在他的地位和时代，反而要了他的命。可见，没有哪种特征是绝对的好或坏，优点和缺点、幸运和不幸都是相对的，是随着环境而变化的。

水满则溢，月满则亏。一件事物的优缺点可能是同一特征在不同程度的表现。比如，家长的责任心可以表现为对孩子无微不至地照顾以及言传身教地教导，也可以表现为干预孩子的自由和要求孩子唯命是从；一个人的心思细腻，可以表现为对别人的体谅和共情，也可以表现为心理脆弱敏感、易受伤害。因此，缺点可能只是某个特征不同程度的表现。

因此，我们并不需要否认或隐藏被我们视为"缺点"的特征，我们可以坦然地面对和接纳它们。这些特征可能只是暂时没有遇到适合它们发挥的情境，或者只是表现的方式和程度不当，但它们依然是我们的宝贵资源。

坚定地做自己，对自己负责

理想自我到底是我们自己理想中的自我，还是别人心目中理想的你？

斯坦福大学心理系教授马库斯将自我分为两种：独立型自我和依赖型自我。马库斯认为，独立型自我的个体追求个人主义，强调个体独立性，积极探索自己的内在品质，追求自己的兴趣和爱好，以自己的标准来定义成功；相对地，依赖型自我的个体追求人际和谐以及集体目标，他们认为人和所处的环境是相互依赖的。独立型自我和依赖型自我各有千秋，相比之下，依赖型自我的个体更关注他人和集体，痛苦和快乐更多地依赖于他人和集体。

对每个人来说，独立型自我和依赖型自我可能同时存在，但因为社会对我们的期望和要求跟我们真正喜欢和想做的事情之间往往存在一定的差异，所以，独立型自我和依赖型自我常常会出现矛盾。由于人的社会性，我们难以完全不顾集体和他人而存在，但如果我们过于依赖他人和集体，我们又会失去自我，我们是否接纳自己，我们接纳什么样的自己都无法由自我决定。当我们怀着对历史文化的兴趣想选择考古专业时，班主任却告诉我们某些专业将来收入会更高，于是我们默默放弃了自己感兴趣的专业；本来想，给孩子一个快乐的童年最重要，但家长群里的各种兴趣班和证书大比拼，让自己也赶紧给孩子报了各种特长培训班；

4 自我接纳

当我们想要结合自己的兴趣爱好谋求一份自由职业时，父母、亲朋好友却告诉我们，稳定的工作才重要，自由职业太不靠谱，于是我们只能放下自己的兴趣，做着自己并不喜欢的工作。这些是日常生活中依赖型自我可能的表现。我们每个人都会或多或少受环境和其他人的影响，但影响程度要把握好，否则会影响我们自己的生活轨迹、生活质量。

过度的依赖型自我可能会造成两方面的结果：第一，不敢面对和接纳真实的自己。因为依赖型自我的个体遵从的是他人或集体的期望和标准，为了迎合他人和集体，个体只能隐藏内心真实的想法，不敢接纳真实的自己。久而久之，自己总是活在别人的期待中，已经不知道自己真正的内心想法是什么。因为符合环境或别人的期待，可以得到环境和集体的认可，那种愉悦感会逐渐侵蚀自己的真实感受，变得越来越追求外部的肯定和赞美。第二，面对挫折时缺乏坚持到底的毅力。依赖型自我的个体往往活成了他人希望而非自己喜欢的样子，因此他们追求目标的动力更多来自外部，缺乏足够的内部动力。当前进途中面对重重挫折和阻碍时，往往只有那些发自内心热爱的人才能坚持到最后。袁隆平院士研究杂交水稻的过程中，遭遇的挫折、困难甚至是诋毁太多太多了，但他内心对杂交水稻研究的挚爱、让老百姓吃饱饭的朴素想法，使他认为所有的困难都不是困难，都是可以被解决、被攻克的，都是帮助自己成长的机会。可见，对工作、对生活发自内心的热爱是强大无比的力量，可以抵御一切艰难困苦。

小说《无声告白》里说："我们终其一生，就是为了摆脱他人的期待，找到真正的自己。"当你因遵从他人或集体的期望与标准而无法自我接纳时，不妨在心中问问自己：我究竟是想成为自己心中理想的自己，还是别人心中理想的样子？独立型自我和依赖型自我是对立统一的，我们需要坚定地做自己，在保持社会性的同时坚持一定程度的独立型自我，认识到他人和集体只是人生的辅助者而非决定者，可以倾听和参考他人和集体给自己的建议，但不能盲从，更多地探讨和追求自己喜欢什么、想做什么、想成为什么样的人，接纳真实的自己，为自己喜欢的、想做的和想成为的样子而努力，对自己的人生负责。

对自我接纳可能的误解

自我接纳意味着自欺欺人

自我接纳并不是否定理想自我和现实自我的差距,而是以积极的方式看待差距,不被差距所困。

鲁迅先生在小说《阿Q正传》中生动描绘了主人公阿Q和他的"精神胜利法"。阿Q似乎在遭遇任何挫折和打击后都能用"精神胜利法"化解,并且开心地"接纳"自己的状态。阿Q被别人欺负、挨了打后,他就在心里想"自己被儿子打了";当阿Q被别人揪住辫子,被迫说自己是畜生的时候,他就觉得自己是"第一个"能够自轻自贱的人,跟状元差不多,因为状元也是"第一个"。这种"精神胜利法"本质上否定了自己所处的弱势地位,麻痹自己,想象自己是个"了不起"的人。这种方式虽然能让人从自己的困难处境中尽快走出来,但这并不是真正的自我接纳。自我接纳需要个体正视现实自我,接纳而不是否定真实的自我,只有认识到、接纳了现实自己和理想自己的差距,才能淡定地努力成为理想中的自己。自欺欺人地否定差距,还怎么能进步,成为更好的理想的自己呢?

自我接纳意味着自暴自弃

自我接纳并不是一味地接纳而不改变现实自我,不是自暴自弃地否定追求理想自我。

4　自我接纳

现实中，我们会遇到这样一些人，他们明知道自己超重，在饮食上却依然毫无节制，暴饮暴食；他们明知道自己学习不努力，成绩很差，很可能考不上理想的学校，但依然我行我素，态度散漫，不努力学习。这些对自己的缺点有清晰的认识却依然不为所动、自暴自弃的做法并非自我接纳。自我接纳意味着能够坦然面对自己的不足，不掩饰和否定它们的存在，但自我接纳并不意味着自暴自弃、拒绝自我完善。相反，自我接纳是我们改善自我的重要一步，当我们对自己的问题和缺点有了客观而清晰的认识并接纳后，我们才能以更平和的心态面对它们，从而可以尝试用更合理和更具建设性的方式来改善它们。一个人只有真正接纳了自己的所有，才能淡定地、发自内心地愿意改变自己的不足，追求理想中的自己。自暴自弃是对自己的放弃，而不是接纳。

促进自我接纳的练习方法
——接纳承诺疗法(ACT)简介

接纳承诺疗法(Acceptance and Commitment Therapy,ACT)是一种心理治疗的方法,尽管我们不是有心理疾患需要治疗的人,但其中的理念和方法我们可以借鉴,以帮助我们更好地接纳自我,追寻更有意义的生活(哈里斯,2021)。

首先了解一下ACT的主要思想:接纳你无法控制的事,接纳自己的所有,然后找到自己认为重要的、有价值的生活目标,进而在价值的引导下采取那些可以丰富自己生活的行动(见图4-1)。所以,ACT的第一步要有这样的信念:你就应该成为你自己,要坚定地做自己。

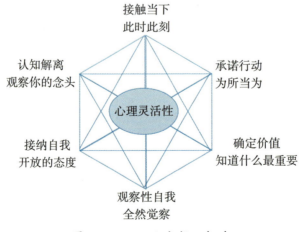

图4-1　ACT六大核心概念

ACT的六大核心概念

接触当下：有意识地感受此时此刻，很多时候我们会自动化地被过去的经历所影响，"自动导航"的行为模式不利于我们感受当下自己的状态。所以首先让自己充分感受此时此刻的自己。

认知解离：把自己作为局外人来观察自己的想法和念头，很多时候我们不自知，是因为我们被各种念头牵着鼻子走，现在我们主动往后退一步来观察我们的念头。

接纳自我：以开放的态度接纳自己的所有，包括各种痛苦情感、感受、缺点等，为它们腾出空间，不与它们争斗，接纳它们本来的面目。

观察性自我：很多时候我们对自己的认识更多基于思考，但我们不熟悉还有一个观察性自我，正念训练能帮助我们进入观察性自我，我们日常生活中有太多的思考性自我。

确定价值：澄清什么是我们在生活中最想要的，价值是引领和激励我们行动的灯塔。因为只有我们清楚自己追求的最有价值的是什么，我们才能感觉生活有意义和目标。

承诺行动：在价值的引导和促进下，采取有效的行动去追求自己的价值。因为有对价值的承诺，所以做好接受挑战的准备，尽可能使我们的行动与有价值的生活保持一致。

下面几张表格是帮助我们认识自己、接纳自己的具体行动，我们一起来完成吧。

首先我们分析一下我们现在面临的主要问题是什么，完成表4-1"问题分析"。

问题分析表

表4-1是为了帮你收集信息，看看你面临的主要挑战、困扰和问题的实质是什么。首先，请用一两句话总结一下主要困扰或问题是什么。

其次，再用一两句话描述一下它怎样影响你的生活，阻碍你做什么或成为什么。

不管你的问题是什么，无论是身体疾病、紧张的关系、工作的情况、经济危机、绩效问题、失去所爱的人、严重伤害或是像抑郁这样的精神障碍，当分析这些问题的时候，我们经常会找出四个导致问题的主要因素，如表4-1所示。请你尽可能多地在每个格子里写出那些导致你所面临的挑战、问题或困扰的思想、感受或行为。

表4-1 问题分析

与想法纠缠	消耗生命的行为
什么记忆、担心、害怕、自我批评或是什么毫无帮助的想法导致你深陷于现在的问题？有哪些想法你自己没办法控制地任意摆布你或者将你打倒？	长远来看，你做的什么事情让你的生活变得更糟糕？它们可能让你停滞不前；浪费了你的大量时间和金钱；耗尽了你的能量；限制了你的生活；对你的健康、工作或是人际/亲密关系造成不良的影响
在感受中挣扎	回避挑战的场景
你想对抗、回避、压抑、试图摆脱何种情绪、感受、欲望？你在什么感受中挣扎？	你回避或远离什么样的场景、活动、人或地方？你曾经从什么退出、撤离或放弃？你一直在拖延的是什么？

在分析完自己所面临的主要问题后，我们再来填写以下的靶心图（图4-2），让我们看自己的"行动"与"期待"是否一致。

靶心图

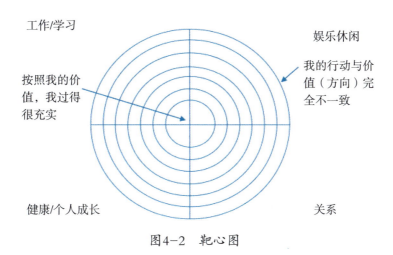

图4-2 靶心图

你的价值方向：活着的时候你想做些什么？你想成为什么样的人？你想发展自己什么优势和品质？请在每一个问题下用简短的文字回答。

1. 工作/学习：包括工作场所、事业、教育、发展技能。
2. 关系：包括与伴侣、孩子、父母、朋友和同事的关系。
3. 健康/个人成长：包括宗教、精神、创造力、生活技能、冥想、瑜伽、自然环境、锻炼、营养和解决健康问题。
4. 娱乐休闲：你怎么玩？怎么休闲？怎么享受生活？当你休息、娱乐、玩耍和创造的时候，都在做什么？

在图4-2相应区域画一个"×"，来表示你今天所处的位置。靶子越集中，越说明你过得很充实。

最后，我们在图4-3"生活罗盘"找寻生活中最重要的是什么，你正在忽视的是什么。

生活罗盘

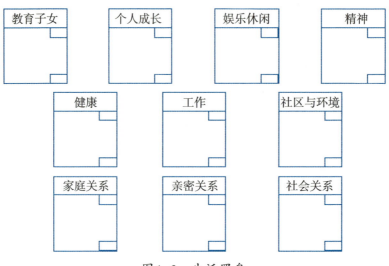

图4-3　生活罗盘

请在图4-3每个大格子里的较大空白处，用几个关键词列出你在每一生活领域中最重要、最有意义的是什么，你想成为什么样的人，你最想做什么，你想要培养自己什么优势和品质，以及你想为什么而奋斗？

（如果某个格子和你并不相关，没关系，就空着。如果你在填写的过程中遇到了障碍，就跳过它，之后再回来重新写。允许在部分格子甚至所有的格子中出现同样的词。）

接下来，在每个大格子右上角的小格子里，用0~10之间的一个数字来表示这一方面在你生命中的重要程度（0表示完全不重要，10表示非常重要）。部分格子或者所有格子可以是同一分数。最后，在每个大格子右下角的小格子里，用0~10之间的一个数字来表示你现在在多大程度上遵照这一价值方向生活（0表示一点也没有，10表示你完全遵照）。同样，部分格子或者所有格子可以是同一分数。

现在仔细看你填写的内容。它会告诉你：①你生活中最重要的是什么；②你现在正忽视什么。

总结

自我接纳，接纳的是那个平凡的自我。每个人都有追求幸福的权力，自愧不如比不上砥砺前行，屡战屡败更要屡败屡战。幸福很简单，接纳不完美的自己，每一天比前一天的自己更好就足够了。

5 个人成长

开篇案例

　　1975年，莎莉·拉菲尔大学毕业后想做一名电台主持人，由于当时美国大部分电台认为女性不能吸引观众，所以他们都聘用男性主持人，在她30年的职业生涯中她屡次碰壁，曾被辞退18次之多。可是，她从来都没有灰心。正是这18次颠沛流离屡败屡战的成长经历，才造就了享誉全美的莎莉·拉菲尔。

　　莎莉·拉菲尔大学毕业后找工作的经历并不顺利，机缘巧合之下她终于把握住了一次机会，被一家电台聘用，本希望可以集中精力和热情奉献于热爱的事业，可事与愿违，她很快被告知："你的主持风格跟不上时代。"因此她被辞退，陷入人生低谷。后来，她辗转来到波多黎各任职，可是命运再次给她出了道难题——当地主要的语言是她并不熟悉的西班牙语。在梦想的鞭策下，她花了整整三年的时间学习西班牙语。后来的日子里，她不停地工作，不停地被辞退，又不停地努力提升自己，寻找新的机会。直到有一天，莎莉·拉菲尔鼓足勇气向美国国家广播公司的经理提出了自己的一个谈话节目策划方案，并得到认可。遗憾的是，当时认可她的那个经理最终离开了公司，继任者却对这个节目毫无兴趣，策划方案无法得以落地。无奈之下她雷厉风行地找到了电台高层，经过了一番唇枪舌战，公司终于通过了这个方案，但是要求将节目的主题改成她并不擅长的时事政治。在短暂的犹豫之后，她恶补政治知识，满怀坚定的信心做出了大胆的尝试，把握住了这次来之不易的机会。

　　1982年夏，她主持的美国独立日专题节目终于开播了。

　　她充分的知识储备、娴熟的主持技巧、平易近人的风格、与观众积极的互动讨论，让她的节目一鸣惊人，她的名字在一夜之间变得家喻户晓。她所主持的政治节目也成了美国最受欢迎的政治节目。她在一次接受记者访问时说："我被人辞退18次,但我并没有被这些失败吓退,反而让它成为鞭策我勇往直前的动力。"经过坚持不懈的努力,莎莉·拉菲尔两度拿下被誉为"艾美金像奖"的全美主持人大奖。

多达18次的辞退似乎已经成为她成长的标签,她屡败屡战,最终量变引起质变,一举成名天下知,获得了属于她的成功和幸福。个人成长能够带来幸福,但更多的时候是一条汗水与泪水交织、布满荆棘的崎岖之旅。个人成长之后带来的喜悦感、幸福感又是真真切切的,成长带来的能力、技能或各方面的进步更是伴随人一生的财富。你有过类似的经历和感受吗?

人类最基本的需求之一是不断成长和进步,好比植物的天性就是要不断长高长大一样。满足成长的基本需求之后,人们体会到的是愉悦和成就感,进一步就会产生幸福感。所以,我们要创造条件让今天的自己比昨天的自己有所进步,让这一刻的自己比上一秒的自己有所不同。先不要高估个人成长,觉得自己好像并没有改善和进步,和植物的生长是由无数个微不足道的细胞裂变生长所组成的一样,人的成长也并不非得是肉眼可见的脱胎换骨——哪怕只是学会使用一个新的App、学会了几个新的单词,这都算是进步和成长。

何为个人成长

学术上对个人成长的解释,是指感知到的推动个体达到比之前更高的机能水平的积极变化,使个体产生持续的潜能发展、自我认识和自我完善,涉及个体实现美满生活的多个方面,比如身体、情感、精神、社会和心理等(Joseph, 2009; Salim et al., 2015; Sharma & Garg, 2016)。通俗来说,个体出现的任何积极变化都是个人成长,范围非常广泛。可以是身体上的,比如身体更高、力量更强了;可以是智力上的,比如学会了新的知识和技能;也可以是心理上的,比如更宽容、更理性了……成长往往是润物细无声的,我们每个人每天其实都在变化、在成长,只是很多时候我们自己并没有意识到。

成长是个人在时间上发生的积极自我改变和自我提升,现在与过去相比或未来与现在相比,一个人在身体、情感、精神、社会和心理等方面的积极自我改变和自我提升(陈世民等,2019),所以成长在我们的工作和生活中随时都会出现。日常生活中,感受成长最直观的可能就是大人对孩子成长的认识:家长会发现几天不见的婴儿就变化非常明显,长胖了,会翻身了,可以站起来了……到了学龄前以及入学之后,孩子的成长也是很快的,因为他们在学校里每天都在获得知识、获得观点、获得不同的生活技能等,性格也有一定发展。这种个人的成长给孩子带来的感觉应该是幸福和快乐的,因为他们获得了新的知识技能和个人发展,对世界的认知和对身边环境的控制力都与日俱增。但部分家长和老师却很少用心启发孩子去感受学习和成长本身带来的快乐,盲目追求成绩这一结果而不是感受进步的过程,给孩子造成了繁重的学业负担,反而使他们不愿意主动学习。如此一来,即便孩子爱学习,也只是为了满足师长的期许,而不是为了享受进步所带来的快乐。当下的教育忽视了学习成长过程本身给学生带来的愉悦感、幸福感，这是非常值得老师、家长以及我们每个人认真思考的重要话题。获得个人成长是每个人一生的追求，也是幸福感的重要来源。如果在学生阶段由于过于看重成绩、排名和学校实力等因素，而没有引导和启发学生感受获得知识、增长技能等个人成长带来的内在愉悦感、成就感，某种程度上就等同于剥夺了学生感受个人成长带来的快乐，这是非常可悲，更是非常可怕的。因为只有自己想变得更好，才是真正的内在动力，是持久地激发人们努力奋斗的源泉；以取悦别人（包括父母师长）作为学习的动力终有枯竭的一天，只有自己想成长、想进步，人们才能从成长过程中感受快乐和幸福。否则，即使取得别人眼里再大的"成就"，对当事人来说，内心都是不幸福的。

成人之后感受个人成长带来的愉悦感变得更不易觉察，加之由于学生时期养成的为了取悦别人而学习的习惯，成长似乎只与较为明显的改变有关，例如，我请一些朋友列举一下去年自己在哪些方面取得了进步。很多人会说，没什么值得一提的，工资没涨、职位未变，一天天混日子哪里有什么成长和进步？从这些回答我们可以看到人们对个人成长的认识并不全面。成年人的成长表现形式比一般人的认知要更丰富，比如：可以是学习了更好的时间管理方法，学会了用更短的时间做好早餐；对工作的态度更有韧性，不会因为领导的批评就垂头丧气等；也可以是增强自我认识、身体健康改善、身体成长、技能改进、能力提高、知识增长以及改善和其他人的关系等（Joseph，2009；Salim et al.，2015）。但人们已经习惯地把个人成长只局限在外在的职位、工资等的提高。

简而言之，成长就是自己的某些方面得到了进步与完善。下面我们列举几种场景下的成长与大家分享。

家庭中的成长

家庭环境对人的成长具有潜移默化的影响，这种影响从我们出生的那一刻起便会一直伴随着我们，对整个人生而言具有非常重要的奠基性作用。家庭是孩子生活和接受教育的第一个"课堂",父母对孩子的身心健康负有不可推卸的责任。家庭环境对我们成长的影响不仅包括获得基础生活技能,也对我们性格、品德的形成和发展具有深远的影响。不知大家是否看过畅销全球的小说《杀死一只知更鸟》,小说主要描述白人律师艾蒂科斯·芬奇为了正义,在种族歧视氛围极为强烈的时代,为一名被诬陷犯强奸罪的黑人做辩护。他作为一位父亲,如此刚正不阿、睿智勇敢,令他的几个孩子哪怕是在单亲家庭中长大,也没有变得自卑、怯懦,儿女们深受他的影响,也敢于帮助弱小。有一次,艾蒂科斯·芬奇的儿女回家的路上遇到意外,哥哥为了保护妹妹而受了伤,一位被周围人称为"怪人"的邻居救下了他们兄妹二人,并将他们送回家。在家中,他们发现这位邻居非常喜欢躲在门后。思及平常父亲在帮助穷苦的黑人们时,在非必要的情况下,基本都不会打扰对方以示尊重的举动,兄妹二人并没有强求"怪人"邻居必须与他们一起坐在桌前,回家的路上,也没有过多地打探他的"八卦"。这种保护对方自尊的认识和做法,兄妹俩都是从父亲身上学到的。言传身教就是最好的老师。美国曾经做过一项调查,结果发现,决定孩子成功的最重要因素不是我们给孩子灌输了多少知识,而是在于能否帮助孩子培养健全的人格,例如坚毅、自我控制、好奇心、责任心、勇气和信心等。

其实,家庭中的成长不仅仅限于父母对子女的教育,夫妻之间也会从家庭生活中获得成长。新婚夫妻生活中可能有较多摩擦,因为两个不同经历、不同生活习惯的人一下子在一个屋檐下朝夕相处,会有很多方面的矛盾,需要互相适应,这个适应磨合的过程也是学习和成长的过程。拿我来说,刚结婚的时候我完全不会做饭,以前没有下过厨房。怎么办?总归要吃饭吧?家里要打扫吧?这些事情总归要有人做吧(也许我们那个时候网络服务不发达也是好事,一切事情只能靠自己),我就开始一点一点地学习。在操持家务的过程中我能够切实地感受到具体的成长,现在我可以一个人做好一大桌年夜饭的所有饭菜。我先生爱吃面食,我学会了蒸馒头和包子、烙饼、包饺子、手擀面……生活中点点滴滴的进步经过岁月的积累与打磨,都成了让我自豪的精神财富。这不正是家庭生活带来的个人成长吗?这种成长还让夫妻感情更融洽,家庭氛围更温馨,既取悦了自己,也满足了爱人,一举多得啊!我的学生们经常说"我不会做饭"。我就问:谁生下来就会做饭呢？谁不是一点点学会的呢？

　　家庭生活中的学问也是很大的，学会和长辈、同辈、晚辈等的交往，学会理解和尊重，学会与性格各异的亲戚相处，都会获得成长。有了孩子之后的年轻父母经常可以从孩子身上学到天真无邪看世界的美好。我的一个同事曾和我说：哎，有时候真的是孩子教会了我很多道理啊，孩子们的真诚、无条件地爱与帮助他人，这些品质在不少大人身上已经比较少见了，值得我们学习。可见，家庭生活中到处都是可以帮助我们成长的机会。

生活中的成长

　　人的一生会经历幼年、青年、中年和老年的自然生长过程，成长的过程就是我们生活的过程。生活中的成长可以是生活技能的提高、兴趣爱好的扎深，也可以是在生活小事中洞悉的人生哲理和启发。蝴蝶破茧，有人只看到了振翅高飞那一瞬间的光鲜亮丽，有人却悟到了蜕变所需要的隐忍和积累；龙虾脱壳，有人眼中只看到了美味的海鲜，有人却明白了要走出舒适区的束缚才能获得进一步的成长。老子从烹饪小鲜中悟出了治国之道，牛顿从苹果的坠落中看到了世界的真理。有梦想的人是不断走出"舒适"、挑战"痛苦"的人，能承受多大的苦难，就能成就多大的事业！为了实现目标不断突破自我，勇于承受苦难，就会成就更大的事业。生活中的柴米油盐酱醋茶，看似那么普通，好像很简单无聊，但这也是我们学习成长的道具和必经之路。老子说"治大国若烹小鲜"，这不就是从日常生活中的小事出发去思考人生大事、治国之道吗？所以，生活中的成长比比皆是，就看我们如何对待生活的过程，是否学会从生活中获得个人成长。

工作中的成长

　　工作中的成长主要是个人在日常的工作经历中所收获的成长，这种成长可能是主动的，也可能是被动的。工作中的主动成长主要是从个人的角度出发，包括主动学习与工作相关的专业知识，进行信息技术方面的学习，向工作中优秀的同事或领导请教等。工作中的"被动成长"主要是从企业的角度出发，包括企业对新入职员工的培训（例如，实行"师徒制"）、对有潜力的员工进行重点栽培等。从这方面来说，工作中的成长不仅取决于员工个人，也取决于企业。除了员工自己主动追求进步、要求成长外，企业也会提供机会与平台，辅以各种方法帮助员工成长。例如，腾讯学院针对基层管理干部和中层管理干部的不同成熟度，设计了不同层级的培训计划。对于准备提升为基层管理干部的员工，有"潜龙计划"；针对准备从基层晋升到中层的干部，有"飞龙计划"；通过系统的培训学习，受训者在专业知识、管理技能、职业素养（压力管理、时间管理、商务礼仪）等方面获得成长。当然，师傅领进门，修行靠个人。企业也只是提供成长的平台和机会，是否真的能够通过这些培训、各种活动获得成长，还要靠每个人自己。成长只能是自己通过主动学习实践实现的各方面的进步，无法通过强迫或者替代来达成。但现在很多企业在培训上陷入了一种尴尬的局面：企业花费大量的人力物力组织培训，但员工参加的积极性却不高，培训的结果也不尽如人意。难道是员工不愿意学习、拒绝成长吗？造成这种情况的原因有很多，但归根结底，员工不愿意参加企业培训，至少说明了企业组织的培训仍然停留在"我让你学"而不是"我要学"的阶段，只有员工有"我要学"的学习动力，企业培训才能起到真正帮助员工成长的作用。让员工产生主动学习的动力，是每个企业管理者在制订培训计划时都要思考的问题，比如如何让员工直观地了解到培训内容和工作内容的联系、对职业规划的影响、对未来发展前景的帮助等。员工只有看到培训对自己未来的影响，才会产生内在的"我想学"的动力。

成长和"幸福"

成长会带来幸福感。在心理学上，自我决定理论表明成长是一个"自我决定"的过程。我们希望成长，变得自主，可以有能力解决各种各样的事情，这种成长的欲望是我们与生俱来的。因此，当我们满足了这种成长的基本心理需求时，我们自然会感到幸福。就如孔子所说：知之者不如好之者，好之者不如乐之者。意思是知道学习的人比不上爱好学习的人，爱好学习的人比不上以学习为快乐的人。简单来说，自我决定理论就是指发自内心主动选择做某件事，而不是为了完成某个外部目的而做这件事时，同样的活动更容易被激发起动力或让你更快乐。比如，自己迫不及待想成长起来的人和被环境或家人逼迫着成长的人，前者会更加享受这个过程，并且比后者拥有更高的效率。

自我决定理论认为，我们每个人都是积极向上的有机体，天生具有心理成长和发展的需求和潜能。自我决定就是在充分认识自己的个人需要，分析个人所处环境信息的基础上，对自己的行动所做出的自由的选择。个体具有三种基本心理需求：个体自主（有一定的自我决定权，可以自己说了算）、胜任（有能力完成一些事情）和归属（被爱、被认可）。寻求这三种基本需求的满足既构成了个体行为的内在动机，又是实现成长的重要因素和基础（Joseph & Linley，2005；Ryan et al.，2008）。

我有一个学生，是一个典型的"80后"独生子女。他出生在一个娱乐手段匮乏、信息相对闭塞的小镇上。因父母忙于外出打工，常常独自留守家中的他获得了大量空闲的童年时光。在一个人读书一个人听歌一个人看电视的时光里，他对吉他这个酷炫的乐器产生了兴趣，这是他对自己需求的了解。限于当时的经济条件和社会条件,他的父母没办法给他请来专业的吉他老师,只是寄了一把最便宜的木吉他给他,让他看着路边摊买来的基础吉他教程自学。他没有怨言,而是用自己可以掌控的方式去学习,在孤独又漫长的童年岁月里,他的手指磨破了一次又一次,琴弦弹断了一根又一根,在记住一个个和弦、唱出一首首歌的过程中,他体会到了与日俱增的成就感和难以名状的幸福。而令人讽刺的是,当他成家立业结婚生子后,他希望自己的孩子也能像他小时候一样感受到音乐的乐趣,希望孩子能接受到自己曾经奢望却不可得的音乐教育,于是给孩子请了最好的老师、买了最好的乐器,孩子却在父母过度的期许和繁重的学习压力下对学习音乐产生了严重的抵触心理。

这个故事是不是很清楚地体现了这个理论?我的学生小时候学习音乐是因为自己对音乐的热爱,有强烈的自主性,所以尽管条件艰苦,他依然能够乐在其中。而他的孩子,因为学习音乐是父母的要求而不是自己发自内心的喜爱,不是自我决定的,所以尽管有很好的外部条件,孩子依然不能从中感受音乐的快乐。所以,自我决定的潜能可以引导人们从事自己感兴趣的、有益于能力发展和实现个体成长的行为(刘海燕等,2003),但如果是为满足外在要求的学习,不仅不能带来快乐和成长,还可能带来逆反、抵触甚至对这类事件的回避。

Ryan等(2008)的研究表明,自主、胜任和归属这三种个体基本心理需求的满足和成长确实可以带来个体幸福感的提升。成长是体现心理幸福感和自我实现幸福的重要因素(Straume & Vittersø, 2015; Vittersø, 2018),在生活中越能感受自我成长的人,他们对生活的满意程度也越高。正如前面我问学生的问题一样,大多数人都会认为职位的进步、薪酬的增长才是个人的成长和进步,好像这些与幸福的关系更大。Kasser和Ryan(1993)在其研究中分析了金钱成功与个人成长和幸福感的关系,结果发现,相比于追求金钱成功的个体,追求个人成长的个体会获得更高的幸福感。这个研究结果是不是让我们大跌眼镜?很多人认为有钱才会带来幸福,怎么可能个人成长带来的幸福感远远大于金钱上的富足所带来的幸福感?其实仔细思考一下,这个研究结论也是符合实际的。原来一个月3000元的工资涨到5000元,开心、幸福,但拿了几个月或一年之后,这种幸福感就会下降。但如果是工作过程中掌握新技能、获得新知识等个人成长,带给我们的喜悦感、成就感和幸福感会更持久，而且这种成长会跟随自己一生，是别人拿不走的财富，想想是不是就更幸福了呢？天生我材必有用，千金散尽还复来啊。

我们通过分析幸福心理学学员用小程序每天记录三件令自己感到愉悦的生活点滴的内容发现，如果能感知到自己现在或将来的成长，人们就会产生与此有关的"快乐体验"。以下文字是几位学员在幸福记录中所写的内容。

1. 每晚的项目讨论很好啊，感受到学习的快乐，大家互相之间更熟悉了，业务方面成长太快了，果然互相学习的力量是无比强大的。

2. 昨晚翻看很久前买的一本书《汉字书法之美》，温故而知新，每次翻看都会有新的收获。书本里面还夹着一张两年前写的书法，铺开来和现在写的对比一下，发现有很大的进步。感谢自己这一年来能坚持每天写字所带来的改变和成长，过程中也让自己收获很多的幸福感。

通过学员的记录，可以看到每个人对个人成长的认识是不同的。可以是很小的变化，学到新知识；也可以是较为明显的改善，练习一年书法之后的进步。所以可以看到，如果我们都做个有心人，积极看待自己的变化，个人成长随时随地发生在我们身上。

"痛苦"和成长

尽管成长可以使人体验其中的快乐，带来幸福感的提升，然而，成长的过程并不一定总是那么让人愉快的。以身体的改变和成长为例，当一个人为自己匀称的身材、健硕的肌肉、健康的身体感到开心、为自己骄傲的时候，他/她也一定经历了通过持久和大量的力量训练与有氧训练将脂肪转化为肌肉这一痛并快乐着的过程。心理的成长往往发生在逆境和压力情境中，企业家、作家和投资者等的观点也同样印证了成长伴随着痛苦。日本企业家松下幸之助认为："困难带来阅历，阅历给人智慧。逆境这是天赋其人的可贵考验，在逆境中受过锻炼而走过来的人，可谓坚韧不拔。"俄国作家奥斯特洛夫斯基在其著作中写道："钢是在烈火和急剧冷却里锻炼出来的，所以才能坚硬和什么也不怕。我们的一代也是这样在斗争中和可怕的考验中锻炼出来的，学习了不在生活面前屈服。"全球最大对冲基金桥水基金创始人瑞·达利欧在其《原则》一书中则说："我学会了把痛苦视为信号，痛苦会提示我，眼前有一个很棒的学习机会。这让我意识到：痛苦+反思=进步。"我们中华文化中有关"痛苦与成长"的名言警句更是不胜枚举。其中，孟子所言我们耳熟能详："故天将降大任于是人也，必先苦其心志，劳其筋骨，饿其体肤，空乏其身，行拂乱其所为，所以动心忍性，曾益其所不能。"民族英雄明代名臣于谦则说："千锤百炼出深山，烈火焚烧若等闲，粉身碎骨浑不怕，要留清白在人间。"明代谢一夔称："登山凿石方逢玉，入水披沙始见金。"这些诗句都告诉我们，取得成绩的过程不是愉快的享受过程，更多的可能是痛苦。历史上也有很多知名的例子，比如李白被贬后写下千古名篇，王阳明饱经磨难后龙场悟道。痛苦和成长有时候是并存的，人们在成长的过程中往往会经历痛苦，在痛苦中"茁壮"成长。

为什么成长的过程是"痛苦"的呢？因为成长必定需要时间的积累，也就是成长需要忍受"延迟满足"。所谓延迟满足，就是需求满足的愉悦感一定是迟到的感受，不能行动后立竿见影马上见到效果。成长不可能是"一口吃个胖子"，不经过自己努力、艰苦付出的"一夜暴富"是不可能的。比如，健身、学习一种乐器、学习一门外语，都不是立竿见影的，而是要经历一个长期重复、枯燥辛苦的过程，通过一定时间的积累，由量变引发质变。在某一天忽然发现镜子中的自己变得肌肉结实，忽然可以弹奏一首完整的曲子，忽然可以听得懂外国人的谈话。很多人之所以无法成长，或者他们放弃成长，就是因为他们太倾向于马上见到效果，坚持一段时间没什么变化，又要付出很多辛苦，没有得到积极效果的反馈，就放弃了。现代社会的快节奏思维影响人们生活的方方面面，也包括对待个人成长的态度，希望自己的成长和变化也是马上、立刻、快速。达不到自己预期的快，加之还要付出辛苦和努力，很快就会放弃。所以慢下来，感受生活的美好、感受自己点点滴滴的变化，也需要学习和练习。

成长不仅要通过辛苦付出的痛苦过程来实现，还有一种成长是在过去错误的行为中学习。Mansfield等（2015）的研究发现，个体从他们叙述的过去错误行为中获得的成长越多，其心理幸福感就越高。他们从错误行为中获得的成长更多，会更加接纳自我。为什么从不好的错误行为中还能获得成长而且还可以增加幸福感呢？这似乎有点匪夷所思了吧？原来，成长带来幸福感的主要作用机理是叙事解释（Narrative interpretation），叙事解释是一种强大的自我发展机制，它可以促进个人成长和个人理解。其实这个机制就是我们所说的"吃一堑长一智"。通过失败的、不好的事件获得智慧，也不是简单可以实现的，也有些人总是遭遇失败，但依然没有进步。那么，怎样才能把失败的经历变成带来成长的增加智慧呢？具体来说，叙事解释首先是按时间顺序排列、以一定的因果关系来详细地叙述那段经历，使得以前的负面经历更连贯、更容易理解。也就是说，要回忆那段经历的细节，从具体行为细节中发现以后可以改善的方面，也就是我们常说的"复盘"。其次，叙述的主要内容不仅包括对那段经历的有关感受，还要有以后遇到类似事件的处理计划和对未来希望的理解。过去的事情已经过去，但不能让悲剧重演，必须思考如何杜绝类似的情况再度出现、如何改善，有较为具体的改善计划，这是对事件本身的理性分析。同时还要思考经历这些事情意味着什么，从积极的视角看这个负面事件带来哪些收获。比如说平时小测验中做错了最基础的题型当然令人沮丧，但是经过试卷分析后，保证不管是大考还是升学考试都不会再在同样的题型上丢分。通过这样的叙事解释，可以帮助人们获得成长并带来幸福感的提升，最主要的原因就是因为消极事件叙述中建立了与积极改变有关的因果关联。也就是这种方法真正做到了让人"前事不忘后事之师"，"坏事变好事"了。

  在我们的成长旅途中，经历具有挑战的事情是帮助我们成长的必经之路。所谓挑战，就是自己不熟悉当前的任务，或者目前的能力解决当前的任务还有点难度；但是，当我们不断地完成自己认为不可能完成的、具有挑战性的任务时，我们就获得了成长。试想：有谁天生就什么都会做呢？除了吸吮反射这种天生的无条件反射，几乎所有能力都需要我们去学习、培养。因此，主动承担具有挑战性的工作可以帮助我们实现成长。试想，你们公司有新项目、新任务，对大家来说都是新鲜的事物，你愿意主动请缨吗？所谓挑战就是不能抬手就够得到，而是需要跑起来、跳起来才能够得到。如果战胜了挑战，是不是获得成长的同时更增强了自信？即使挑战没有成功，是不是也可以通过挑战的过程学习到以前没有接触到的知识？这就是俗话所说的"努力不一定成功，但不努力一定不成功"。我有个学生在国企干得挺好，已是公司的中层干部了，但他就是想要挑战自我，尝试一种新生活。于是他毅然决然地辞职创业，创业的路比自己想象的更艰辛，但他很快乐，他说：每天早上起来就要想我要拜访哪个客户、我下一个项目可能会在哪里，充实的生活让我精神抖擞，赚不赚钱不知道，但这个过程让我感觉对世界的认识比原来更深刻，人生阅历更丰富，对未来更充满希望。挑战不仅仅限于工作上，也存在于生活中，比如开始一项新的运动、学习一种新的乐器……从我们来到这个世间的那一刻开始，我们接触的每一个新鲜事物都伴随着新的挑战，从站立行走到牙牙学语，从学校考试到步入社会，在这漫长的时光中我们会因为兴趣、压力等内在或者外在的各种驱动力向我们未知的领域发起冲锋，在这个反复跌倒又爬起，反复受伤又痊愈，痛并快乐着的过程中，我们的知识、阅历会与日俱增，肉体和精神都逐渐强大。

主动挑战是成长，挑战就有可能失败，失败就会带来挫折，但是挫折也可以帮助人们成长。因为挫折意味着事与愿违，就会让人对自己产生怀疑，自我否定，会带来消极的情绪体验。有的人会被挫折打倒，一蹶不振；但有的人会直面挫折并在逆境中成长。心理学有个专门的词汇——抗逆力，是指个体能在重大创伤、挫折之后恢复最初状态，在压力的威胁下能够顽强持久、反抗压力。除了强调个体在遭受挫折时的抗压能力，抗逆力高的人还会获得成长和新生（席居哲等，2008；席居哲、桑标，2002；于肖楠、张建新，2005）。这种能力可以开发和培养（Luthans，2002a，2002b；Luthans & Avolio，2009a，2009b）。抗逆力是个体有效应对逆境和挑战，并获得个体成长的重要资源。中国文化中有很多从挫折中成长的例子，无论是越王勾践的卧薪尝胆还是韩信的容忍胯下之辱，都告诉我们挫折可能更是激发我们斗志的另外一种方式。有很多名言警句也告诉我们这个道理，比如说"大雪压青松，青松挺且直""宝剑锋从磨砺出，梅花香自苦寒来"。爱因斯坦也曾说：通向人类真正伟大境界的道路只有一条——苦难的道路。2015年10月屠呦呦获得诺贝尔生理学或医学奖，成为首获科学类诺贝尔奖的中国人。她发现了青蒿素，该药品可以有效降低疟疾患者的死亡率，为人类提供了强有力的新武器以对抗困扰亿万人的疾病，在提升人类健康和减轻患者痛苦方面的作用不可估量。有多少人知道她研制、提取青蒿素的过程有多艰难？成功提取青蒿素是191号样本，什么意思？就是经过了190次的挫折和失败才有了191号的成功。在这么多次失败的过程中，屠呦呦对我国传统药材、熬制工艺等有了更深的理解。成功的企业家、企业高管，我们看到的往往只是他们风光的一面，但不为人知的一面就是他们都曾经历各种磨难和考验，他们从挫折中学到的知识比从任何书本上学到的知识更刻骨铭心。

为什么上述例子中的人经历了常人所无法想象的挫折之后依然能屹立不倒、勇往直前并最终获得非凡成就呢？因为压力、逆境和挫折不一定会造成消极后果，我们在面对压力事件、创伤或逆境时能够进行积极的意义构建和有意识的深入反思活动，可以帮助我们在应对这些压力事件、创伤和逆境时获得相应的经验，从而有所成长（Joseph & Linley，2005；Michaels et al.，2019；Tedeschi &

Calhoun，2004）。逆境成长机体评价理论（Joseph & Linley，2005）作为一个代表性的理论能够很好地解释压力和逆境是如何促进个体成长的。这个理论认为，人类是积极主动的、以成长为导向的有机体，这种积极主动的本性包括繁衍倾向、自我调节、追求成长等，能够支撑我们像大树一样"茁壮成长、蓬勃发展"。人类拥有一些重要的特征，例如追求价值和愿望、追求心理幸福和成就感等。在追求幸福和成就感的过程中，我们每个人都有自己最佳生活方向的天生倾向，也就是说，我们知道"什么对自己来说是重要的""自己最想要什么"，以及"我们应该如何引导自己走向拥有更多幸福感和更有意义的生活"。这种天生的倾向会产生一种"机体评价"过程：我们往往会自然而然地评价当前的经历和行为是否能够满足我们的需求，当需求不能得到满足或者存在一些偏差时，我们就会采取行动来改变处境，以此进一步满足自己的需求，从而提升幸福感，哪怕这个过程会充满挫折。这也就是我们常说的"穷则思变"。总结而言，实现机体评价过程有几个重要的基础原则：

第一个原则是，完整倾向。完整倾向即努力整合新的经历和体验，并根据经历、经验来重新组合自我结构，也就是积极吸纳新的信息，修改已有的"假设世界模型"。在遭遇逆境和创伤事件之后，我们往往会产生压力体验，这种体验让我们意识到原来"假设的世界模型"与"真实的世界"存在不一致，甚至是相互冲突，因此我们就会试图打破原来的"假设世界"，这就是完整倾向。这种完整倾向使我们有整合相关的破坏性信息的需求，因此我们会努力将自己的经历和体验整合到已有的自我结构框架之中。例如，初入职场的新人，本来以为自己硕士毕业，理论知识扎实，各方面能力也不错，领导应该重用自己。但辛辛苦苦熬夜一周写好的报告，被领导评价为完全没有价值。这时内心是崩溃的："没有功劳还有苦劳吧？领导为什么这么不通情达理？我好歹也是硕士毕业啊？！这么不尊重人！"他们经历太多类似的"挫折"以后，有的人就会开始重新整合自我结构，认识到工作中要得到认可，必须要创造实际的工作价值，文凭、学历只代表过去。这样的"新人"能够更快调整好自己的心态，获得更快的改变和成长。但也有人并不会改变自己的"假设世界模型"，他们觉得要改变的应该是领导，"领导没有认识到我的价值，是领导不好，我要跳槽，去找认可我重用我的领导"。可以看出，这两者的做法各不相同，产生的结果（是否获得成长）也会截然不同。

第二个原则是，同化与适应。人们对逆境和压力信息的认知、情绪处理会产生同化和适应两种结果，同化是指我们在现有的"假设世界模型"中吸收新的信息，而适应则是修改我们现有"假设世界模型"来适应遇到的新信息。适应需要我们改变已有的"假设世界"和世界观，而成长也往往来自这种积极的适应而非同化。就像前面举的例子，如果是进行"同化"处理，"新人"会在他们的"假设世界模型"中增加"世界上什么人都有，就会有领导不认可我，我也不怪他吧，他早晚会认识到我的价值"。他们并没有改变自己已有的对世界的假设，只是在原来的基础上增加了一些新的内容。而进行"适应"处理的"新人"就会重新认识和思考自己的假设前提："我硕士毕业可能真的只是表明我的学习能力、考试能力较强，这种实际处理工作的能力我还比较弱，工作能力需要在工作中培养锻炼，我要努力，不能让领导看不起我！"这两种不同的认知加工会带来不同的成长过程。

第三个原则是，可理解性和重要性的意义感知。对压力和逆境事件的意义感知非常重要，可理解性的意义感知是指我们对经历的理解。在事件发生以后，我们会寻求对"发生了什么、是如何发生的和为什么发生"的理解。当我们理解了上述问题之后，就会同化或适应有关经历的信息。在这之后，我们开始思考这段经历的价值性和重要性。重要性的意义感知是指我们可以从其经历中所得到的收获，比如这次事件对我们的生活方式、世界观和人生哲学有何影响等。再以上面例子为例，新入职的硕士从报告被贬无价值之后，他除了认为领导要求高之外，也可以从中发现收获，即明白了学历并没有那么重要，能够学以致用解决实际问题才是更重要的。当然这就要求我们去适应而非同化事件信息，也就是调整我们的"假设世界框架"。如果进行消极的意义解释，我们会感到绝望，并产生无助感，比如：我无法改变领导对我的认识，我硕士毕业也没用，等等。而如果进行积极的意义解释，结果就会是实现成长，比如：多亏领导实话实说，才让我这么早就认识到学历并不代表能力，我要尽快熟悉业务，争取早日写出有价值的报告。可见对经历的理解和重要性的意义感知，会影响我们对事件信息的处理方式，进而对个人成长起到不同的作用。

　　这个理论以及原则有点复杂，不是那么容易理解。刚好一个学生和我讲了他们刚入学读MBA时的心路历程，我就套用这个理论进行解释。我们知道，愿意付出时间、精力和金钱来读MBA的学生，是追求成长和自我实现需求较为强烈的人。即使是这样一群人，在考上MBA开始真正学习的时候，也会很受打击，遭遇挫折。他们发现，MBA学习根本不是梦想中的"广交商界精英的各种聚会——觥筹交错"，而是"每晚做不完的作业，每周都有考试——不死不休"。学业负担很重，大家精疲力竭。经常是深夜加班归来依然要面对套娃式的作业套餐，很多时候大家以为做完了一个科目的小组作业可以稍微喘口气，谁知道立马就有新的作业跳出来，把挤出业余时间来学习的MBA同学们打击到生无可恋。这就是大家理想的世界假设模型与真实世界的巨大差异。要怎样调节呢？是改变"真实的世界"——找老师谈判要求少布置作业或争取换作业少的老师？还是改变大家"假设的世界模型"——不管是业余学习还是全日制学习，学生就应该做作业、考试？经过一段时间的磨合和思考，大部分同学还是认识到要改变自己"假设的世界模型"，争取从这个过程中找到意义感和重要性。把"我们学业负担比其他班重我们很亏"扭转成为"我们比别人学到了更多的东西，收获了更扎实的友谊"。有了这种积极的、有意义的解释之后，这个班的同学自发组成了互帮互助小组，请一些热心的同学帮忙补习数据模型和会计，并给这些帮忙补习的同学取名叫"大猪"（源自智猪博弈理论），这个活动就叫"大猪开小灶"。这些同学受到了大家的尊重很开心，其他同学也通过补习建立了"革命友谊"。所以，这是非常经典的从开始的挫折压力事件，最后转变为帮助大家成长、收获知识的同时还收获了同学情谊的过程。这个班的同学因为这个过程，有着比其他班级更强的班级凝聚力和认同感。可以说，这也是一个"因祸得福"的过程。这个"祸"是现实与他们自我设想之间的差距，这个"福"是他们面对困难积极调整心态、采取主动行为而收获的结果。

　　在面对压力较大的工作和生活时，意义感显得尤为重要，也就是要抛开压力事件给我们带来的焦虑、烦躁甚至愤怒等消极情绪反应，努力寻找压力事件给我们带来的积极意义。就像上面的例子，有自己繁重的工作，还要做很多作业，筋疲力尽、烦躁的感受是直接的第一反应。但他们并没有停留在直观感受，而是进行了第二步的思考，从这个事件中发现积极的意义：我们可以学到更多知识、打下更扎实的基础、提高时间管理能力、互帮互助的同学情谊……在赋予压力事件的积极意义之后，反过来再经历压力事件，这时候的消极情绪就没有那么强烈，而是感受作业带来的知识增加等积极意义，这个过程使学生们获得了各方面的成长。不仅知识更扎实了，还收获了共同学习、共同战斗的"战友情"，这段经历成为他们宝贵的难得的回忆。

用学术术语解释意义建构模型，就是在特定的事件和环境中，我们首先会评估事件的含义和意义，包括事件的威胁性和可控性程度，对事件发生的初始归因，以及对未来的影响，等等。在对事件进行评估之后，我们就能够发现当前事件评估出来的意义和自我持有的整体意义之间有差异。这些差异会使我们产生压力、苦恼等体验，差异越大，这种体验的程度越高。这种不愉快的情绪体验激发个体进行意义构建，以减少对事件的评估意义与整体意义之间的差异。在大学课程的学习中，我们常常听到学生抱怨压力很大、应付不过来，这是因为他们发现自己不仅需要完成课业的学习，还需要应对时间管理、人际关系和团队合作等挑战，这与他们从前"唯成绩论"的认知模式是不同的，综合发展的新要求给他们带来了极大的压力和不适应。因此，他们需要对此进行意义构建以缓解这种冲突和不一致。在意义构建过程中，个体会出现两种应对方式，要么改变对压力事件的意义解释，要么改变整体的意义认识，试图理解当下的压力事件，寻找这个事件潜藏的重要性。以前面提到的大学生活为例，学生在意义构建的过程中开始调整自己以往"学习就是课堂知识的传授"这种理解框架，尝试理解社会要求我们每个人综合、全面地发展，学习不仅仅包括理论知识，也体现在待人接物中。认识到这种多线任务的同时进行能够培养他们解决问题的能力、提高他们的综合素质、建立起多元的人际关系，对个体而言是一个非常重要的过程。只有在尝试理解并认识到这种综合发展的意义之后，学生才能够真正地融入并享受大学生活。

通过以上的构建过程，意义感便会产生。它是意义构建过程的产物，是因试图减少评估意义和整体意义之间的差异而产生的变化或最终结果。这种变化和结果包括个人成长、改变的身份、重新评估压力源的意义、改变的整体目标、改变的整体信念、恢复/改变生活中的意义感等。研究表明，意义构建对个人成长是有显著影响的（Park et al.，2010）。例如，家庭中母亲患有精神疾病，这样的家庭环境看似并不利于个人的成长，然而，对那些进行了意义构建的人来说，他们会把不利的家庭环境视为对自己的磨炼，这样的家庭就更有助于促进个人成长（Abraham & Stein，2015）。这也是中国俗语所说的，"穷人的孩子早当家"。家庭的贫困使孩子经历的事情更多，也就更快地成长起来。帕克通过对不同样本（例如，失去亲人的大学生、有严重疾病的人）的比较发现，较高水平的意义构建与较高水平的压力成长有关（Park，2010）。换言之，挫折能够促进有些人的成长，其中主要的因素就是他们能够从挫折中发现意义。

意义的构建模型，参见图5-1。

5 个人成长

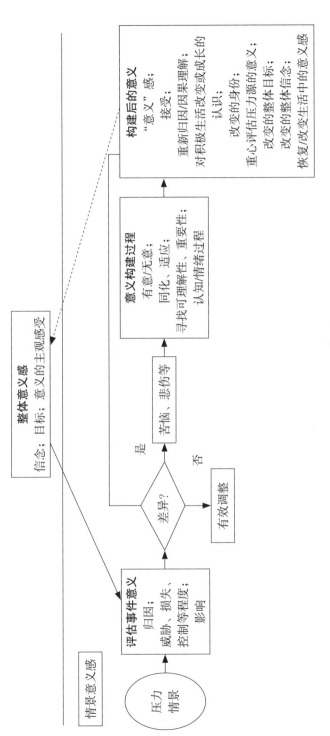

图 5-1 意义构建模型

注：实线是关键路径，虚线是可能路径。

资料来源：C. L. Park, Making Sense of the Meaning Literature: An Integrative Review of Meaning Making and Its Effects on Adjustment to Stressful Life Events. *Psychological Bulletin*, 2010, 136（2），257-301.

可望可及的成长

我们每个人天生都具有心理成长和发展的需求和潜能,追求个人成长与进步是人类的天性之一,所以我们要充分感受成长给我们带来的愉悦和幸福。尽管成长和发展是天性,但是,每个人的成长过程可能是不一样的,成长的方向也是差异巨大的。有些人可能遇到的都是风调雨顺,在和煦的阳光照耀下得以顺利地茁壮成长;有些人可能遇到狂风暴雨、烈日高悬,成长的道路就比较艰难。但不管如何,成长和发展是每个人内在的本能需求,所以成长并非遥不可及。那么,怎样创造自己的成长之路呢?

保持好奇心——促进自我成长的不竭源泉

新生儿呱呱坠地的第一声啼哭,就是好奇心的开始,也是成长的开始。当孩子出生时,他们想要了解这个世界,在好奇心的驱动下,他们学会了爬行、走路以及说话。他们不断地问东问西,逐渐形成对世界的初步认识,这种成长就是由好奇心驱动的。

然而,随着年龄的增长,我们似乎逐渐失去童真,但是好奇心一直还在每个人的心里。因为好奇心是成长的源头,有了好奇心,我们才有动力去理解、去发现新的东西,从而得到个人的成长。年仅12岁的华裔女孩马天琪获得了火星车名字征文比赛的冠军,她把火星车命名为"好奇号"。她作文的第一句话就是:"好奇心是人们心中永不熄灭的火焰。"

好奇心是人们心中永不熄灭的火焰，很多发明创造都来自人们的好奇。牛顿好奇苹果为什么往下掉，提出了牛顿定律；瓦特好奇水壶盖子被蒸气吹起来而发明了蒸汽机；莱特兄弟好奇鸟儿可以飞起来而研制出了飞机……好奇心激发我们去探索，带来个人的成长和发展。我国伟大的地质学家李四光在儿时便是一个充满好奇心的孩子，他经常一个人看着家乡的一些来历不明的石头，出奇地遐想，好奇地自问："为什么这里会出现这些孤零零的巨石？它们是借助什么力量到这儿来的？"怀着这样的好奇心，他对地理尤其是地质方面产生了兴趣。后来李四光走遍了全中国的山川河流，做了大量的考察与研究，终于断定，这些怪石是冰川的浮砾，是第四纪冰川的遗迹，这一发现纠正了国外学者断定中国没有第四纪冰川的错误理论。所以，好奇心是我们人类进步、文明发展的动力源，同时好奇心也是我们个人取得成长的不竭源泉。

那么，该如何培养好奇心，让我们每个人心中不灭的"火焰"再次燃烧起来呢？

首先，要学会质疑，养成问问题的习惯。

当小孩子开始说话后，仿佛就变成了"十万个为什么"，他们不知疲倦地对周围的现象与事务不停地发问，这正是他们好奇心的体现，也是他们成长的开始。但是，随着年龄的增长，人们似乎越来越不爱问问题了。是因为大家都懂了还是没什么需要问的了呢？殊不知，生活处处是学问，需要我们学习的内容太多了，所以我们还是要"不耻下问"。提问并不代表无知，恰恰代表我们爱学习、爱思考。通过发现问题、提出问题来培养我们的好奇心，进而帮助我们成长。发明创造不是仅属于科研人员，我们每个人都可以成为发明家。冯洋来自山西长治，2011年进入神龙公司，成为一名普通门线操作工，每天的工作就是为车门拧螺丝。工作中，冯洋发现在装车门护板时，细小螺钉容易掉进车门夹缝里。车门内空间狭小，光线黑暗，掉入的螺钉很难找出来。如不将螺钉取出，将来车辆在行驶中会产生异响。为取出这颗小螺钉，有时甚至需要停掉生产线，将车门卸下再倒出螺钉，这会带来巨大损失。这个工作流程已经多少年都是这样,但冯洋好奇地思考：既然螺钉掉下去不可避免，那怎样可以快速找到并拿出它呢？他利用平时收集的一些废旧材料，制作出一个带LED灯的吸力棒，能快速、便捷地取出车门内螺钉。

你看，是不是只要做个有心人，工作中很多习以为常的流程、工艺就都可以进一步完善？所以，好奇心首先来源于发现问题，敢于提问。

其次，读万卷书行万里路，发现世界的奇妙和自己的"无知"，从而开启好奇之旅。

现在交通工具非常发达，我们可以较为方便地到达世界各地。到不同地域、不同文化的地方旅行，我们会惊奇地发现，原来世界上还有这样的做饭方式、还有这样的食材、还有这种房子这样的家具等等。这样，我们是不是产生了强烈的好奇？进一步了解这些地方的文化、风土人情的由来等，我们是不是就进步了呢？读书不仅让我们获得知识，更好地了解世界，让我们变得更理性、更充实，还有一个重要的作用：通过读书，我们的思维会更有深度，我们能认识到自己更"无知"，知道自己还有很多不知道的知识、事物等，也就是对世界产生好奇。所以，看书越多的人越对世界充满好奇，这样就形成了螺旋上升的不断进步的循环。发现生活的千姿百态可以通过亲临现场的"行万里路"，也可以通过书本等其他现代科技手段的学习，世界上还有那么多我们不懂的、没见过的、没征服的事，是不是有一种要去了解、去征服、去解决的动力呢？这就是好奇心被激发起来而产生促进个人成长的动力的过程。

制定可行的目标和计划——为自我成长保驾护航

成长是每个人的基本需求，每个人都希望自己越来越好，但成长需要付出代价，是痛苦的。人们喜欢带来乐趣的休闲方式，如游戏、追剧、看视频等会使大脑放松，从而产生一种"我很快乐"的指令，于是会很容易放纵自己沉浸其中。而自我成长就是要摆脱享乐，按照自己的人生目标前进，因而某种程度上是"痛苦"的。但成长的道路是自己选择的，如果制定好一步一步的目标，实现目标带来的快乐和幸福，也是可以把成长之路变成充满希望的"快乐之路"。成长是一个漫长的过程，当我们没有看到成长的"成果"时可能就会没有信心、失去耐心，但如果把成长的目标分解，让我们不断可以品尝到胜利的味道，就会变得越来越期待下一步目标的实现。对未来乐观的期待和憧憬是快乐成长的关键。

首先，制定属于自己的成长目标和实施计划。前面我们已经了解每个人都有自己的独特使命，所以每个人的成长目标也是不一样的。首先要想清楚自己想在哪些方面有所成长，这时候的目标可能并不清晰，可能只是大的方向，但没有关系，这个远大的目标可以起到引领我们往什么方向发展。就像前面举的李四光先生的例子，他对石头的好奇，让他产生要研究"地质"的大目标，求真务实、敢于质疑的作风造就了李四光的成就。有了成长的目标，还要有具体的实施计划并付诸行动，否则远大的目标就只能是空中楼阁。清人彭端淑在《为学》中讲述了这样一个故事：四川边远地方有两个和尚，一个贫穷，一个富有。穷和尚对富和尚说："我想到南海去，你觉得怎么样？"富和尚问："你这么贫穷，你凭着什么去呢？"穷和尚回答说："我只要一个水瓶一个饭钵就足够了。"富和尚说："我这么富有，多年以来，总想雇船往下游去，还不能实现，你凭什么去呢！"到了第二年，那个穷和尚从南海回来，把到过南海这件事讲给那个富和尚听，富和尚感到很惭愧。同样有着伟大的目标，穷和尚设置了行之有效的计划，通过化缘使自己不至于饿死，只要脚还可以走路，就可以前行，最后实现了到南海的愿望，得到了自我成长；而看似富有的富和尚，空有目标却未能实现。

其次，目标需要坚持采取行动才能实现。成长的道路不是一帆风顺的，所以对目标的坚持是保证成长的重要因素。《肖申克的救赎》这部电影想必很多人看过。一个被冤枉的银行家被判处无期徒刑，于是他产生了在别人看来不可能实现的目标——越狱。他坚持了20年，终于实现了重获自由的目标。他还通过每星期给州议会写一封信，坚持六年，最终在监狱里建立了图书馆。强烈建议大家观看这部电影，学习"只要坚持，目标就一定可以实现"的精神。有些时候目标没有实现，不是因为目标不现实、目标太高，而是因为我们没有持之以恒地坚持。增加可以坚持下去的信心，也需要在实现目标的过程中获得一定的积极反馈，比如，把长期目标分解为是可以期待的较为容易实现的短期目标，实现目标之后给自己一定的奖励，可以是休闲娱乐、对自己的肯定等。日本长跑运动员山田本一曾在1984年、1987年的国际马拉松邀请赛中两次夺魁。当记者问他凭什么取得如此出色的成绩时，他说每次比赛之前，他都要乘车将比赛路线仔细勘察一遍，并把沿途比较醒目的标志画下来，比如第一个标志是一家银行，第二个标志是一棵大树，第三个标志是一座公寓……这样一直画到赛程终点。比赛开始后，他以百米冲刺的劲头向第一个目标冲去；到达第一个目标后，又以同样的速度向第二个目标冲去……40多公里路程，就这样被他分成若干个小目标而轻松地跑完。每当完成一个路段时，就会产生一种胜利的喜悦。这种胜利的喜悦会消减精神上的重负和疲惫，从而转化为继续前进并完成下一段路程的巨大力量。

最大化发挥个人优势，控制弱项的不利影响——高效成长的正确路径

学术界很早就发现了扬长避短对个人成长的积极作用。找到我们的优势，发挥其积极作用，避免劣势对成长的干扰。每个人都有自己的强项和弱项，要实现高效率的成长，一定是利用和增强自己的优势，而不是弥补自己的短处。原因有二：第一，放着优势不利用，岂不是在浪费人生？第二，短处或弱点似乎永远都有，永远也弥补不完。所以，高效率成长一定是扬长避短，发挥优势。

个人优势不要简单地理解为能力。很多人感觉自己没什么优势，好像干啥啥不行。其实个人优势可以是你的行为方式、思维方式，甚至是感觉方式，能够使你在表现能力、开展某些行动以及追求有价值结果的过程中有效发挥（Quinlan et al.，2012）。比如，有人就对人脸的感觉方式有优势，他们对见过的人可以做到过目不忘，不管对方进行怎样的化妆，他们都可以识别。他们对人脸的感觉方式就是他们的优势。发挥优势就是识别自己的优势、发展和使用优势来提高幸福感和个人成就的过程。下面是发挥优势的几个步骤：

第一，进行优势识别，发现自己的优势是什么。首先列出自己喜欢做的事情。真正喜欢做的事情要符合几个条件：喜欢做的事情即使一分钱都挣不到，你仍然愿意做；做这些事情的时候你觉得对你来说易如反掌、简单顺畅而且时间不知不觉就过去了；做这些事情的时候你觉得情绪愉悦、充满热情；从列出的所有喜欢做的事情中概括出两三个优势能力、思维方式或感觉方式。以前我有个学生

通过这个过程找到自己的优势是与人打交道、说服能力和学习能力，他就辞职去做了与他优势能力相关的保险代理人工作，现在感到非常幸福。

第二，进行发展优势的练习。优势只有不断地发挥和使用，才能真正成为优势。所以在生活中要有意识地创造发挥、发展优势的机会。像我那个学生，因为之前的工作不能让他的优势展现出来，他工作起来没什么动力，但换了工作之后，这份工作刚好是利用了他的优势，所以他工作起来得心应手，不断获得积极反馈，同时个人成长也很快。当然，如果我们没有这位同学这么幸运，没能够找到与自己的优势一致的工作，我们就要创造条件发展优势。例如，我认识的一个朋友动手能力强，他就用业余时间自己发展这个优势，买了很多专业工具，雕刻玉质材料的小物件。他说反正也不是靠这个挣钱，就是一边玩一边长本事。经过几年的练习，他雕刻的小物件像模像样了。可见，优势能力不是天生的，也需要努力付出才能真的成为优势。

我们在工作和生活中尽量制定与优势的开发和使用有关的目标。其实，每个人都有发展和利用自己优势的内在动机和渴望（Peterson & Seligman，2004）。利用了个人长处，人们很快就会感受到自己的进步，这会进一步激励其发展自己。此外，研究还发现，关注优势可以激发能量、活力和热情，而这些都是个体成长的驱动力（Meyers et al.，2015）。扬长避短的"避短"是说，尽量避开我们不擅长的事物，就像我们不能奢求一位五音不全的人士成为歌声如天籁般动人的歌星一样。我们在成长中要从优势出发，尽量控制弱势，以保证顺利的个人成长。我国著名的物理学家杨振宁专业方向选择的例子可能就很好地说明这点。杨振宁在美国留学时开始研究实验物理，可是动手能力较差的杨振宁并没有取得任何成绩，反而被同学取笑："有爆炸声的地方就有杨振宁。"这也很打击杨振宁的自信心。但后来在老师和同学的建议下，杨振宁逐渐发现自己的优势不在实验物理方面；他善于逻辑思考，于是开始从事理论物理方面的研究。尽管"浪费"了两年的实验物理时间，但他还是果断做出选择。杨振宁在理论物理方面的研究如鱼得水，取得了突出的成就，并且获得了诺贝尔奖，一举成为举世瞩目的理论物理学家。杨振宁在个人成长的道路上没有选择继续在弱项上耗时耗力，而是在"撞了南墙"之后，聪明地选择了另一条道路，发挥了自己的优势。如此高效率的个人成长也带来了辉煌的成功。

人的生命是短暂的,要想在短暂的一生中实现更好、更多的个人成长,就要有高效的规划。我们在追求成长的过程中,发挥优势往往使得我们的成长更加顺利,收获更多的积极情绪。如果我们非要在自己的弱项中获得成长,不是不可能,只是我们得到的成长与付出的努力不成正比。因此,为了人生的幸福,我们追求个人成长时,可以从优势出发,这样又有效率,又能更加顺利地追求个人成长。

当然,扬长避短并不等于偏安一隅。我们可以走出舒适圈,因为舒适圈外面并不一定是我们的短处,但一定有我们好奇、感兴趣的地方。我们说的扬长避短,是从优势出发,不断地培养自己成长性的思维,最终实现人生终极幸福的目标。

进行结构化反思——加快个人成长的速度

在个人成长中,结构化反思是加快个人成长的重要方法。曾子说过,"吾日三省吾身",通过深入反思、及时地总结经验和教训,才能把我们人生的经历变成帮助我们成长的财富。

清朝初期的著名学者、史学家万斯同参与编撰了我国重要史书《明史》。但万斯同小时候是一个顽皮的孩子,是反思让他改过自新,拥有了后来的成就。他生命中重要的转折点发生在一次万斯同父亲宴请宾客的时候。万斯同由于贪玩遭到了宾客的批评,恼怒之下,他掀翻了宾客的桌子,被父亲关到了书屋里。他偶然地阅读了《茶经》,了解了作者陆羽反思成功的故事,大彻大悟,开始了反思。在书屋中他读了很多书,经过长期的勤学苦读,万斯同终于成为一位通晓历史、遍览群书的著名学者,并参与了《二十四史》之《明史》的编修工作。这就是反思的力量。在遇到困难与问题时,不自怨自艾,仔细思考、发现问题的关键所在,从而吸取教训,获得成长。

随着时间的推移,人们对于反思也逐渐有了更进一步的认识,结构化反思就是一种更有效、更科学的反思方式。结构化反思是指按照结构化步骤进行反思的过程,具体流程如下:

1. 对经验的（客观）描述，也就是对过往事件或经历进行客观描述。比如，把最近成功销售的过程描述出来，这个描述越详细越好，便于从具体的过程中总结概括。

2. 对步骤一描述的事件和经历，按照相关类别进行分析。可以从知识、情感、品质等方面分析这次成功销售的影响因素，这其中，我们可以带有批判性思维，考虑事件的其他可能性。也就是分析帮助成功销售的经验是什么，同时还可以找出需要进一步改善的地方。

3. 反思过后，我们要总结我们的反思成果。可以通过以下指导性问题来帮助我们进行总结：

通过这次经历或事件我学到了什么？

具体来说，这次经历或事件我是如何行动的？具体的表现是怎样的？体现了什么能力或品质？为什么这些很重要，或者为什么意义重大？

我以后如何运用这些能力；或者，我应根据所反思的结果制定哪些目标来提高我自己？如何规划我未来的成长？

需要强调的是，当我们在使用结构化反思时，至少需要完成"设定目标，对这些目标采取行动，对结果进行反思，形成新的学习或做事方式"整个过程，并不断使用该方式进行提高。美国教育心理学家波斯纳说："没有反思的经验是狭隘的经验，至多算是肤浅的知识。"因此，他提出以下成长公式：成长=经验+反思。相信结构化反思一定能提高大家个人成长的速度。

充分利用环境的促进因素，变阻碍因素为动力——利用环境帮助个人成长

每个人的成长都离不开身边的环境，所谓近朱者赤，近墨者黑；迁兰变鲍，潜移默化便是如此。环境是影响我们成长的重要因素之一，而这种环境因素可以分为危险/阻碍因素以及保护/促进因素。

危险/阻碍因素，顾名思义是指阻碍我们成长的因素，比如贫困、压力事件、家庭暴力、工作角色模糊等，阻碍因素并不是完全遏制了成长，而是使成长的道路变得曲折。例如：有些学生因为家里交不起学费不能如愿上大学，阻碍了他们的顺利成长，使他们成长之路变得艰难。但不管干什么，只要努力、肯学、肯吃苦，也还是可以获得成长，只不过成长之路与顺利上大学后的成长路径不同。就像北京大学的保安先后有500多人考上大学，还有12名考上研究生，他们的成长就是最好的例子。

保护/促进因素是可以帮助我们成长、减少环境中的危险、可以抑制那些阻碍我们成长的因素。比如，青少年时期父母为我们营造的学习氛围、工作中领导对我们的认可和支持就是帮助我们成长的促进因素。我们的成长过程中充满了这些促进与阻碍的因素，正是这些因素的相互作用，我们才得以成长。

影响个人成长的促进和阻碍因素有很多。在家庭成长方面，家庭经济条件差可能会导致家庭成员压力增加，家庭暴力会严重影响家庭成员幸福感，父母离异可能会对孩子的心理造成影响，不利于孩子成长。而家庭和睦会营造幸福友爱的家庭氛围，父母对孩子的支持和鼓励会让孩子生活得更加积极和快乐，父母的教育方式、父母为人处世的方式、夫妻之间的相互信任和理解等等都是促进家庭成长的因素。

在工作成长方面，领导过高的工作要求可能会持续消耗我们的精力，影响身心健康；工作资源的匮乏可能会增加我们完成工作的难度，工作热情下降，工作倦怠水平提升。这些因素都会成为阻碍我们工作中成长的环境因素，但环境因素也可能带来积极作用，提升我们的幸福感。充足的工作资源能够提升我们的工作动机，增加工作投入，提高工作绩效，公司的支持、领导的帮助以及同事的关心都会提高我们在工作中的幸福感，使工作更加有动力，促进工作成长。

所以个人的成长会受到家庭、工作和生活中多方面环境因素的影响，事实上，我们很难以一己之力完全改变环境。遇到挑剔不给资源的领导，我们可以跳槽离开这样的环境，但下一家公司的领导是不是还是如此我们依然没办法确定，所以当环境不能改变的时候，我们可以培养我们性格上的保护因素，变阻碍环境为激发我们更努力的动力，促进我们的成长。

提高抗逆力——在逆境中、创伤后寻求成长

人们除了主动寻求自我完善和改变环境，人们也会在经历逆境和创伤之后发生积极的变化，实现成长，这些不幸事件往往包括失去亲人、罹患癌症、失业、遭遇空难等。尼采曾言："那些杀不死我的，必将使我更加强大。"个体在经历创伤后，并非所有人都会采用消极的应对方式，有的人就能够通过改变自己的想法，在遭受创伤后获得成长。在2008年的汶川地震中，年仅23岁的廖智被埋在废墟下26个小时，并因此而失去了两条小腿。在安装义肢后，她重新开始学习走路，起初她只是为了让自己的妈妈安心，勉强练习行走。慢慢地，她开始思考义肢的好处：更大、更自由的活动空间，可以穿好看的衣服，还能维持良好的身体状态……于是，她暗自努力在家中练习，直到完全掌握。除了"站起来"，廖智还到校园中去帮助其他失去双腿的孩子们重新认识和接受自己的身体，鼓励残障人士发现自己的价值，勇敢地走出家门。而她自己，也穿上了美丽的高跟鞋，成为舞台上最引人注目的舞者。这个例子告诉我们，当个体将创伤经历视为宝贵的机会时，他们的意识会引导他们以一种更加积极的方式生活，而非一蹶不振。

人生旅途中，总会遇到各种各样的困难甚至是给我们造成巨大破坏的创伤事件。我们可以通过哪些方式来改变自我，实现创伤后的成长呢？

第一，首先应该认识到经历逆境或创伤后信念的崩塌是正常的反应。这些事件告诉我们，人类是脆弱的，未来是不确定的，发生在我们身上的事件都是随机的。它向我们展示了人类的局限性，并使我们对自己和世界的假设受到质疑。在灾害面前，在经历、目睹或遭遇涉及自身或他人的实际死亡，或受到死亡的威胁、严重伤害之后，人们往往会出现害怕、焦虑、恐惧、逃避等消极情绪，这是非常自然、正常的反应。比如，平时注意锻炼身体、饮食健康、乐观积极的亲人突然查出绝症，这与我们之前认为的健康的生活方式可以带来健康身体的理念发生了冲突。我们不能接受现实，感到彷徨、恐惧，这些都非常正常。

第二，尝试接受创伤事件，尽可能减少一些导致焦虑的想法，通过重新解释、接受式应对和自我反思等方式来处理创伤事件。因为消极地应对这些问题会

导致绝望和无助的反应。例如，像上面的例子，如果这样思考："这世界真是糟糕透顶，坏事随机发生，有这么好习惯的人都可以得这种不治之症，太可怕！我觉得无能为力。以后该以怎样的生活方式生活呢？健康生活方式也不一定健康！"是不是会越想越悲观，越想越可怕，而当我们换一种方式思考、积极应对时，成长就发生了。我们来重新评估事件，尝试从事件中吸取力量和人生哲学。例如，通过这个事件让我们认识到："不好的事情随时可能发生，因此我应该把每一天都当作最后一天，充实地活着""人吃五谷杂粮，谁都会生病，也不要绝对化很多事情，重要的就是珍惜当下的生活"。是不是积极地应对，换个角度看待创伤事件会有不同的情绪反应了呢？而且这种积极的思考，让我们对生活的认识更加全面，有了一定的成长。

第三，在适应了创伤事件后，可以尝试讲述自己的创伤经历。在创伤事件发生后，人们首先会回顾并且寻求对事件的理解，发生了什么，怎么发生的，为什么发生？当他们达成理解之后，可能会开始寻找事件的重要性意义：这件事对他们的生活方式、世界观和人生哲学有什么影响？这种意义的思考对成长而言是非常重要的。当人们愿意与人谈论创伤事件时，某种程度上已经可以寻找这件事情带来的积极意义了。这时候要与最亲近的、可以给我们正能量的人讲述。

第四，积极寻找、描述出自己在创伤后的一系列变化和成长，以及自己有哪些积极的改变。可以在以下三个方面发现创伤后的成长：（1）与他人的关系得到增强。例如，更加重视自己与家人和朋友的关系，更加能够理解别人，利他主义水平有所上升。（2）改变了对自己的看法。例如，表现得更具智慧和力量，开始接受自己的弱点和局限性。（3）对生活的哲学观发生变化。例如，认识到生命是有限的，欣赏生命的每一天，并且重新思考对自己而言真正重要的事情。

第五，总结因创伤而产生的更加坚强、更加无惧挑战的人生原则和立场。创伤后成长也许会让人感到痛苦，但思考、重新解释这段经历，往往会使人们更具智慧，能够拥有更亲密的关系、更强的自我接纳和更深的精神体验。例如，在遭遇车祸后，如果受害者能够积极适应创伤事件，接受"车祸尽管很惨，但在一个人的一生中遭遇不幸的可能性是很高的，我没有什么大碍已经很好"这种想法，积极调整自己对世界的假设，那么在未来再次遭遇创伤事件时，个体就更有可能从创伤中恢复并且获得成长。

个人成长就是一个战胜逆境，取得进步的过程。在这个过程中，我们往往会经历一系列的痛苦，也容易感受到很多消极情绪，但是幸福就是我们克服消极情绪并不断追求积极情绪的过程，成长后带来的积极情绪会使我们感到幸福，而成长过程中正确对待困境，正确对待消极情绪会让我们的成长变得更容易。

世事洞明皆学问，人情练达即文章。国学大师南怀瑾先生说："实际上，这两句话，一个人一辈子的修养如果能够做到的话，就非常成功了。世事都很洞明，都看得很透彻，这是真学问；练达就是锻炼过，经验很多，所以对于人情世故很通达，这是大文章。"尽管能做到"世事洞明"的人并不多，但是，如果想增长阅历和知识并实现个人成长，只要处处留心就可以实现，从平常的事情中获得知识，日积月累，这些知识就如同"积小流成江海，积跬步至千里"，最终使人实现成长。

【小测验】个人成长主动性测验

单维度个人成长主动性

请标出您同意或不同意以下每个句子描述的程度。

0=强烈反对，1=有些不同意，2=有点不同意，3=同意一点，4=有些同意，5=非常同意

1. 我知道如何改变我生活中想要改变的具体事情。
2. 我很清楚自己的人生方向。
3. 如果我想改变我生活中的某些事情，我会启动这个转变过程。
4. 我可以选择我想在一个小组中担任的角色。
5. 我知道我需要做什么才能开始实现我的目标。
6. 我有一个具体的行动计划来帮助我达到我的目标。
7. 我管理好我的生活。
8. 我知道我对这个世界的独特贡献。
9. 我有一个使我的生活更加平衡的计划。

总结

　　个人成长随时随地发生在我们身上，因为在工作和生活过程中，我们的某些方面都在自觉或不觉地进步、发展和完善。感受到、认识到自己的成长可以带给我们源于内在的更持久的喜悦感、成就感和幸福感，是我们一生的财富。但我们也要明白，成长的过程并不一定愉快，成长需要持之以恒地付出、忍受"延迟满足"以及可能的挫折和曲折。但我们相信，"心中有理想，风雨不折腰""不经风雨何以见彩虹"，只要我们对世界充满好奇，不断探索和学习，每个人都可以完成自己独特的成长之旅，感受自己成长的快乐与幸福。

6 控制感

开篇案例

　　2016年最热门韩剧之一《请回答1988》，讲述了五户人家之间亲情和友情的故事。其中一户人家是四口之家，家中除了金爸爸、罗妈妈，还有正峰、正焕兄弟二人。罗妈妈是一个性格强悍的家庭主妇，对家中每件事务都亲力亲为，认真料理。有一天，她要离家两天去照顾生病的母亲，留下丈夫和孩子们守家。离家之前，罗妈妈告诉他们一些必要的生活技能，例如如何处理煤饼熄灭和粘连的情况，冰箱中食材的处理和烹饪方式，家中各类衣服存放的位置，等等。之后，罗妈妈怀揣着不安的心情离开了家。两天后，罗妈妈回家，她本以为家中会乱作一团，却意外地发现，她不在的日子里，家里和以往并没什么区别。煤饼没有熄灭，冰箱里的菜吃得干干净净，衣服也全都在下雨天收好并分类放到了衣柜里。父子三人以为罗妈妈见此场景会很高兴和宽慰，然而罗妈妈却一句话不说地独自走开，甚至眼神中还闪过了一丝落寞。

　　这是为什么呢？原来，罗妈妈意识到即使自己不在，父子三人依然可以过得很好。原先对家庭的控制感突然缺失，让她感到自己是可以不被需要的，所以也就变得伤心低沉。

　　后来，二儿子正焕为了让罗妈妈找回对家庭的控制感，故意把哥哥正峰的双手放在煮泡面的锅上，让哥哥"不小心"烫伤，然后喊妈妈去为哥哥包扎伤口；故意在金爸爸准备砍断粘连在一起的煤饼时，让煤饼"不小心"碰到地上，然后喊妈妈去收拾；故意拨乱存放衣服的抽屉，让衣服"不小心"散落在地板上，然后喊妈妈去帮自己找需要的衣服。罗妈妈嘴上喊着"真叫人受不了，什么都做不好"，却很积极地跑去处理每一件事。二儿子正焕的这些做法让罗妈妈重新找回了此前对家庭的控制感,让她意识到自己的存在能够为家人解决问题,最后终于舒展了笑颜,和父子三人坐在一起共享晚餐。

这个故事中的"被需要,有用武之地"就是控制感的一部分,我们每个人都离不开控制感。在家庭中,它让我们觉得自己是被亲人需要的;在生活中,它让我们知道自己可以通过努力来改变周围的环境;在工作中,它让我们充满自信地去应对困难和挑战。

控制感的意义

所谓"控制感",是指一个人感觉到自己能有意识地控制产生预期的结果、预防不好结果产生的程度,是与客观控制(即环境与个人实际具有的控制条件)相对的一种主观控制感觉,是个体对控制的一种感知、感受或信念。通俗地说就是一个人觉得自己对事件、对外界以及对自己有多大的掌控程度(Skinner,1996)。自我决定的需求和愿望促进我们不断追求进步、个人成长,同时还有一个作用就是激发我们对环境有一定的控制感。如果我们感觉自己完全被别人、被环境所控制,自己没有自由选择、控制事情的权限和能力,安全感会随之丧失,那会是很不幸福的事情。所以,对环境有一定的控制感也是幸福感的重要来源之一。

人类对控制感的追求有进化的基础

美国著名心理学家、心理治疗师安吉尔认为,生物体之所以不同于自然界的其他事物,是因为它们在某种程度上是"自治的实体",拥有一定的自主性,生物体进化的总体动态趋势是增加自主性。生物体会吸收、改造周围的环境,并将其转化为自身的功能部分,以便更好地控制它们。而人类有一种自我决定的特殊倾向,人类希望把外在的物质和社会环境的他律力量置于自身控制范围之内。正是人类这种特殊的自我决定倾向,在与周围环境的交互活动中,促进人类拥有了灵活的双手和发达的大脑,这些都是为了更好地控制环境的产物。

6　控制感

人类的发展历史，某种程度上也是人类不断追求控制感提升的历史。在人类的早期，我们的祖先只是采集野稻、野麦，但通过思考之后，发展了对环境的主动控制，人们学会了在适当的季节种植稻子和小麦，捕猎和驯养野猪、野鸡等动物，大大促进了种植业和家畜业的发展。这些都是人类对环境所进行的主动控制，使其发生有计划的改变，从而更好地服务于人类。这是一个从靠天吃饭、听天由命，到"敢教日月换新天"的漫长且又浪漫的过程。现代社会的发展更是让人类对环境和自身的控制能力产生了爆发式的增长。为了控制食物的保鲜期限，人类发明了冰箱；为了控制室温对体感舒适度的影响，人类拥有了空调；为了控制人类免疫系统对病毒细菌的耐性，人类创造了抗生素；为了增加人类对资源获取范围的控制能力，人类拥有了各种交通工具；大到大规模杀伤性武器（对生存的控制），小到一瓶无糖可乐（对糖分摄取的控制），都是人类控制力发展的产物。正是人类对控制感的追求，我们才能够适应自然、改造自然，从而推动社会进步、发展人类文明！

控制感与我们的生活须臾不离

如何满足人们自主决定的控制感，也是当今商家绞尽脑汁考虑的提高客户满意度的重要途径之一。有没有发现自助扫码点餐让你感觉更像"上帝"？是你在控制菜单而不是被菜单所控制？你可以根据自己的喜好和页面的推荐来点菜，甚至还可以点播餐厅的音乐，这就是餐厅为用餐者提供的自主选择的权利。这种给予用餐者控制感的做法不仅能使顾客用餐体验感、满意度增加，也会给餐厅本身带来很好的收益。类似的做法还有酒店里房客自选房间的房型和楼层、主题公园里游客自选娱乐项目的游玩顺序、旅行团逐渐转为自由行的形式为顾客提供服务等，这些都是商家通过把更多的决策权移交给消费者，提高了消费者的控制感，使消费者感到自己能够决定想要的产品或服务，从而大大提高消费体验和满意度。对于商家来说，他们提供的产品或服务没有太大的变化，但收益却增加了，这就是一种双赢。

除了这些由外在因素提供给我们的控制感，我们本身也在不断追求和捍卫自我的控制感。我们订立饮食和运动计划，旨在控制自己的身体状况；我们布置房间的家具和设备，旨在控制自己的生活环境；我们安排休闲娱乐的方式和时间，旨在控制自己的精神世界；我们与他人友好交往，旨在控制自己的人际关系……在我们的生活中，几乎每件小事中，每个决定都或多或少体现着我们的控制感，这种可以控制的感觉非常重要。如果一个人觉得自己的所有生活都被外界所控制，他改变不了、控制不了任何事物，他就会感到非常痛苦，觉得生活对他来说没有任何意义。所以，增强这种对环境的控制感对我们每个人都有着十分重要的意义。

控制感与幸福感之间的关系

生活的自由度和控制感比收入更让我们感到幸福

在1981年到2004年间,世界价值观调查协会在全世界范围内调查了84个国家和地区的近27万人,旨在了解影响人们生活满意度的因素有哪些。在对数据进行处理和分析后发现,在影响生活满意度的800多个因素中,人们的自由感/控制感排在第7位,超过健康水平(第15位)、经济收入(第25位)等因素的影响程度。可见,能够自由掌控事件的程度对人们的生活满意度产生了明显的影响(Verme,2009)。

过去几十年的大量研究证实,控制感是预测人们生理及心理健康的核心指标,控制感高的人在生活中往往身体更健康、精神状况更好、幸福感水平更高、焦虑水平更低、压力更小、患抑郁症的可能性更小。

布兰迪斯大学的心理学教授玛吉·拉克曼曾在3年间连续调查了数千名年龄在25岁至75岁的人的控制感、收入状况、健康水平及幸福感等情况。调查结果显示,与收入较高的群体相比,收入较低的群体感知到的控制感总体较低;但是,在低收入群体中,能够保持高控制感的人的健康程度和幸福感水平与高收入人群相当,甚至还高过他们(Lachman & Weaver,1998)。

由此可见,并不是富人就一定比穷人更幸福、更健康。可能富有的人,他们需要担心的不可控因素往往比穷人更多,就好像某些高处不胜寒的企业老板,往往会因为大环境的变化、技术日新月异的迭代而夜不能寐,而他们的下属可能只要能按时发工资保障自己衣食无忧的小康生活就能高枕无忧。老板当然比打工人富有，但是他们的控制感、幸福感却未必比他的下属更高。企业老板、高管面对的是一个企业复杂的长久运行，他们面临的不可控因素更多；打工者往往只需要保证自己能付得起每个月的账单就能获得足够的控制感。所以即使是收入不高，只要能够感知到高的控制感水平，也能够拥有健康的身体和幸福的生活！有研究表明，控制感确实能对健康产生影响。

拥有选择权的生活控制感还可以使人长寿

如果我们说控制感能够使人长寿，你一定觉得很不可思议！哈佛大学心理学教授埃伦·兰格就曾做过一项相关实验，实验结果证实，控制感不仅能够使人的生活满意度与幸福感提升，甚至还能够降低死亡率！下面让我们一起来看看这个实验是如何进行的。

阿登屋（Arden House）养老院位于美国康涅狄格州，是当地最好的养老院之一。1976年，兰格教授和学生罗丁从阿登屋养老院随机挑选了一批年龄在65岁到90岁的老人，并随机分为实验组和对照组。

实验组的老人获得以下信息：（1）你们可以决定自己房间的设施布置，只要告诉我们你们希望做的改变就可以；（2）养老院为你们每人准备了一盆植物，你们可以选择要或者不要，也可以选择要哪一种，选择了以后请你们好好照顾自己的植物；（3）下周四和周五晚上各放映一场电影，如果你们想看的话，可以在两天之中选择一天去观看。

对照组的老人获得以下信息：（1）我们的责任就是为你们创造一个幸福的家，我们将尽全部的努力在各方面帮助你们；（2）养老院为你们每人准备了一盆植物，护士每天都会替你们浇水照顾；（3）下周四和周五晚上各放映一场电影，我们将会通知你们哪一天去看。

大家可以看到这两组老人获得信息的差异吗？他们获得的信息最大差异之处在于：实验组的老人对自己的生活有自行选择的机会，可以自主控制自己的生活安排。他们可以选择自己的房间布置，可以选择养或不养植物（如果养植物要自己浇水照顾），可以自己选择哪一天去看电影；而对照组的老人虽然得到的东西和实验组的老人基本相同，但是对照组老人的决策都是由养老院做出的，他们只是被动地接受安排。

经过三周"不同对待"的实验过程，最终结果显示两组老人出现了非常显著的差异：实验组的老人更快乐、更有活力，也比对照组的老人更为机敏。这是老人自己感受的变化，同时也让对研究内容和目的毫不知情的护士评价老人们的变化，结果发现，护士认为实验组的老人，有93%的人在社交、饮食、睡眠等生活状况方面得到了改善，而对照组仅有21%的老人生活水平得到提高。更让人诧异的是，在此项实验结束的18个月后，心理学家又回到了养老院，发现在这18个月里，对照组居然有30%的老人离开了人世，而实验组中逝世的老人仅为15%，是对照组的一半！

这项实验结果发表以后，人们纷纷表示怀疑，仅仅是一些如此琐碎事件的控制感，就会产生这么大的作用吗？后来，这个实验又在不同国家、不同社会、不同种族之间进行，都反复验证了这个结果。从这项实验中，我们可以看到，如果给老人提供充分的自主决策权，提升其对生活的控制感，那么，老人们因年老而引起的一些消极影响是可以被延缓、减弱甚至逆转的，他们的生活态度会变得更积极，幸福感会更高，寿命也会更长。这项研究的实践意义非常显著，它让美国各级养老院和医院意识到仅仅为老人们提供优质的服务是不够的，还需要尽可能让老人们能够"自己做主"，比如：让老人自己设定就寝、起床的时间，选择喜好的食物，控制自己的财产支配和电话使用，等等。这个研究是不是也给我们孝顺的儿女们一个提醒呢？孝敬老人不是给他们请好保姆，让他们什么都不干的"坐享其成"似的"享福"，而应该让老人们做一些力所能及的事情，即使他们不能自己做事了，也要让他们有一定的选择权，问问他们喜欢什么，而不是儿女们直接为他们做决定。

你看，控制感对于生活的意义是不是比你想象的更为重要？在萧伯纳的话剧《凡人与超人》中，有一幕是关于地狱与天堂的经典辩论，其中有句精彩台词"在地狱里就是自由漂浮，而在天堂则是主动掌舵"，同样是在阐述对生活拥有控制感的重要性。如果生活是一艘帆船，希望我们每个人都能成为舵手，与其随波逐流，不如乘风破浪。

工作控制感的作用超乎想象

在工作中对于自身任务和行为所具有的控制感，来自对工作节奏的把控、工作决策制定的参与等。我们的工作控制感越高，意味着我们能够自主决定工作的程度就越强，我们就越愿意投入更多精力、更努力地工作。但我们不得不承认，在工作中，很多事情的结果并不完全取决于我们的努力，是我们难以控制的。但是在工作的过程中，总归有些事情是我们可以做主的，对于一项既定的工作任务，我们也许可以决定开展的方式和时间，决定完成的顺序和节奏。每一次关于工作的自主决定，都是我们寻求和提高工作控制感的表现。

行业数据显示，保险销售人员在整个销售过程中对客户和环境的控制感极为有限，这严重影响他们的工作积极性和绩效。加州州立理工大学教授柯莱特曾对一家大型人寿保险公司的销售人员做了一项实验，希望通过改变人们对工作的控制感来提高他们的工作投入度和绩效。她找到60个在上一年度没有达到组织绩效标准的销售人员，将他们随机分为两组，每组30人。针对实验组的销售人员进行连续4周的培训，培训目的即通过自我管理来提高销售行为的控制感，也就是让销售人员关注自己采取的销售行为，因为只有自己的行为是可控的，而最终的销售结果并不可控。培训的内容包括：学习设定销售目标，自我监控和评估，撰写个人行为契约，回顾和规避工作错误等。培训形式多样化，包括案例分析、小组讨论、情境演示等，每次培训后都要进行回顾和反馈。通过培训让实验组的销售人员对自己的销售行为有很好的掌控感，而对照组则不做任何学习，只是按照他们已有的销售方式进行工作。

结果表明，在培训课程结束后，与对照组的销售人员相比，实验组的销售人员在销售过程中表现得更加自信，对自己行为的控制感更高，觉得他们的销售行为是在自己的掌控中展开，不管结果如何，他们的销售过程是自己控制的，这种感觉非常美妙。而且这种感觉换来了更好的销售业绩，实验组销售人员的销售业绩远远超出没有参加任何培训的对照组销售人员。这样的结果并不仅仅体现在刚刚实验过后，而是会随着时间的推移依然维持下去，12个月之后的调查还仍然发现实验组销售人员的销售业绩高于对照组。要知道，实验之前，这60个人都是以前销售业绩不达标的，仅仅是通过实验改变了人们对自己销售行为的控制感，就取得了超乎想象的结果。由此可见，员工在获得对工作的控制感后，会更加自信地去处理工作中的困难，即使面对工作中诸多的不可控因素，控制感水平高的员工总会投入更多的时间寻找解决办法和应对策略，也就理所应当实现优异的业绩。

在工作中拥有高的控制感不仅能够有效提高我们的工作投入与工作绩效，甚至还能预防疾病、减少医疗费用支出（Ganster，2001）。美国明尼苏达大学的一项研究试图找出工作控制感与身体健康之间的关系。研究团队通过医院护士在工作中执行的任务种类、执行顺序、休息时间的安排、工作中采取的流程策略和工作环境的物理安排等方面来评估护士的工作控制感。也就是说，如果护士可以自己决定休息时间、工作流程等这些前面提到的工作内容，就是工作控制感高，反之就是工作控制感较低。用这些护士在5年间的医疗费用（不包括怀孕、分娩及与工作无关的事故引起的费用）来预测其身体健康程度。在排除了其他影响身体健康状况的因素后，结果发现，工作中没什么自己可以控制的护士，工作量越大的人所支出的医疗保健费用越高，也就是他们的健康状况越不好。相反地，对于那些可以在一定程度上控制自己工作顺序、种类或流程等的护士，他们支出的医疗费用明显低于控制感低的护士。研究甚至还发现，工作量大的工作控制感高的护士所支出的医疗保健费用竟然还低于工作量小的人。这说明高的控制感水平能够有效地减弱工作量过大对身体健康带来的不利影响，可能控制感高的护士反而把工作量大当作积极的事件，工作起来更带劲，身体健康状况也更好了。这一结论也与流行病学文献的发现相符合（具体研究结果见图6-1）。

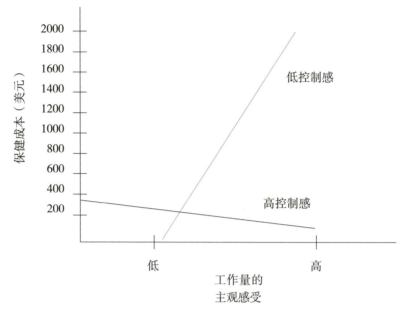

图6-1　工作控制感削弱了工作量带来的消极影响

不少学者也研究了在中国情景下工作控制感带来的积极影响。以教师这一职业为例，教师的工作控制感是有效完成教学任务的重要心理基础。拥有较高的教学控制感能够让教师在教学活动中运筹帷幄，发挥正常的教学水平。中国人民大学劳动人事院教授程延园曾就教师的控制感进行调查，研究结果表明，教师每天的工作控制感越高，当天的工作投入度就越高，工作表现和完成工作的质量也会越好。如果教师感觉自己对教学工作过程有足够的自主性、可控性，有些老师还会自愿去做超出工作要求的教学任务。

我国著名工业心理学家陈立在30年前就曾说道："一定的自主权比提高工资更为有效。"（陈立，1988）这句话很好地总结了提高工作控制感的实践意义。众多研究表明，高水平的工作控制感能够有效降低工作压力，减少焦虑等负面情绪带来的不利影响，提高工作满意感与投入度，获得更幸福的工作体验和更突出的工作绩效，无论对个人成长还是对企业发展都极为重要。

在当今移动社交时代，灵活就业市场发展迅速，越来越多的人成为自由职业者。2018年PayPal发布《全球自由职业者调研报告》，在中国的500名受访人群中，大多数人表示自由职业能够让其更有机会从事喜欢的工作，更灵活地安排工作时间与地点，高达94%的人认为自由职业会带来更多收入并提升幸福感。人们青睐自由职业最重要的因素之一即能够主动把握工作的内容和安排，这就是我们所说的工作控制感。

治大国如烹小鲜，家庭中控制感的艺术

不同的人对家庭生活的感受不同，有人说家庭生活很烦琐，要做家务，要抚养小孩，还要照顾老人……人要有三头六臂才能应付这么多的事情；但也有人说家庭生活其实很简单，就是柴米油盐酱醋茶，其中的酸甜苦辣可以自己去调节和把控。其实，在家庭生活中，有很多方面都是我们主动控制环境的体现，也正是如此，我们才能够从生活的细小事情里感受到幸福。所以，生活中我们不能把洗衣做饭做家务看成不得不完成的烦人事，而应该把这些家务看成你控制外界环境的过程，帮助你满足内心控制感需求的途径之一。

家庭是幸福生活的一种存在形式，每个人在家庭中扮演的角色不同，或许是孩子，或许是父母，或许是爱人。不管是哪一种角色，每个成员在家庭中都有相应的一定的"决策权"，可以满足我们控制环境的内在需求。比如母亲负责全家的生活起居、全家出门父亲就把控汽车充当司机、孩子们决定了今天午饭的菜品有什么……想象一下这样的画面：母亲走进厨房，系上围裙，开始与柴米油盐的对话，她像变戏法似的，将众多普通的食材烹饪成香飘四溢的美食，全家人围坐在一起享用她的成果并露出满足的笑容。这样幸福温馨的场景，正是因为母亲掌控了厨房；尽管她有点身体上的辛苦，但心里还是很开心，很有成就感。

说到家庭里的控制，千万不要误以为是对别人行为的控制。比如，很多人希望能够控制伴侣，要求其要这样做而不能那样做，当伴侣"不听话""不受控制"时，实施控制的一方就感觉很气愤、很受伤，因为没有感受到控制感。相对应地，被控制方也很生气、很受伤：你为什么不问问我想怎么样，为什么要你控制我？我有自己的想法，我也要有控制感。于是乎，家庭矛盾就产生了。到底应

该谁控制谁呢？所以我们要正确理解和应用控制感。前面我们已经讲过，对外界的控制是每个人的内心需求，同时每个人又都不想被别人控制，因为被人控制就等于自己缺失了控制感。所以，这时候我们控制感的主要来源应该是控制事件而不是控制人。

想要发挥自己在家庭生活中的作用和价值，可以从改变和控制家庭环境开始，例如打扫卫生、整理房间等。我有很多学生听过我的课之后，开始爱上做家务，以前做家务是不得不做，现在换个角度来做家务，发现有不同的感受。他们用心感受在厨房里洗菜、择菜、炒菜、出锅的过程，感觉自己在掌控世界，所以也就有了"治大国如烹小鲜"的论述。《大学》里的"齐家治国平天下"体现了控制感的发展，先控制好了小家，才能治理好大家（小国），小国治理完善了，才能放眼天下，这是一个控制感逐渐增强的过程。所以，我经常讲，外界的很多事情我们没办法控制，但至少我们可以控制家里的环境，经常打扫房间，看着干净整洁的家是不是很幸福？经常整理一下衣柜，看着摆放整齐的衣服是不是特别有成就感？看到这里，可能很多人会说：做这些事情多累啊，现在有专业的保洁、保姆、衣物整理师，何不让他们做呢？是的，做这些事情的人已经变成专业人士，是个职业了。但生活总归是自己的生活，柴米油盐酱醋茶就是生活的一部分，所以我建议必要的家务还是要尽量自己做，自己用心调配你的酱醋茶；当你掌控了生活舞台上的细节时，你才真正成了生活的主角。就好像唱片播放的音质再好，也不能代替自己唱歌带来的快乐。生活不应该是一个被动享受的过程，而应该是我们自己主动创造的过程。

家庭中的控制感不是对别人的控制，但家庭是爱的港湾，体现在人与人之间的互相关爱和互相影响，所以也不可避免地包含了对别人的"控制"，尤其是对孩子行为的"控制"。为什么用引号的控制呢？就是想强调，其实在家里对别人的行为也不能直接去控制，采取直接控制的手段效果并不好。例如，家长不加解释的禁止行为、要求做什么的行为就属于直接的控制手段，"不能打人""少吃肥肉，多吃水果蔬菜""晚上十点前必须上床睡觉"……像这样的词语、对话在我们的家庭中屡见不鲜。但是，这样控制孩子的行为，效果如何呢？越来越多的家长发现，这样的方式方法并不能达到预想的效果。为什么？孩子的行为需要

6 控制感

引导、教育,最终达到控制的目的,但不是简单粗暴的直接控制。尤其现在的孩子,因为他们有太多的途径进行学习,他们的思维能力、获得信息的能力比以前的孩子强了很多倍。所以对孩子要讲道理,以触类旁通的教育,让他自己思考哪些事情可以做,哪些事情不能做,这类的事情要这样做,那类的事情要那样做。孩子们在理解大人观点、思考的过程中,既锻炼了思考能力,又可以感觉到自己可以控制自己的行为,有权力决定自己的行为。中国家长最大的问题是替孩子做决策,完全控制他们的行为。连最基本的穿多少衣服都是父母说了算,所以"有一种冷,是你妈觉得你冷,有一种饿,叫你妈觉得你饿"。这非常形象地展示了一种现象:父母对孩子的过度控制。

刘国梁是我们都非常熟悉并喜欢的乒乓球"大满贯"得主,但少有人知道他还是一位对女儿教育"收放自如"的成功老爸。刘国梁有一对双胞胎女儿,大女儿喜欢高尔夫,小女儿喜欢演讲和打乒乓球。他教育女儿时就没有进行直接控制,而是尊重女儿们的选择并加以引导。

2018年7月21日,世界之星青少年高尔夫锦标赛在美国拉斯维加斯落幕,刘国梁的女儿刘宇婕赢(赢赢)夺得了女子组8岁及8岁以下组别的世界冠军。在颁奖典礼上,赢赢表现得落落大方,全程用英文发表了获奖感言,在感谢父母的同时,也幽默地吐槽了一下刘爸爸,刘爸爸则坐在台下,为女儿频频鼓掌。赢赢在比赛中的优秀表现和自信从容的态度给人留下了深刻的印象,而这一切离不开刘国梁和妻子的言传身教。即使夫妻俩都是乒乓球员出身,但他们也没有强迫女儿打乒乓球,而是给予女儿选择打高尔夫球的自由。他曾对女儿说:"我们俩都努力在两个小白球之间,各打各的,各干各的事,目标大满贯!"所以在女儿不停地参加高尔夫的集训时,刘国梁则带着国乒队员训练。在女儿参加比赛时,爸爸在里约征战奥运会。他们互相鼓励、互相学习,都在自己的领域里共同成长。他对女儿的要求非常严格,会将冠军思维用在七岁的女儿身上。除了亲自化身球童陪女儿打高尔夫球,他也会在女儿发挥不佳的时候给予教导。

父母给孩子最好的爱是自由与控制并存。通过刘国梁与女儿的案例,我们可以看到,刘国梁专注于自己的乒乓球事业,并取得骄人的成绩,但他没有要求孩子延续他的乒乓球事业。此外,在孩子追逐自己的高尔夫球事业时,他也会在她身边给予适时的教育和指引。

在家庭生活中，夫妻双方的控制感也并非来自对伴侣的直接控制，而是通过一些甜蜜的小事情体现出来。譬如，丈夫在外出上班时，主动告诉妻子自己的日程安排，这对妻子来说就是获得了一定程度的控制感与安全感。这种微妙的控制感来源于双方对自身和彼此的信任，它与控制欲不同，不需要你偷偷翻看伴侣的短信，也不需要每隔几分钟就打通电话。适度的控制感能够给予你一定的安全感，而控制欲不会。

当一个人对婚姻生活拥有良好的控制感时，就会对自己和伴侣充满信心。即使出现某些问题，也能较有把握地去解决困难和挫折，能很好地把各种变化确定在自己的控制范围内。这对夫妻关系的维护和稳定，保持高质量的婚姻有重要的作用。在婚姻过程中，夫妻双方的人际关系和谐程度越高，控制感越稳定，他们感受到的安全感就越高，对婚姻的满意度和主观幸福感也就越高。研究表明，在一段婚姻中，一个人越担心被抛弃或不被喜爱时，在与伴侣交往时体验到的安全感就越低，对婚姻生活的控制感也就越低，进而会对婚姻质量产生消极影响（王水珍、张林玉，2015）。因此，要提高婚姻质量，最重要的是要提升在婚姻关系中双方体验到的人际安全感和控制感。

如果失去了控制感，我们会怎么样？

失去控制感是人类最大的恐惧之一（Shapiro，1997）。长期以来，与不确定性抗衡、维持控制感一直是人类生活的主要和基本驱动力，也是保障身体健康与心理健康的最重要的途径之一。

流行病学和相关研究表明，对环境缺乏行为和知觉上的控制感会增加个体对细菌性和病毒性感染的敏感性，从而导致躯体失调的发生及疾病发展的加速。此外，失控可能会伴随一些生理反应，如肾上腺素的释放；可能使一些病症加重，如过度紧张或心绞痛。低控制感甚至还会抑制免疫功能。纽约州立精神病学研究所的研究员还提出，控制感的缺乏是人们社交恐惧和情绪控制失调的一个重要影响因素。社交恐惧症患者与恐慌症患者的控制感都低于正常人水平,他们的焦虑障碍都表现出明显的外部性取向:社交恐惧症患者倾向于相信事件是由强大的其他人所控制的,而恐慌症患者则认为事件是随机的、无法控制的。由此可见,失去控制感可能会对我们的生理及心理健康都产生一定的不良影响。

抑郁症作为一种常见的精神疾病,正在逐渐走进人们的视野。抑郁症的病因目前并不是十分清楚,但对抑郁症患者的治疗,不少学者使用行为激活的疗法,疗效还不错。激活疗法的目的就是激发患者参与到能够给他带来控制感和愉悦感的日常活动中,使其体验到积极的反馈,感觉生活中还有一些自己可以掌控的方面。通过逐渐激活对生活的信心,回避社交、退缩等非适应性行为就会减少,从而使患者重回正常的生活轨道。可以看出,控制感对治疗抑郁症尤为重要,这也能从一定程度上解释抑郁症患者为了获得弹丸之地的控制感而常常将自己锁在封闭的空间里这一现象,只有在狭小的空间里他们才感到安全,因为这个地方在他们的掌控之内。

美国心理学家马丁·塞利格曼在20世纪60年末提出了"习得性无助"的概念,这一概念源于他曾做过的电击狗实验。把狗关在笼子里,只要蜂音器一响,就给狗施加难以忍受的电击。于是狗在笼子里狂奔,惊恐哀叫,但狗被关在笼子里,无论怎样做都逃避不了电击。多次实验后,蜂音器一响,狗就趴在地上,惊恐哀叫,不再狂奔。后来笼门打开了,只要跑出笼子就可以逃避电击。但蜂音器响起后,狗还是直接倒地呻吟和颤抖。它本可以主动逃避,但却放弃了尝试,绝望地等待痛苦的来临,这就是习得性无助。

习得性无助的概念在人类身上同样有所体现。当人长期持续地处于一个引起重复失败的、无法控制的环境中时,就有可能变得习得性无助(Peterson,1993)。塞利格曼在无助感理论中将无助感的产生过程分为了四个阶段:

1. 在努力进行反应却没有结果的"不可控状态"中体验各种失败与挫折。

2. 在体验的基础上进行认知。认识到自己的反应改变不了结果,产生"自己无法控制外部事件和自己行为的结果"的认知。

3. 形成"将来结果也不可控"的预期。"结果不可控"的认知使人觉得自己对外部事件无能为力或感到无所适从,自己的反应无效,即使努力也不可能影响将来的结果。

4. 表现出动机、认知和情绪上的缺陷。动机缺陷指个体放弃或无视逃离负面情境的方式，简单说就是，想都不想如何应对或逃避，直接放弃；认知缺陷指个体认为自己身处的环境无法改变；情绪缺陷指个体身处在自己感到难以控制的负面情境中产生的抑郁心境。

塞利格曼认为，人类的抑郁症，尤其是反应性抑郁症，与习得性无助现象有诸多相似之处，它不仅会使人低沉，降低人的反应倾向，还会使人丧失行动的动力，对工作、家庭和生活都有很严重的负面影响。

此外，还有研究表明，当人们的控制感下降时，会出现一定程度的错觉。

2008年，德克萨斯大学奥斯汀分校的研究员詹妮弗·惠特森及其同事在《科学》杂志上发表了一篇题为《缺乏控制会使人的错觉感知增加》的文章。研究发现，人们在处于缺乏控制的情境下，更容易产生虚幻的错觉，这些错觉包括看到本不存在的图像、认为两件不相关的事情是有关联的、将实验材料中"某人未得到晋升"的客观事件归因为背后的阴谋、对未来将发生的事情更担心、更容易迷信等等。这种缺乏控制而感知到的错觉是由于对自我的肯定减少造成的，当给予人们积极的自我肯定后，他们的心理安全会随之增加，对错觉的感知也会减少。所以，缺乏控制感会导致对自我肯定的减少，也就是不能接纳自我；不能接纳自我的人缺乏安全感，进而就很难感受到幸福感。不是危言耸听，告诫家长们：一定不能过于包办孩子的所有事情而让孩子感觉他们没有控制感，否则后果不堪设想。不仅家长自己受累，还丢掉了孩子的幸福。有个学生和我说，在她成长过程中，什么事情都必须听家长的；小时候就不要说了，长大之后大学报志愿、找工作、去哪个城市等等也都必须听父母的。她反抗、叛逆，但都没有改变什么。到找男朋友的时候，她父亲不同意，这个女学生反而因为父亲不同意而高兴，因为她感觉终于有一个事件可以自己掌控，父亲越不同意她就越是要嫁给他。她后来回忆自己为什么要嫁给这个男人时说，不是因为自己有多爱他，也不是因为他有多优秀，仅仅是因为通过反对父亲这件事情本身能给她带来控制感，她可以说了算。我听到这个故事的时候内心是很悲伤的，一个女孩子用自己的终身大事做代价换取控制感，代价太大了。后来她离婚了，但通过这件事情她了解了自己的内心，知道如何通过正确的方式获得控制感，她还是很开心的。

当我们感到事情在自己的控制之中时，我们会思考得更清晰，从而做出更为正确的决定。缺乏控制是非常令人厌恶的，人们会本能地寻找一些信息来重新获得控制，即使这些信息可能是虚幻的；人们也会用极端的方式逆向而为，仅仅为了获得控制的感觉。简而言之，控制感对人们来说弥足珍贵，无论是在生活、工作还是在家庭中，每个人都无法离开控制感。控制感不仅是我们生活中预防疾病的良药，也是工作中游刃有余的帮手，还是家庭里营造和谐氛围的调料。

测试一下你的控制感水平

以下是关于您日常生活与工作方面的描述，请您根据自己的实际情况选择同意的程度，选项从1到5，1表示非常不同意，5表示非常同意。

1. 通常来说，我能够控制自己生活的环境。
2. 我能够很好地处理日常生活中的事情。
3. 我很擅长管理日常生活中的各种责任。
4. 我的工作允许我自己决定怎么样完成工作。
5. 工作给我很好的机会让我独立自主地决定怎么样完成任务。
6. 工作给我机会让我个人决定如何开展工作。

规则：六题加总得分，分数越高，总体控制感越高，其中1~3题指向生活，加总得分越高，生活控制感越高；4~6题指向工作，加总得分越高，工作控制感越高。

争取你的控制感：感受稳稳的幸福

既然控制感对我们的生活、工作、家庭甚至健康都如此重要，那我们该如何才能够培养、构建或提高自己在不同情境下的控制感呢？希望下面的一些方法会对你有一定的帮助，可以根据自己的情况找到合适的方式方法。

生活篇

当生活如同一团乱麻，一切仿佛都处在失控的边缘时，请不要忽略了大千世界中总有一些事情是我们可以掌控的，比如说泡一杯咖啡或者整理一下桌面，从微不足道的小事开始，一步一步收复控制力的失地。当你工作一筹莫展或生活一塌糊涂的时候，可以尝试给自己做一桌美味佳肴找回生活主人的感觉：去菜市场从琳琅满目的菜品中选择自己爱吃的、想吃的（买什么菜你说了算），对原材料的煎炒烹炸煮炖焖方式你说了算，整个厨房的锅碗瓢盆被你指挥得服服帖帖。看着一桌子自己"控制"出来的美味佳肴是不是让你心情大好，幸福感爆棚呢？

从做一次扫除、烧一次饭菜开始

人的行为和环境是互动的，人的行为会创造出环境，而环境反过来会影响人的行为。《扫除力》的作者舛田光洋认为："你的房间就像你自己，你所居住的空间正是你自身的折射，房间体现居住者的人生，你的房间可以体现你是否幸福。"试想一下，若你生活在混乱肮脏的环境中，所有物件都摆放得凌乱不堪，身处失控的环境，何来控制感、幸福感？同样地，若你的生活环境井然有序，你的心态也会自然随之归位。

你是否疑惑，为何做扫除可以给你带来控制感？因为学习、工作碰到困难时，控制感下降，我们感觉无能为力，而打扫卫生几乎是零成本无门槛的重新找回控制感的最佳方式。尽管做扫除是一件很普通的事情，但当你换一种思维去看待它的时候，就会发现，做扫除的过程是把自己塑造为改变环境的重要角色的过程。当你清扫完塞满杂物、积满污垢的房间，看着整洁的柜子和干净的地板时，你会有一种改变环境的喜悦感和成就感。这种积极的情绪状态正是你获得环境控制感的体现，能够使你重新拥有心理的能量去应对和解决生活中出现的问题。

有一位设计师曾说："特别是当我身处逆境的时候，把周围的环境打扫干净，会给自己一种得救的感觉。如果生活不尽意，打扫干净自己的周围，是让自己找回控制感、恢复信心的一种方式。"人在一个环境里待久了，一定会产生环境垃圾、空间秩序紊乱和物品不归位等现象。同样地，人在一种状态里待久了，也会产生心理垃圾、心理失序和不归位。而扫除的目的不仅是清除环境的垃圾，更是清除心里的垃圾。当你在清扫房间垃圾的时候，你内心的负面能量也会被扫除。尽管只是改变了小小的生活环境，但这能给你重新带来掌控环境的感觉。

类似地，下厨房烧饭煮菜也会有同样的"魔力"。20世纪50年代，某家食品公司的蛋糕粉销量一直平平，尽管研发人员对配方不停改进也无法提高销量，这使食品公司负责人非常苦恼。最终，美国心理学家欧内斯特发现，蛋糕粉滞销的真正原因竟然是因为这种预制蛋糕粉的配方太齐全了，家庭主妇们缺失了亲手做蛋糕的控制感！于是，欧内斯特提出，把配方里的蛋黄去掉，将蛋糕粉制成半成品。尽管这样的做法增加了烘焙的难度，但却有更多的家庭主妇愿意购买蛋糕粉了，因为她们觉得这样子做出来的蛋糕，是自己"亲手做的"，这样制作蛋糕的过程就给了她们一种控制感。

尽管做饭并不是一件难事，但在当今时代，迫于忙碌的生活节奏和巨大的工作压力，亲自做饭的年轻人越来越少。回想一下，上次你走进厨房是什么时候呢？其实，为自己或家人、朋友烧一顿饭是掌控厨房最棒的方法。你可以任意选择心仪的食材和烹调的方法，斟酌使用何种调料，食物的色泽和口感尽在你的自主探索之中。一阵瓢勺撞击的清脆声过后，你将出锅的食物端至餐厅，独自一人或与亲朋一同享用，这该是多么治愈和温馨的事情啊！掌控厨房是一件幸福的事情，尤其是在家庭中，厨房一定不要冷锅冷灶。一个家庭如果一直没有开火做饭，家人没有坐在一起吃饭，哪里有烟火气息，彼此之间的关系哪里可能特别亲密？

即使工作繁忙，也要抽出时间下一次厨。曾有一位上班族妈妈说："我已经学会把精力放在如何在现有环境中寻找幸福。每天下班做饭，我不再心存怨恨，觉得做饭是浪费时间。我买了蓝牙耳塞，一边做饭一边听书听新闻，感觉时间变成双份，生活又回到了可以掌控的状态。"还有一位学生自从开始做饭，和婆婆的关系也得到改善，因为她发现学会做饭之后和婆婆沟通的话题更多了：牛肉怎么做更容易软啊、饺子馅怎么调更好吃啊。这样一举多得的事情让她太喜欢了，幸福感也增加了不少。

所以拥有对生活的控制感并不难，让我们先从做一次扫除、烧一顿饭菜开始吧！尝试少请一次家政阿姨、少点一次外卖、少吃一次速食，从最简单的事情开始，从身边的小环境入手，慢慢构建你的控制感。

是你控制科技，而非科技控制你

科技的突破与创新是人类现代文明发展的核心支柱，人类通过自身的智慧不断研发创造，改变自身的生存环境与文明进程，同时也感受着对环境控制的美好。空调的出现，让人类可以在房间里四季如春；洗衣机的出现，让人类免除手洗衣物的劳累；智能手机的出现，改变了人类沟通以及生活的方式……但是，现代科技也是一把双刃剑，既可以造福人类，也可能带来毁灭，这就取决于是人类控制科技还是科技控制人类。

《黑镜》（*Black Mirror*）是一部英国电视剧，通过一个个建构于现代科技背景的独立故事，对人类过于依赖数码科技产品的现象进行了讽刺，表达了当代科技对人性的利用、重构与破坏。原本应该使人幸福的梦幻科技却逐渐成为束缚人类自由的枷锁。其中一个故事讲述的是一个人在社交网络上的受欢迎程度被量化管理的社会。如果你在网络上的评价越高，那么等级就越高，所享受的待遇就越好；相对地，一个人的评分如果太低，将在社会上寸步难行。于是每个人每天都必须花费大量的时间进行摆拍，把自己的日常拍出艺术感、网红感以便在社交网络上获得更高的评价。这样的结果就是，因为分数，很多人迷失在他人的评价当中，别人的评价控制了自己的行为，所有人的言行举止都受制于社交网络所制定的标准，从而丧失了生活的乐趣。从影片中回到现实，我们仔细想想，自己是否有时候也被科技控制了呢？迅速发展的无人驾驶技术、自动烹调的厨具和各种智能设备、能够与人沟通对话的机器人伴侣，还有我们每个人出门都离不开的智能手机……毫无疑问，科技发展为我们的饮食、出行和社交生活都带来了极大的便捷和自由，使我们解放了双手，提升了个人的生活品质，也大大增加了我们做事的效率。但是，我们是否意识到自己已经开始过度依赖科技，甚至处于科技的掌控之下了呢？中央党校何哲教授曾提出，人类过度依赖人工智能可能会导致物种退化，当人工智能具有压倒人类智慧并具备主体意识的时候，就会开始摆脱客体的属性，反过来控制人类。

科技应该只是一种服务于人类的手段，而不应该主宰人类的生活，我们应该控制科技而非受其控制。在日常生活中，我们可以试着减少对科技产品的依赖，提高自己对生活的控制感。

▶ 小心被各种科技产品"绑架"

科技产品是帮助我们改善生活的，而不是代替我们生活的。方便快捷的点餐软件，手指轻轻一点，躺在沙发上半小时后就可以吃饭，轻松；智能家居，下班前又是手指轻轻一点，到家的时候空调已经打开，温度适宜，凉爽；点开软件，自动扫地拖地机器人就开始工作，家里地板光亮整洁，舒服；洗碗机、洗衣机、蒸烤箱……这些科技产品确实减少了人们的家务劳动时间，提高了幸福感。但是，不能因为有了这些科技产品，相应的工作就不亲自去做了。例如，自己做饭的能力还是要有的，偶尔不想做饭才可以点外卖。但是，如果因为有了外卖软件，家里就不用厨房了，从来不开火，那就是被科技产品"绑架"了。如果所有的家务劳动都由科技产品来完成，那么人们节约的时间干什么了呢？是享受生活了吗？也许这样的生活让人觉得一切尽在自己掌握之下，一台手机就能主宰一切。殊不知，很多人已经逐渐被手机所掌控，一旦离开手机或者生活节奏被打乱，就会不知所措，环境控制感缺失，这也就是俗称"手机焦虑症"的现代心理疾病。所以适当使用科技产品很重要，不能被科技控制，而应该控制科技产品。任何产品都不能代替我们的生活。

▶ 不要完全让科技产品替你做决定

你有没有觉得没有导航你自己开车可能回不了家？如果百度上不去你可能不知道该怎么写方案？如果一家餐厅没有在美食点评网站上上榜，就决定不去那里就餐？……其实，在不知不觉中，你正在逐渐丧失对环境的控制感，你唯一可以控制的只是手边的科技产品。在这样的情况下，遗落科技产品会给你造成极为麻烦的后果，因此，在日常生活中，你应该多使用你聪明的头脑和已有的经验去做一些决定，去掌握主动权而不是沦为依赖科技的附属品。少数精英发明了科技产品，他们控制了产品，而通过产品他们又控制了他们的用户，他们的用户在使用产品时意识不到自己看到的一切信息都是被控制的，导致大多数人反而被科技产品所控制。使用产品的大多数人懒于思考，最终变得不会思考，就会逐渐失去控制环境的能力。所以我们必须要认识到使用科技产品的利弊，一定要趋利避害，不能让产品控制了我们的思维。所以，动用自己的大脑去思考、做决策，提高自己相应的能力，才是我们掌控世界无往不胜的法宝。

▶ 适度接受来自移动网络的信息

随着科技的发展，网络已然成为人们生活中不可缺少的部分。网络可以帮助我们方便快捷地学习交流和拓展知识，但同时也会让我们陷入各式各样的信息干扰之中。在良莠不齐的网络环境下，如果只是一味地全盘接受来自网络的信息，我们就极容易被这些消息所影响和控制，就像漂泊在海上的一叶小舟，任由信息的浪潮肆虐，甚至在没有理性思考和分析的情况下跟风站队。在网络时代人人拥有话语权的今天，我们必须要主动控制信息的输入，提高自身明辨是非的能力；在任何热点事件前，都应有主观判断意识；在浏览网络信息时，进行批判性的思考，而非全盘接受；更应该谨言慎行，不要轻易被社会舆情所控制。例如，我们沉迷社交网络时，很容易被一个又一个的新闻热点所吸引，时而义愤填膺，时而感叹世态炎凉，喜怒哀乐都被各种公众号推文、添油加醋的新闻和各种为了吸引眼球而选择性披露的信息所左右。解决的办法之一就是不要安装很多的App，只关注自己认为重要的信息，主动控制获取信息的渠道，一定程度上可以防止被他人推送的信息所左右。

现代生活中，科技与人类唇齿相依。尽管科技拥有极高的智慧和绝妙的创意，但我们应当谨记，对个人而言，我们利用科技的初衷是使其更好地服务于我们，而不应当过度依赖科技甚至受其掌控。

找到你的专属"神钉"

世界著名男高音歌唱家帕瓦罗蒂有一个广为人知的"癖好"，在每次演出之前，他都要到后台去寻找一枚生锈的弯头钉子，因为在帕瓦罗蒂家乡的古老传说里，金属象征好运，钉子能够钉死魔鬼，折弯了可以辟邪。如果他能找到这种钉子，就会大喜过望，演出必定精彩、成功；如果未找到，他会十分沮丧，甚至会为此而拒绝演出。

帕瓦罗蒂寻找的钉子，从某种意义上来说就是他的可控体。这样的一枚钉子在其他人眼里可能毫无价值，但是在帕瓦罗蒂眼里，却犹如定心丸一般，因为演出的顺利与否是他无法掌控的，但他拥有了钉子后，就会获得一定程度的控制感，这种控制感能够帮助他在面对陌生环境时有效地缓解紧张和焦虑的情绪。

这样的"神钉"，在心理学上可解释为"过渡性客体"，最初是由英国儿科医生唐纳德·温尼科特给孩童所依恋的小物件下的定义，是对孩童恋物现象的解释。过渡性客体能够帮助孩童对抗焦虑、寂寞，给孩子以安全感，帮助孩子初步形成对外界的控制感。类似地，我们每个人都可以找寻属于自己的"神钉"，即找到自己可以控制的一些熟悉的事物，从而构建起自己熟悉的小环境，获得控制感。

比如，小朋友出门的时候，喜欢带自己每天都玩的玩具，这是通过自己熟悉的物件来获得安全感和控制感。类似地，还有休闲人士把玩的文玩、老师授课时手握的话筒、人们佩戴的护身符等，这些细小的物件就像一种安全暗示，都会在一定程度上帮助我们获得控制感，增强我们应对陌生环境的勇气和力量。此外，你的"神钉"不仅可以是小物件，也可以是你熟悉和信任的人。比如当你第一次去一个陌生场合的时候，与家人或朋友同行会有效缓解你紧张不安的情绪，因为在这个生疏的环境中，至少你的家人或朋友是你所熟悉的、可以寻求帮助的。

有意思的是，"神钉"不仅仅局限于你所熟悉的人或事物，在面临陌生的挑战时，尝试去获得与挑战相关的讯息也是抵御未知的"神钉"。研究表明，如果人们认为未来不可控，会导致焦虑甚至产生疾病，而加强人们对未来进行控制的干预措施会减少焦虑。心理学家曾做过一项实验：儿童牙科医院召集100名7~9岁等待牙科注射的儿童，进行注射之前对所有孩子进行测验，看看他们对注射的恐惧程度。然后将他们随机分为两组：a.实验组，孩子们听牙医进行2分钟关于注射知识的讲解，告诉他们注射是怎么进行的，有什么作用等，还允许孩子们举手提问。b.控制组，孩子们观看2分钟的一般动画视频，与注射没有任何关系。在进行上述干预步骤后，再次测量孩子们对牙科注射的恐惧程度。结果显示，实验组的孩子们听了有关注射讲解的干预后，对牙科注射的恐惧明显减少，他们感觉自己对注射也有一定的控制感，而对照组的孩子对注射的恐惧前后没有明显的变化。虽然仅仅是2分钟的注射讲解，却能给孩子对牙科注射的感知带来控制，这样的结果我们并不觉得意外。试想一下，你在面试之前，一定也会想方设法去了解面试公司的基本情况、企业文化、成员构成等信息，才能做到在面试时游刃有余，不至于慌乱手脚。

所以，试着去找寻在陌生的环境中可以给你控制感的专属"神钉"吧！

做自我管理的主人

管理学大师彼得·德鲁克说过，人类在21世纪面临的最大挑战就是自我管理，而自我管理正是获得和维持稳定的、高水平控制感的要义。假如你是一个很注重个人身材的人，你一定会想方设法地在饮食习惯、运动等方面做好管理。当你觉得自己的身材达到并维持在一个令自己满意的状态时，你就会感到自己的身材是可以控制的。同样的道理，在生活中，我们的很多小事都离不开自我管理，这是我们构建生活控制感的重要途径。

自我管理利用个人的内在力量来改变行为，从而提升个人控制感。日常生活中，我们每天都进行自我管理。为了达到一定的目标，我们每天都在计划如何分配精力和时间以更高效地完成任务，如何安排饮食起居以保证良好的健康生活状态，如何调整情绪和行为以更好地适应生活，这都属于自我管理的范畴。

当我们做一件事情的时候，我们能够意识到自己在做什么，也知道我们为什么这么做。这种自我意识是人类独有的，也是人类最与众不同的特征之一。如果没有自我意识，我们就无法进行自我管理。在进行自我管理时，你必须要意识到自己此刻需要意志力。请你回想一下，你在网上购物的时候，加进购物车的商品都是必须购买的吗？你追剧的时候，有过默默吃掉一整袋薯片的经历吗？你知道早睡早起身体好的道理，但不知不觉又是后半夜才上床……类似的例子不胜枚举。我们身边充斥着各种诱惑和刺激，不断挑战我们的自我管理，而意志力不强的人则更容易受控于诱惑和刺激。

在这个世界上，我们最熟悉而又最陌生的人就是自我。对自我意识的觉知，能够让我们更好地了解自我，洞察事情发生的来龙去脉，能够使我们有的放矢地增强自我管理能力，提高生活中的控制感。想清楚"我要做""我不要""我想要"的到底是什么，能够控制好自己的注意力、情绪和行为的人，生活得会更幸福。

画出你的第一个佐罗圆圈

电影《佐罗的面具》中，剑师唐迭戈在训练亚历山大时，在泥地上画了一个圆圈，告诉他只可以在这个小圆圈里战斗，没有得到允许不能走出这个圈。当亚历山大掌控了一个圆圈后，唐迭戈就会允许他尝试新的、更高超的技艺。就这样，一个接一个，循序渐进，亚历山大慢慢掌握更多技艺，甚至可以打败训练他的老师，变成真正的超级剑客，能够制伏10名大汉，造就佐罗的传奇。

美国管理学家史蒂芬·柯维也曾提出与"佐罗的圆圈"相类似的观点：若以我们自己为圆心，以我们能够真正控制的事情为半径画个圈，圈内即是我们的内控圈或影响圈；而那些虽然与我们的利益息息相关，但我们暂时无法控制得了的事情则构成了外部更大的关注圈。我们应该做的是学会洞察自己的内控圈,通过持续的努力来逐渐扩大内控圈,进而影响和改变关注圈中的内容。同样地,在工作中,我们可以先使自己的努力集中于自己能够发挥作用的那一块区域,一次处理一个小挑战,慢慢向外扩展圆圈,我们就能够感受到自己的行为对结果会产生直接的影响。当我们认识到自己在一定程度上能够决定自己的工作,可以对工作结果产生一定的影响时,我们就会慢慢建立对工作的自信,从而将自己的努力向外扩展到更大的区域。

当我们准备画出自己的"圆圈"时,需要注意的是,第一个圆圈不要太大。不要在工作中树立过高的甚至是不理性的期望:明天就要完成年终目标,月末就要搬进最大的办公室,下一季度就要晋升为部门主管……这种急功近利的心态几乎总是会导致失败,而且,失败后的沮丧和过大的压力很可能会使我们陷入习得性无助的旋涡,使我们的目标更难以实现。所以,我们应该先从较小的、更可控的目标开始,在每实现一个小目标后,及时庆祝自己的进步,慢慢树立信心,再去攻克更大的目标。

一个做会计工作的MBA就使用以上的方法,不仅改善了自己的工作,也提高了人际关系和生活质量:

> 我把工作分为数个模块,一块是人际交往的融合,一块是会计核算规范,一块是资金使用规范,还有票据、刻章等财务相关的规定,再有的是重大事项的决策。我先从自己熟悉的核算下手,一步步走下去,一个个地攻破,从不熟悉到熟悉,花费时间慢慢沉淀。我知道一下子不可能吃成大胖子,这样想之后,心里也踏实多了,想明白之后的那个晚上,我睡觉睡得特别踏实、安稳。

不妨给自己画一个小"圆圈",在这个圆圈里,专注于你能掌控但又有挑战性的事情,再逐渐寻找和攻克更大、更多的圆圈,用一个个小的成功铸就大的成就。

善用积极的自我暗示提高自信心和控制感

一个相信自己能处理好各种事情的人,在生活中会更积极、更主动。这种"我能行""我能做"的认识反映的正是对环境的控制感,是个体能采取适当的行动来面对环境挑战的信念。如何提高我们对环境可控的认识呢?积极的自我暗示就是最简易和有效的方法之一。"自我暗示"是指,通过主观想象某种特殊的人与事物的存在来进行自我刺激,达到改变行为和主观经验的目的。直白地说,就是人们主动创造一些人或事,以鼓励自己,给自己打气。比如,每天清晨照镜子的时候对自己说"我今天状态很棒!今天一定会很顺利!""老板今天和颜悦色,我的晋升面试一定会顺利"等,这都是积极的自我暗示,它通过自我肯定来影响我们的身心状态,使我们更有自信去控制和决定自己的生活。

你可能不相信自我暗示能有这么大的作用。难道我想一下我很棒,我就真的可以很棒吗?其实自我暗示的作用不能真的让你变得更好,而是增强你对事情的控制感,从而让你更有动力,同时也就增加了成功的概率。试想:如果做一件事情,你自己都认为你做不好,那么这件事情能做好吗?事情成功的概率是不是会下降呢?

下面简单介绍一下自我暗示发挥作用的三大规律:重复定律、内模拟定律、替换定律。

重复定律,即不断地、重复地自我暗示。经常重复地灌输积极的想法,就会强化我们潜意识里的正面信念,也就更容易将潜意识浓缩为驱动力,促使我们去实践。你不断地对自己说:我是幸运的人!时间长了之后你就真的会关注你生活中的幸运事件(大家注意,是关注,其实是本来已经存在的幸运被你发现了),然后你发现幸运的事情真的会越来越多。这就是信念带来的潜移默化的影响。

内模拟定律是身体内部语言的一种外化表现。当一个人的内心在想什么时,他的表情和动作就会不自主地模拟什么。当你准备迎接一场面试时,你可以通过积极的自我暗示,在内心里模拟出积极向上的心态环境,然后通过外化使紧张的面部肌肉得到放松,面部表情慢慢缓和,浮躁不安的思绪渐渐消散,对待接下来的挑战也充满了自信和希望。运动员上场之前都会进行这样的积极心理暗示。尽管他们的肌肉动作已经自动化，但面对比赛运动员还是会紧张，所以这时候他们要用内模拟找到那种积极的状况。就像多位评委给出满分的奥运会夺冠小将全红婵说的：我就是想自己怎么把动作做好，跳我自己的。

替换定律。科学表明，我们的潜意识只能在同一时间内主导一种感觉，当把积极正面的思想反复地灌输给大脑中的潜意识时，原来的消极思想就会慢慢地衰弱、萎缩，新的思想就会占上风。也就是说，当你不断用积极的自我暗示接受快乐的、正面的思想时，你的神经系统便会习惯性地令你处于一个积极的身心状态，原来消极的思想就被替换掉了，丝毫没有用武之地。一个听过我的课并坚持进行积极情绪训练的学生告诉我，培养积极情绪，主动掌控自己的情绪真的很有作用。她的母亲被诊断出得了乳腺癌，看到诊断书的第一时间她也很伤心，但很快她就替换掉了消极悲伤的情绪，积极看待这件事情：第一，好在发现得还比较早，可以做手术；第二，多亏是乳腺癌，这种癌症的治愈率很高；第三，现在治疗手段这么发达，已经有好几种治疗方法可以进行综合治疗。就这样在积极情绪的作用下，她积极地配合医生的治疗，她积极面对的情绪也给她母亲带来极大的安慰和对未来的希望。母女俩的关系也比以前更亲近了，他们做到了控制自己可以控制的对待事物的态度。

下面介绍几种积极自我暗示的方法，帮助我们保持良好的心理状态和较高水平的控制感。

▶ 文字语言的自我暗示

即通过反复默念、阅读或书写文字语言来形成对自我的积极暗示。首先，用第一人称"我"作为开头，要以"我"看世界，强调持有积极态度的对象是"我"而非别人，加强暗示的力度。如"我很快乐！"，"我可以搞定的！"等；其次，应当使用肯定句。肯定句的句式会使我们的潜意识接收到肯定、正面的关键词。倘若使用否定句，如"我不害怕""我不能看"，大脑捕获的关键词多有否定含义，反而会加重心理负担。最后，语言越短越好，能够在较短时间内产生更大的冲击效果。例如，"我要加油！"比"我一定会努力做好这场演讲！"效果更好。因为语言过长，会导致重点不明，大脑不能在短时间里捕捉关键信息来刺激我们的潜意识。

6 控制感

▶ 动作语言、表情语言的自我暗示

通过动作和表情做积极的自我暗示比用文字语言更有感召力和可信度。生活中的动作和表情暗示十分常见，如心情低落的时候，尝试摆出微笑的动作，持续一段时间之后就会发现自己真的开始愉悦起来；紧张不安的时候，深呼吸几次，心跳会渐渐平稳下来；在台上演讲胆怯的时候，尝试提高说话的音调会给自己增加一定的信心。你也可以试着在生活中找寻并形成自己专属的"快乐行为"，当困境来临时，它能帮助你在短时间内获得轻松的心境。

▶ 环境语言的自我暗示

无论是自然环境还是社会环境都对我们有暗示作用：身处于谧静的田园林间，我们会变得轻松愉悦；眺望一望无际的大海，我们会感到心胸开阔；穿梭在城市的车水马龙间，我们也会觉得内心纷乱无章……此外，我们还可以利用想象思维来构筑环境。身处困厄的环境时，可以找个安静的角落闭上双眼，想象自己置身于一个世外佳境，有着绿草如茵的草原和波光粼粼的湖面，你躺在这软软的草地上，感受阵阵微风拂过脸颊，渐渐平静你的内心，使你的思绪慢慢柔和，带着这样的觉察再回到现实中，再去应对眼前的困难，会发现不同的效果。

在刚开始使用积极的自我暗示时，可能效果不是特别明显，这是因为人的心理调整并非一蹴而就。但只要遵循自我暗示的三个规律，多次练习，在每次暗示中调动自己的潜意识，就会帮助我们慢慢构筑自信心和控制感。

主动掌控自己的工作，发现越投入就越游刃有余的控制感和幸福感

每个人的工作都有一些可控的方面，也有很多不可控的方面，而提高工作控制感的法宝是你首先要投入地工作，自发地对自己的工作进行再设计。你会发现你主动设计的过程，不仅是帮助公司改善工作，还让你感受到自己的价值能够在工作中得以体现，从而获得自主掌握工作甚至职业生涯的控制感。这不是一举两得的好事吗？前段时间看到一则报道，上海一家大润发超市的清管员浦赛红，职责就是在卖场里做清洁管理。而她负责的，是专门防治有害生物，比如蚊虫、苍蝇等。这个岗位存在感极低，不少人可能是第一次听说，但至少知道它并不是什么高大上的工作。这样的工作应该和什么工作控制感没什么关系吧？我们来看看

浦阿姨是怎么完成她既普通又简单的工作的。首先是研究蚊子：从清晨到深夜，浦赛红无时不在观察蚊子的行动轨迹、行为特点，并仔细记录。日子久了，总结出一套"作息规律"；根据蚊子的"作息时间表"，有针对性地研究出一套"蚊子兵书"，一年不同季节，一天不同时间段，蚊子的生活习性、活动范围、灭杀招数都不同。从最初的苍蝇拍开始，她尝试了大大小小不下50种工具，使用了物理的、化学的等不同灭蚊方法。市面上现成的灭虫工具不够，她就想点子自制各种工具。浦赛红在超市内外布下"天罗地网"：首先，超市外的草丛，装上捕蝇笼，以食物作诱饵；超市内，门帘、风幕机，又是两道"关卡"。若是还有"漏网之鱼"，再往前，等待它们的是浦赛红设置的粘虫纸、粘蚊彩带、灭蚊灯。经过这"六扇门"的把守，几乎没有蚊子能逃得过去。浦赛红的工作太普通了，普通到只是消灭蚊虫的小事。可她却把这最微不足道的小事，做到了极致，成了"专家"。看到这个故事的你，有什么思考呢？获得工作控制感其实首先需要我们主动承担，主动思考，你会发现，原来简单的工作有很多是自己可以把控的。

下面介绍一些具体的增强工作控制感的方法，希望对你有一定的帮助。

▶ 做有意义的、比较容易实现的工作任务

在不妨碍本职工作的前提下，尝试在职责范围内增加一些你自己认为有意义的、比较容易实现的工作任务。其实就是，多做有用的事，从功利的角度出发，尽可能地接触更广的事务，为将来的发展做准备。

就像前面浦阿姨的清洁工作，很多人可能会觉得只要让顾客看到苍蝇、蚊子不是特别多就行了。很多人有"当一天和尚撞一天钟"的心态，得过且过，做事敷衍，似乎自己的工作和人生都由不得自己主宰。这时不妨在现有的工作中多观察、多留心，去做一些自己认为有意义的、比较容易实现的事情。任何工作都可以做到没有止境的完美，浦阿姨的保洁工作就是很好的例子。

很多人在工作中缺少控制感的原因之一是抱有"打工者"心态，觉得工作是为老板打工。其实我们更应该把工作看成体现自我价值的机会，通过工作可以充实自我、提升自我。小王外语专业毕业后进入一家外企做国际贸易工作，除了做好本职工作外，她还自愿请缨翻译许多国外客户的邮件和产品说明，并将翻译好的文件发给需要的同事。本职工作的繁忙使她只好利用加班时间做翻译，尽管很累，但她觉得可以学到很多有关产品和业务的专业知识，使她对公司行业和领域更为熟悉，所以她从来没有抱怨过什么。有一天，部门主管因故不能参加公司会议，于是派小王代替参加；因为她对公司的业务了然于胸，出色地完成了会议汇报工作。后来，部门经常派她参与公司的其他重要会议，很快小王被破格晋升，成为部门的新主管。小王正是通过主动承担、主动学习，为自己创造了展现自己的机会，控制了自己的职业未来。

▶ 用你擅长/喜欢的方式创新地完成现有的工作任务

机会都是留给有准备的人的，投入地、创造性地开展你的工作吧，机会属于你！如果你看过《百家讲坛》，一定对纪连海不陌生。在走进央视以前，纪连海只是一名普通的教授历史的中学教师，但是他的讲课风格却激情澎湃、诙谐幽默，他在讲解历史人物的时候，从极为细微的小事入手，将每个历史人物的特点都活灵活现地呈现给学生，甚至对教材内容进行大胆的取舍，把最枯燥的经济史都能讲得生动有趣。正是因为他用自己特有的方式来进行教学工作，使学生们获得优异的成绩，而他也被评为北京市骨干教师，并引起《百家讲坛》节目组编导的注意，被请到了央视。

改变打工者心态，主动承担，创造性地投入到你的工作中，不管结果是不是职位晋升，但这个过程会让你感受到工作的可控性。多做对未来有用的工作，用你喜爱的方式去做，你会感受到工作的价值和意义，也会收获属于你的工作幸福感。

适时放手：体验失去控制的感觉

接受"我们无法控制全部"的事实

爱比克泰德是古罗马最著名的斯多葛学派哲学家之一，是继苏格拉底之后对西方伦理道德学说的发展做出最大贡献的哲学家。他认为，我们生活中的大多苦难源于我们所犯的两个错误：一是试图向不在我们控制范围内的事物行使全面主权，二是没有承担起我们能够控制的事物的责任。在其代表作品《爱比克泰德论说集》中，列了一份在我们控制之外的事物清单：

我们的身体
我们的财产
我们的名声
我们的工作
我们的朋友
我们的父母
我们的老板
天气
经济
过去
未来
我们将要死去这一事实

看到这个清单，你的感受如何？引起你什么思考？的确，对生活中的许多事物，我们是无法绝对控制的，只有认清这一事实，我们才不会纠结于无法控制的事物，将精力放在当下自己可以控制的事物上，做好我们应该做的事情。不管是努力提高自身能力，还是用心经营与他人的人际关系，只有把能够掌控的部分做好，我们才会有足够的资本来应对不可控的情况。

针对"想要控制全部"这一点，就不得不提及完美主义。对于完美主义者而言，任何一丁点儿不完美的瑕疵都会毁灭整个事物的价值，而"All or nothing"则是试图掌控一切，不接受任何偏差、不接受他人批评的典型完美主义思维。

【案例1】CY，男，25岁，研究生

从小我写作业，老师都会夸奖我写得好。不管我写到第几行了，如果我看见自己写错了两个字，我肯定整张纸撕掉全部重写。虽然现在不会这样了，但这种心态会迁移到其他场合。比如说，写好的分析报告，我会反复看几遍，确保没有一个错别字、错用任何一个标点符号。我经常做白日梦，我认为白日梦的意义在于构想和建构那种完美的境地，获得一时的满足，那时候觉得很快乐。

【案例2】JYY，女，30岁，在读MBA

不得不承认，我仍然记得自己初中的时候在学校光荣榜上写的座右铭："要么不做，要么就做到最好。"我极其讨厌不确定性与变化，觉得一切都要被掌控和计划好才会安心，觉得一定要达到目标、排除所有客观的不利因素才能算得上是幸福。我的家庭和我所受的教育已经不可避免地为我打上了完美主义的烙印。我知道这种倾向放大了研究生学习的挑战、将来出路的不确定性，甚至是糟糕的身体状况。不记得有多少次，对课程、小组作业、论文的焦虑导致我的身体状态更加恶化，甚至一整天都没办法做任何事情，对未来的事情更是想都不敢去想。但是，在我的潜意识里，我没办法放弃完美主义，总觉得如果放弃了它，就失去了严谨，失去了对自己的追求，也失去了让自己一路走过来的能力。

完美主义者对于控制感有着近乎狂热的追求，他们是最严苛的批评家，而这种批评更多是针对自身的。尽管完美主义存在积极的作用，但是大量的研究表

明，完美主义会带来极为严重的负面结果：抑郁、焦虑、进食障碍、强迫性人格障碍、自杀企图和行为等等。而这些后果绝大部分是由于完美主义者对控制感不切实际的追逐。

如何才能避免或减少完美主义带来的消极影响呢？答案就是：学会接纳你的脆弱、你的不足，并与之和平共处。接受事物的不确定性和风险性，允许自己的情感暴露。

有太阳，就会有阴影。接受现实生活有起有落，是承认不确定性的存在，是适度追逐控制感的前提。这并不是要完美主义者们放弃严谨、放弃雄心壮志、放弃对成功的追求，而是告诉完美主义者们，在关注目标的同时也要学会享受过程，在关注成功的同时也要学会接受失败。只有接纳不完美的存在，才能向完美更靠近。

强者改变环境，智者改变自己

尽管通过自身的力量改变周遭环境来满足自身需求，是使我们获得控制感的重要途径，然而，在现实情况下，很多人觉得自身的能力还不足以对所处的环境产生影响。那如何才能避免出现不可控的感觉呢？研究表明，通过改变自身来适应环境同样能够体验到控制感，这种方式称为"次级控制"。次级控制强调个人对环境的适应以及个人与自然的和谐统一，即使在并非乐观的情形下，我们仍然可以发挥主观能动性。改变自己，也是获得控制感的重要来源之一。

正如前文所说，世界上有很多我们难以控制的事物，在强大的自然和他力面前，我们要做的就是积极地调节自我来适应环境。例如，有的人含着金汤匙出生，天生就享受别人倾尽一生也无法拥有的东西；有的人出生在动荡不安的国家，刚来到这个世界就注定要过颠沛流离的生活。没有人可以决定自己的出生，但每个人都有选择如何度过自己人生的权力。对于不可控的因素，我们要学会欣然接纳，而对于自身的发展，我们也必须努力掌控。

世界上总会有各种难以预料的意外，这就意味着我们可能会面临"失控"

的处境。当我们感觉到对事物失去了控制感时,也可以通过改变我们对事件的看法或态度来弥补(Rothbaum,1982)。例如,急急匆匆地赶到车站,车子却刚刚离开;刚鼓起勇气打算表白,对方却提前宣布已经脱离单身;好不容易迎来小长假,却生病发烧不能出去游玩……你换个思路去看待,好像并没有那么糟糕:赶到车站但车子刚刚离开,那我先坐下来休息一会,等下一班车吧,以后可要好好把握时间;打算表白结果对方先"脱单"了,那我正好避免了被拒绝的尴尬,看来我还是没有遇到对的那个人;小长假生病不能出去玩,那我正好可以在家好好休息,调养身体,省钱又省力。通过这样的认知调整,是不是感觉没那么气恼和失控了?

无论你正在经历着何种程度的失控,请务必记住,失控是每个人都可能面对的事情,而眼前的磨难都只是短暂的。当你改变不了环境的时候,先试着去改变自己。

工作控制感就像维生素,适量时效果最佳

我们说过,工作控制感的核心即让我们感觉工作在自己的掌控之中,高的工作控制感意味着我们对工作有高的自主性,能够自由决定完成工作任务的方式方法,甚至时间地点。那么,工作控制感是不是越高越好呢?其实不然。研究表明,工作控制感就像维生素一样,过量服用维生素反而会产生消极作用。只有当工作控制感在一个适宜的范围内才能发挥出最优的效果,而它的"最佳"水平也是因人而异的。

前面已经了解了工作控制感给我们带来很多好处,但工作控制感也在一定程度上增加了我们自身能量的损耗,甚至会带来情绪的失调。在我们追求对工作的控制感时,我们会更积极主动地面对工作,往往会产生频繁的情绪失调,甚至抵消高控制感带来的积极影响。例如,提高控制感要对工作积极投入、主动担责,但如果你不是真正从内心里热爱这份工作,仅仅是为了让领导看到你积极表现、为了给同事留下好印象等,那么,你为了做出所谓的"主动投入""主动承担"

等行为,就要和内心的不热爱斗争,这样你就会消耗更大的精力,情绪上也很容易出现波动,反而让你变得不幸福了。2017年,有研究者调查公司内员工的工作量、工作控制感和情绪失调等情况。结果表明,员工的工作量越大,就越容易产生倦怠;而当员工的工作控制感较高的时候,这种消极影响会得到缓冲。同时也发现,员工的工作控制感强化了情绪衰竭和情绪失调,也就是说,工作控制感不让员工感觉工作倦怠的同时也增加了情绪方面的困扰(Konze,2017)。

工作控制感就像是一把双刃剑,过分追求工作控制感的最终结果很有可能是被工作控制,而非控制工作,实属过犹不及。目前,在全世界范围内,越来越多的人开始关注"工作狂""过劳死"等现象,而造成这些现象的原因之一就是人们为了追求对工作的控制感而强迫自己拼命工作,甚至发展成工作成瘾,对人们的生理和心理都产生了一定程度的损害。

我们每个人在工作中,都希望能有更多的自主权,按照自己舒服的节奏和方式来完成工作,但一味地追求过高的控制感并不可取。当在工作中觉得太累,甚至即将失控时,不妨停下来休息,看看工作之外的风景,调整好心态再重新出发。

束缚不是爱,控制欲不是控制感!

德国心理治疗师伯特·海灵格曾说:"幸福的家庭都有一个共同点,家里没有控制欲很强的人。"可能有些人对这种说法持有质疑态度,但大部分人应该还是赞同的。家庭中的人际关系分为亲子关系、夫妻关系、兄弟姊妹关系等等,我们以最常见,也是父母最难掌控的亲子关系为例,简单说说过度追求家庭中对孩子控制感的影响。

相信很多人都听过"虎妈"教育。"虎妈"一词出自耶鲁大学法学院教授蔡美儿的育儿经《虎妈战歌》。书中提到她教育女儿的基本观点:"作为一位中国妈妈,我只做正确的事,并不在乎怎样讨孩子们喜欢""我吃盐比你吃米多,为孩子好就替他们做对的选择""打是亲骂是爱,孩子的前途比自尊心更重

6 控制感

要""全优生是基本要求"等等。除此之外，蔡美儿还为两个女儿列出家规"十不准"，家规中直接剥夺了孩子参加学校活动、演出以及其他娱乐的权利。在蔡美儿的教育下，两个女儿颇有成就，不仅门门功课拿A，都在重要舞台演奏，参加音乐比赛并获奖，甚至被传为"音乐神童"。毫无疑问，从孩子取得的成绩来看，蔡美儿这种高度控制的教育是成功的。但是孩子的心理是否健康？是否感到幸福呢？我们不得而知。而事实上，类似"虎妈"的教育是很普遍的，我们从以下两个真实案例了解一下：

【案例1】CC，女，19岁，大三学生，在广州读大学

我没有归属感，我的家就在广州，比所有同学都近，但我就是不想回家。我努力地想，非常努力地想，可我就是想不到我在家有哪一刻是开心的。只要我回到家就要接受父母的数落，我有哪些地方做得不够好，哪些地方还需要注意，谁谁的励志故事你要学习一下。父母与我相处的唯一方式便是说教，他们恨不得把自己的浑身经验、听到的所有优秀人士的故事都说给我听。他们从来没有鼓励过我。我并没有觉得不好，我也知道他们对我好，但我在家不开心，感觉在家时时刻刻都是被父母督促着。我的家没有温暖，没有爱，只有鞭策和督促，反而我很向往工作，我觉得我工作了之后终于可以摆脱父母，可以开始掌握自己的生活。

【案例2】

英国球星梅特兰·尼尔斯和他的哥哥都由单亲妈妈朱尔抚养长大。梅特兰6岁被球探发现签约进入训练营，17岁代表枪手足球队首次亮相欧洲冠军联赛，之后多次征战取得成绩。足球俱乐部支付巨额年薪以留住这颗"希望之星"。为了感谢母亲朱尔，梅特兰不仅将自己的球衣装裱送给母亲，还购买了一套三居室的房子与母亲和哥哥一同居住。然而，梅特兰的母亲朱尔认为自己对儿子的养育劳苦功高，为了控制儿子未来的职业规划，曾多次阻拦俱乐部的正常工作，甚至演变成暴力事件。在朱尔被捕释放后，她依旧无视禁令在球场闹事，导致梅特兰无法正常训练和比赛。在一系列闹剧之后，梅特兰开始疏远母亲，并和哥哥两人偷偷搬出了家门。

从以上两个案例我们不难看出，对于父母的过度控制，孩子们往往会出现抵触、逆反的心理，即使知道父母是为自己好，也不愿意与父母有过多的接触和交流。心理学研究表明，父母过度控制孩子，不仅可能会造成孩子抑郁、焦虑、怯懦、做事拖延、回避，甚至还会发展成为抑郁症、强迫症等心理疾病，严重时还会出现自杀行为。北京大学心理系副教授徐凯文曾说："孩子想杀死的不是孩子自己，而是孩子父母脑海里的那个'孩子'。这种对父母的愤怒，最后会指向孩子自己，演变成自杀。"

正如纪伯伦诗歌《你的孩子其实不是你的孩子》中所讲："你的孩子，其实不是你的孩子，他们是生命对于自身渴望而诞生的孩子。他们通过你来到这世界，却非因你而来，他们在你身边，却并不属于你。你可以给予他们的是你的爱，却不是你的想法，因为他们自己有自己的思想。"请不要再以爱之名去控制子女，将自己的意愿强加于幼弱的孩子身上；请将束缚变成引导，让孩子拥有自己的掌控权，让孩子自己慢慢成熟。

"不要过度控制"的准则同样适用于家庭中的其他人际关系。对于年迈的父母和共枕的伴侣，都应该尽量尊重且不要干涉他们的生活选择，不要剥夺他们能力之内的控制感，不勉强他们做自己不喜欢的事，正如我们不希望自己的生活被他人控制一样。

总结

  控制感给了我们一块地面，让我们可以立足并稍加喘息，但是，控制感是一种难以捉摸的自我感受，我们可能由于现实无法达到我们所期望的控制感，又或者我们的控制感太过强烈，影响到身边的人。所以控制感来源的关键是主动承担，我们控制的是自己的态度和行为，关注工作和生活的过程而不是结果。我们要学会接纳一切，力所能及地掌控着生活，同时也要享受无法掌控的体验。

7 意义感

开篇案例

2015年中国国际时装周上，年近八十的东北王德顺爷爷走上了T台。他白发苍苍，但身姿挺拔、精神矍铄，风采丝毫不输给年轻人。或许在许多人眼中，人生应该循规蹈矩、按部就班，年轻时找一份安稳工作、一路升职加薪，年老时儿孙绕膝、颐养天年。但回顾这位"中国最帅大爷"的人生轨迹，就会发现他几乎可以称得上"离经叛道"。

他最初是一名工人，却对艺术充满向往，工作之余便去工人文化宫学习表演艺术课程。24岁时，他如愿进入文工团，成为一名话剧演员，开启了文艺工作生涯；49岁时，他辞掉了话剧团的稳定工作，在本该准备退休的年纪，决定由零而始，北漂推广哑剧艺术；50岁时，他走进健身房，开始锻炼身体线条，只为在舞台上展现完美形体；57岁时，他创造了活雕塑这种造型哑剧的全新表演形式，此时的他已成为享誉中外的人体艺术大师；64岁时，他又启动了新一轮的"折腾"，进军影视圈，出演电视剧，为了演好角色还专门学骑马、学打太极；79岁时，他身着时装，大步流星地走T台；如今85岁的他，还在学习驾驶小型飞机，尝试各种新鲜事物。

王大爷循着自己的梦想，一次次探索、超越自己能力的边界，一次次突破人们对于常态生活和年龄限制的固有认知，向我们展示了应该怎样更好地理解"人生意义"这个主题：人生的意义对每个人来说是不同的，活着是为了感受人间质朴的烟火，诠释人性的美善，还是为了览遍世间奇观异景，成为一代传奇，其实没有明确的定义。每个人都可以追寻属于自己的意义体验，并且，无论我们何时真正找到了自己的人生追求，都不算晚，人的潜能、生命的力量是不可估量的，在人生的每个阶段、每场历练中，我们都能创造别样的精彩。

意义感与幸福感

何谓意义感

如果有人问你，"生命的意义是什么呢？"你可能会很困惑，或者感觉自己从来不愿意想、想也想不出生命的意义到底是什么。这种反应十分正常，这个问题是哲学家等众多思想家们都还在讨论和争论的永恒话题之一。但思想家们没想明白，并不能说我们老百姓就活不明白。其实意义感是指个体从某事物中体验到的重要性和价值性（Rosso et al., 2010），是一种主观的心理感受。比如，"生活意义感"是指人能够理解生活的本质，能够感受生活事件的重要性和价值性（Steger et al., 2006）。相似地，"工作意义感"，则是指人感受到的工作的重要性和价值性（Rosso et al., 2010）。所以意义感归根结底来源于每个人自己的定义，每个人认为有意义的事物是不一样的。有人认为能够听到自己偶像的音乐会特别有意义，有人觉得给家人做一桌子美味佳肴很有价值，还有人认为在工作中可以叱咤风云很重要。正是从这些生活意义和工作意义的具体感知中，我们能够更加深刻地理解自己生命的意义，我们的存在，于自己、对他人而言是有价值的。

提到意义感，可能很多人会迅速联想到一些有杰出贡献的人，觉得像他们那样的生活和工作才是充满意义的。比如中国氢弹之父于敏，为了中国"两弹一星"的研究，他可以放弃声望隐姓埋名，放弃留学的机会远赴不毛之地，放弃已有的学术积累从零开始研究新的学科。还比如在《感动中国》栏目中出现的那些人：有的人不求名利地植树造林，为的是一方百姓的生活环境得到改善；有的人放弃优越的生活条件，到乡村艰苦办学，只为改变女孩们的生命轨迹；有的人不惜牺牲个人健康甚至生命，只为了谋求国家和人民的福祉……我们震撼于这些感人故事的同时，也感受到他们的存在、他们的所作所为对社会产生的强烈意义。确实，将个人命运和社会发展紧密相连，全心全意为社会谋福利，能带来巨大的意义体验，这是毋庸置疑的。可是，柴米油盐、热爱生活又何尝不是另一种对生活意义的追求？前面我们讲到李子柒的故事，她通过视频记录晒谷子、做腊肉、弹棉花等原生态的田园生活，告诉人们，在平淡中也同样能感受到生活的醇香。她所体现的生活意义，是与家人的朝夕共处，是与自然的无间接触，是对美食和文化的热爱与追求。有人的人生意义是个人的功成名就，有人的人生意义是中国的国富民强，意义有高下，但是没有对错；兼济天下固然伟大，但是独善其身也没有问题。

所以，生活的意义到底是什么，没有一个统一的答案。对不同的人来说，生活有不同的意义；我们每个人只需要找到我们自己生活中最重要的、最有价值的事。人生的不同阶段，对我们最重要的事情也不同，所以不能回答抽象的生活意义是什么。就像意义疗法创始人弗兰克尔所说：生命的意义在每个人、每一天、每一刻都是不同的，所以重要的不是生命之意义的普遍性，而是在特定时刻每个人特殊的生命意义，每个人都有自己独特的使命，这个使命是他人无法代替的。我们要接纳自己的独特性，负责任地完成属于我们每个人独一无二的使命，这个使命可以非常宏大也可以非常普通，可以是作为一个技术先驱走在星辰大海的前沿，也可以是作为一个平凡的父亲履行家庭的责任，这是每个人存在之本质，也就是我们的意义所在。热爱生活中遇到的所有，即使这个所有包含无尽的辛酸。像张爱玲所说，生命是一袭华美的袍，上面爬满了虱子。革命先驱们英勇无畏，在遭受敌人的酷刑时，因为心中有坚定的信仰，知道自己不透露信息就可以保存其他同志的生命、可以唤起民众的爱国热情，所以，对他们来说，忍受痛苦就是非常有意义的事情，这种精神就有了无限的力量。我每次看赵一曼的英雄事迹都会被感动得热泪盈眶，一个大户人家的千金小姐、学富五车的留学生，为了共产主义信仰、为了抗日斗争，积极投身革命。被逮捕入狱之后受尽各种酷刑，但她始终没有屈服，她的坚毅表现甚至震撼了日本军官。聂荣臻元帅高度评价她：她的伟大英雄形象和光辉业绩永远激励着中华儿女坚毅不拔，开拓前进，为全人类的解放奋斗不息！所有不怕抛头颅洒热血的革命先驱们都有着坚定的信仰，为了革命的胜利，为了未来美好的生活，即使牺牲自己的生命对他们来说都是有意义的。感恩革命烈士们，他们用生命换来了我们现在美好的和平生活，他们生命的意义跨越了时间，他们的血肉长城换来了如今广厦万千的根基。尽管现在我们生活在和平年代，大部分人不需要体验这样的生命意义感，但负责任地工作和生活也是体现意义感的重要途径。

如果我问：你的工作有什么意义？可能很多人会认为，自己的工作好像没什么意义：没办法啊，为了养家糊口只能工作挣钱啊。难道工作真的只是为了获取经济报酬吗？工作本身没有什么价值和意义吗？工作对每个人也有不同的价值。有的人将工作视为"职业"，认为工作是为了赚取金钱，让生活有一定的物质保障。有的人将工作视为"事业"，认为工作除了获得金钱，还可以提升能力，为未来更好的发展做准备。还有的人将工作视为"使命"，认为工作更是为了发挥自身价值，为社会做贡献（Wrzesniewski et al., 1997）。这三种类型的人对工作的感受和定位各不相同，工作对他们而言都有各自的价值；不管是保障生活需要，是实现未来发展，还是造福社会，对个人而言都是一种意义。

意义感会受到环境和文化因素的影响（Rosso et al., 2010）。比如在集体主义的文化背景下，我们可能更容易赋予"贡献社会"更大的意义；又比如在传统观念的影响下，我们可能很容易就认同"男性挣钱养家"和"女性相夫教子"的意义。而对于一些超出固有价值观念的事物，我们更容易进行否定，尽管这样的否定有时并不一定正确。每个人都有选择的权利，我们不应该带着偏见轻易否定其他人的选择，否定他人认为有意义的人生方式。只要不损害别人的利益、对别人没有妨碍，每个人都可以有自己的生活方式和自己认为有意义的事。

意义感是人内心的一种主观感受，它取决于个人（Rosso et al., 2010）。对每个人来说，重要的、有价值的东西不尽相同，这也就意味着，每个人对于"我为了什么而存在"和"我为了什么而工作"这样的问题有不同的回答，在生活和工作中也会有不同的追求。当我们明白自己的生命和生活是重要的、有价值的，我们就有了生活意义感；同样地，当我们发掘、认同自己工作的重要性和价值性时，我们就有了工作意义感。每个人都可以在自己所做的和所经历的事情当中创造属于自己的意义体验。同时，我们也不应该以居高临下的视角，武断地否定和批判其他人的价值追求。

体会生活意义

在巨大的竞争和经济压力下，一些青年人对生活感到悲观、绝望，对未来感到迷茫、无能为力。他们对自我价值产生怀疑，认为自己一无是处，永远比不上别人，也永远没办法实现理想，因而对自己日复一日的生活也进行否定。有的人每天都很忙，但始终感到空虚，觉得自己忙得没有价值；也有的人每天都无所事事，做事情抱着得过且过的心态，不想努力奋斗，其实这些都是缺乏生活意义感的表现。生活意义感并不只是从跌宕经历中体验人生的轰轰烈烈，也不是只有名留青史才是有意义的人生。生活的意义更是在寻常生活点滴中体会人生细水流长的美好，是我们每个人都能用心品味、创造的意义感受。就像纳兰性德在词里写到的，"被酒莫惊春睡重，赌书消得泼茶香，当时只道是寻常"，和妻子在一起的日常生活，过去只觉得平平常常，直至妻子故去，再忆起时才惊觉已是不可重来的无限美好。可能由于每日生活趋于重复、平淡、烦琐，容易让人变得麻木，觉得缺失意义感。所以，我们要积极赋予生活以意义，创造属于自己的美好生活。

生活的意义可以是享受自己的方寸天地。生活的意义在于精心打造自己的小天地，发展自己的小兴趣，感受自己生命的美好。央视曾经报道过关于广场舞的经济调查，广场舞不仅增强了很多退休人士的身体素质，还衍生出了一系列相关消费，比如跳舞专用服饰、道具。有位退休阿姨甚至有挂满了一个房间的舞衣，面对镜头兴致高昂地介绍其中一件长裙，看着漂亮的衣服，神情就像充满活力的少女。在她眼里，跳广场舞是一件非常有意义的事情。所以或许你已经习惯了为生活奔波，完成一天的工作，回家便躺倒在床；不如现在着手做点改变，让生活充满新意和意义。比如，每天给自己画一个精致的妆、在阳台种上花草，你会发现，即便在忙碌中也能活得精致有趣。

通过感受世间的万千美好，发现生活的丰富多彩。生活的意义还在于走出自己的小天地，观览别样的壮阔河山，与各式各样的人相遇，感受自然，感受人性的美好。湖南有位易久藩爷爷酷爱旅游，退休后开启了自己的旅行人生，八十多岁的他已经走遍了全国、踏过了五大洲；他拍摄各地风光、结识有趣的人，还会把旅途中的趣事、美好回忆都记录成游记。不知终日忙于工作或是围着孩子转的你，是否已经有很长一段时间过着从家到公司、从公司回家这样两点一线的生活？不妨抽空走出户外，去认识新朋友，或许你就会发现生活的别样广阔。

研究表明，生活意义感高的人，心理状态会更为健康，比如会更加乐观、更有自尊、对生活更加满意（Halama & Dědová，2007），行为表现也会更为积极，比如会有更多的健康饮食和体育锻炼行为（Brassai et al.，2012）。相反，如果缺乏生活意义感，人就会感到空虚、无聊、漫无目的，更容易出现抑郁（Dulaney et al.，2018）等心理疾病，也更容易产生酗酒、自杀（Braden et al.，2015）等问题行为。因此，只有学会肯定自我生命的价值，用心体会生活的意义，才能真正与"丧"说再见。

体会工作意义

当我们迫于生计或者因为行业因素，身处"996"之类的高强度环境当中，有的人日复一日活成了零件，有的人在同样的环境下却做出了改变、创造了价值。为什么有的人浑浑噩噩麻木不仁，有的人却能全心投入乐此不疲？因为他们对工作的解释不一样，对工作意义的定义也不一样。如果一个人赋予工作一定的价值和意义，他总能把平凡的工作做得不平凡。

或是为了生计。春节是团圆之际，而一些外出务工人员却会主动留厂，想赚取加班工资。一位春节留厂的年轻小伙说，他想多存些钱，买一栋房子，留在城市里生活。让自己和家人有更好的生活，是他们在工作中朴实又真切的愿望。

或是为了理想。二十世纪八十年代，从小喜欢飞机的胡双钱来到上海飞机制造厂，成为一名钳工技师。他在工厂艰难期毅然选择留下，拿着微薄的薪水，一周有六天要泡在车间里，还常在半夜三更被叫去处理难件。而今他已是国家巨匠，三十多年中打磨的零件无一次品。他说，越是复杂的零件，做出来越有成就感，一晚上的疲劳感也会消除；如果年龄允许，他还想再工作十年、二十年，为中国大飞机制造多做贡献，这是他的理想。

或是为了责任担当。2020年新冠肺炎疫情暴发期间，医护人员驰援一线，工作时他们穿着厚厚的防护服，不敢多喝水，不能稍有放松。脱下防护服时，往往全身湿透，摘下口罩和护目镜时，脸上都是压痕。一位护士说，自己也会担心和害怕，但穿上工作服，就不再去想危险和恐惧，因为那一刻自己就是医务工作者；护士这份职业告诉她，病人在哪里，她就在哪里，她要帮助病人恢复健康。这样的信念让他们在危险中义无反顾地选择逆行，每天工作结束后的一碗方便面便足以让他们满足，病人痊愈出院，他们更会感到由衷的幸福。

其实，每份工作都有自己的意义，不管从事什么工作，我们都要找到我们工作的价值和意义。即便是那些可能不被他人认同的工作，也一样有它特有的价值和存在意义。例如，职业入殓师——为逝者整修面容和身体，尽可能还原完整面容和身体。这一工作经常会遭受其他人异样的眼光，有些人觉得这种工作可怕，有些人对此有忌讳，有些人甚至不愿在逢年过节时让身边从事这种职业的人进门拜访。但令人欣慰的是，随着思想多元和社会开放化程度的提高，这些工作的价值也被更多人所理解，有高校已经开设了殡葬专业，"90后""00后"等更为年轻的群体加入了这一职业队伍，他们通过自己的工作也获得了越来越多的意义感体验。就像一位"90后"入殓师所说的，这个工作教会了他正视人生无常、读懂生命可贵、热情拥抱生活、珍惜所遇之人、守护逝者尊严、予生者以安慰，也让他深感自己正做着一份神圣的工作。

工作意义感能够使人们的工作态度和行为更为积极。工作意义感更高的人，工作满意度常常更高，也往往愿意进行额外的付出（Steger et al., 2012）。网络上有句流行语是"我要去搬砖了"。一些人调侃自己的工作状态，工作辛苦，回报微薄，因为他们心里想的是，工作是为别人打工，是不得不做的事情，自然容易苦闷。但如果我们能认识到，工作说到底并不是为别人"搬砖"，而是为工作之余更加自由的自己，为未来更加理想的自己，为更加值得自身骄傲的自己，我们就会充满意义感和幸福感。很多平凡的岗位，一旦换一个叙事方式，就会发现其意义。战士日复一日地站岗，看起来无聊，没有技术含量，但是放到国家的尺度上，他站在那里就是保家卫国；医生花一个小时救一个贩夫走卒，不见得就能给社会带来多大改变，但是，当千千万万个医生拯救了千千万万的病人时，他们就拯救了这个国家；作家写文字发表，老师上课学生听，从个人的角度上看就是一个简单的工作行为，但是放在文明史的尺度上看，每一本书，每一堂课，都是为这个几千年文明的延续做贡献。即使是一般所说的搬砖、砌砖工作，传统的理解就是工人出卖劳动力换取生存资料的方式，但是放在宏观的层面看，没有工人手中的一块块砖，哪来广厦万千的万家灯火。改变思考的方式，可以让每个人的一言一行都充满意义。

当然，有意义不代表不需要回报，不能一味强调事件的意义而忽略个体；正因为每个人平凡且伟大，所以每个人都值得获得其应得的回报。

追寻多层次意义，物质与精神追求相得益彰

有人渴望锦衣玉食，有人渴望学富五车。物质追求与精神追求孰轻孰重，与个人的处境和价值观念等各种因素都有关系，但不同类型的意义体验和追寻并不相互冲突。实际上，就每个个体来说，生活的意义或者工作的意义，很多情况下是多元的，物质追求与精神追求相得益彰。

物质是重要的，它使我们不必疲于生计，有更多的机会充分实现精神追求。在经济学家穆来纳森和心理学家莎菲尔的《稀缺：我们是如何陷入贫穷与忙碌的》一书中，表达了这样一种观点：金钱是一种可以用于交换的社会资源，可以用来解决其他形式的稀缺，而贫穷的人缺钱，这很容易导致其他方方面面的稀缺，例如高质量的医疗保障、丰富的社交圈、多样化的教育资源、可供自由支配的时间，大量的认知资源不得不被用来处理如何应对眼前的生活窘迫这一问题，

随之而来的是接收新信息、分析判断、抑制冲动、规划未来等能力的下降（魏巍和龙志勇，2014）。

尽管追求物质也是工作很有意义的其中一个理由，但单纯或过度追求物质不一定带来意义感。在一项关于工作意义的访谈调查中，所有被调查者都提到，获取物质报酬是工作的意义之一，但他们对此提及的顺序并不相同。年轻的基层员工一般会首先谈及钱；对于中层员工来说，如果公司及个人发展态势良好，会先谈及工作挑战性，如果公司和个人发展前景有限，才会先谈及收入状况；对于高层员工来说，工作意义则首先意味着权力获取、自我发展和个人价值的实现，其次才是获得金钱（尚玉钒、马娇，2011）。此外，物质追求所带来的幸福感是不长久的。研究表明，缓慢、稳定的收入增长会带来幸福感的提升，而收入的迅猛增加反而可能带来幸福感的下降（李静、郭永玉，2017）。一些因中奖而一夜暴富的人，会变得越来越焦虑，开始担心别人会对自己的钱财图谋不轨，不得不周旋于建立在金钱基础上的虚伪人际关系，也可能会在大肆挥霍纵欲后觉得空虚。

总之，过度的物质主义有可能降低人的生活满意度，因为它有可能使人产生过度膨胀却又无法达成的物质追求目标（Sirgy et al.，2013），使人在无尽的欲望中走向心理病态。葛朗台是巴尔扎克笔下的守财奴，他是个大富翁，对金钱有着近乎变态的欲望。他精神生活贫乏，几近漠视亲情、丧失人性，唯一的乐趣就是攫取和积攒更多的金钱。他一生居住在阴森森的老房子里，过着一种精于算计、六亲不认、孤寂清冷的生活，缺乏精神温度的冰冷心理断送了他本可以享受的天伦之乐。

意义感不只来源于积极经历

人们容易从积极的、快乐的经历中获取意义感，但有时候某些令我们伤心的甚至痛苦的经历，也能给我们带来意义感。

意义疗法的开创者弗兰克尔在他的著作《活出生命的意义》一书中指出，"人主要关注的不是获得快乐或者避免痛苦，而是看到其生命的意义。这也是为什么人们甚至准备着去受苦,即使在看似毫无希望的境地,即使面对无可改变的厄运,人们也能找到生命的意义。那时重要的是,能够见证人类潜能的极致,即人能够将个人的灾难转化为胜利,将个人的厄运转化为人类之成就。一旦找到了意义(比如牺牲的意义),痛苦就不再是痛苦了"(吕娜,2010)。诚然,当我们的生活和工作顺风顺水时,我们更容易感到生命的价值。比如当我们取得成就,经常得到家人认可、领导表扬和同事尊重时,我们更容易肯定自我存在的价值和意义,"我的确很不错,我的家人为我骄傲,我在公司很重要"。但当我们遭遇不如意时,并非每个人都能很轻松地从中提取意义感,更多时候我们容易陷入否定状态,否定自己的价值,否定这一段不好的经历。这就需要我们锻炼转换思维的能力,学会用积极的视角来看待那些负性事件,比如将其视为代价;如果我们自身或者周围其他人能从中得到更有价值的东西,那么,经历这些负面的事情于我们而言就有了意义。

尽管我们可以在不快乐的、痛苦的经历中获取意义感,但经历痛苦却不是获取意义感的必要途径。弗兰克尔这样解释:"遭受痛苦不是寻找意义的必要方式,意思是,即使在遭受痛苦时,人们也有可能找到意义,假如痛苦是不可避免的话。如果痛苦是可以避免的,那么有意义的事就是去消除痛苦的根源。遭受不必要的痛苦与其说是英雄行为,不如说是自虐。"(吕娜,2010)面对负性事件,增进意义感更为重要的方式是,找出负性事件发生的原因,尽可能地将它们消除,避免未来再次落入同样的处境。

举个具体的例子。2020年对我们所有人来说都难以忘怀,这一年春节,没有亲朋聚餐,没有热闹街市,全民抗击新冠肺炎疫情。疫情让我们紧张、焦虑、恐惧,但这段不愉快的经历对我们来说却有着深远的意义。作为普通人,我们进行了一场足不出户的疫情抗击战,也因此有了难得的静心休养、安静思考和陪伴家人的时光。更重要的是,我们掌握了怎样正确佩戴口罩、有效消毒杀菌等医护常识,养成了勤洗手、勤通风的习惯,拥有更健康的生活方式。我们更加认识到生命的脆弱和珍贵,更加珍惜与家人相聚、在学校学习、在公司上班的日子,能以更热情的态度投入以后的生活和工作。我们也更加深入反思人类与自然万物的关系,能更尊重爱护自然。

意义感与幸福

寻求、体验生活和工作中的意义是人类的基本需求,意义感与幸福感联系密切,是促进幸福感的基本要素。意义感能够促进幸福感,主要是因为意义感能给人带来目标感、方向感、价值感,从而有助于提高幸福水平(苗淼等,2018)。人生如果有了目标和方向,就有了前进的动力,活着就有了奔头,生活起来就会很带劲儿,幸福的感觉就会油然而生。

央视曾做过基层幸福感调查,询问老百姓心声:"你幸福吗?"在各式各样的幸福回答中不难发现,幸福的人往往在生活、工作中有期待、有目标。例如,对学生而言,幸福是"每天过得充实、快乐,不去担忧不该担忧的事情",能追求自己的喜好;对新婚者而言,幸福是"可以娶新娘回家",能携手创造未来的美好;对商贩而言,幸福是"社会安全系数高,没有市霸,做生意能安心、能赚钱",能有收入养家。可见每个人眼里生活的意义不同、生活侧重点不同,但他们赋予的生活意义感让他们都体会到了幸福。

在人们承受压力、遭遇挫折、处境艰难时,如果内心有坚定的对生活的希望和意义感,能给人们带来强大的动力去克服困难,追求属于自己的幸福生活。许多研究证明了这一观点。例如,贫困大学生需要承受学业和经济的双重压力,更容易持有悲观的生活态度,甚至出现自杀倾向;但当贫困大学生有高水平的生活意义感时,他们会有明确的目标,对未来有所期待,因而能更积极地应对挫折,保持更高水平的幸福感体验(谢杏利和邹兵,2013)。又如,临退休人员需要面对离开工作岗位的失落感,面临生活节奏、社会角色及社交网络的改变等潜在压力,容易感到焦虑、不安,影响其幸福感体验;而高水平的生活意义感能使临退休人员保持对生活的控制感,从而缓解其消极情感,维持其幸福感水平(苗淼等,2018)。

现实中更是不乏这样的例子。在云南腾冲,有一户"护林员之家",祖孙三代接力守护了高黎贡山七十年。他们需要钻山攀岩、应对诡谲天气、与盗伐者斗智斗勇,条件艰苦不言而喻,然而,护林过程中,他们得以与各种新奇可爱的动物为伴,见证了荒坡成为郁郁林海,对大山的热爱使他们以此为荣、为乐。"这是当护林员才能享受到的眼福，这个工作很刺激很有意义，为了保护好这些可爱的动植物，吃多少苦受多大的罪，都是值得的。"正是护林员工作的意义使他们在艰苦工作中获得了幸福感。这种对工作的热爱，体会工作带来的价值感，使他们把在别人眼里没办法承受的艰苦条件、乏味的工作看成非常有趣、有意义的工作，为此，他们也体会到别人无法理解的幸福。

别让意义感变成"沉重锁链"

意义感使人容易获得更积极的心理状态和更高的幸福感，但这并不意味着，意义感总是会带来正面的影响。高度的意义体验有时也是一把双刃剑（宋萌等，2018）。

高度的意义感可能会给个人带来很大的压力。《南京大屠杀》的作者张纯如曾引用乔治·桑塔亚那的不朽名言警告世人："如果不能记住过去，那就注定要重复它。"为了还原那段历史真相，张纯如走访各地，搜集资料，打开一个个尘封已久的故事。她看到了扭曲的人性、沉重的苦难，一次次地痛哭、失眠、做噩梦。但她决心要还原真相，为国人伸张正义，让世人铭记历史。因为这份沉甸甸的意义感和使命感，她在痛苦和煎熬中选择了负重前行，最终她完成了这部巨著，却也因此患上了抑郁症。一项关于饲养员工作意义感的研究也表明，高度的工作意义感可能给个人带来负面影响。研究者发现，如果动物饲养员将工作视为使命，对动物饲养抱有很高的热情，有着高度工作意义感的同时，也会伴随着个人牺牲。他们往往有更高的道德责任感，认为自己应该尽最大努力做好工作，愿意为工作投入更多的时间和精力，放弃安逸的工作条件，所以这样的人更有可能出现身体上的损耗，管理层甚至会给他们分配更多的工作（Bunderson & Thompson，2009）。

高度的意义感会让我们看轻个人得失、做出个人牺牲，但由于社会比较的存在，这在无形中也可能给其他人造成压力，甚至可能给其他人带上沉重的道德锁链。《吕氏春秋》中子贡赎人的故事即是如此。鲁国法律规定，如果鲁国人在外国见到同胞为奴受难,帮助其恢复自由后,可以从鲁国国库报销赎金。孔子的学生子贡赎回一位鲁国人,却没有领取国家的报销金。孔子并不赞同子贡的做法,他对子贡说,"你收下国家给予的补偿金并不会有损品行,但你不收补偿金的话,鲁国今后就没有人再去赎回自己遇难的同胞了"(张双棣,2011)。或许在子贡看来,不计得失地解救同胞彰显了道德风范,是一件非常有意义、值得做的事情,他并不在意为此付出金钱。但是,他的做法抬高了道德门槛,可能使其他人遭遇选择困境:赎人取其金,在道德高度上却显得低人一等;赎人不取其金,确实高尚,却增加了一笔支出。不是所有人都像子贡一样富有,这些人对金钱的价值感知可能与维持道德名声的价值感知不相上下,所以他们很可能选择漠视沦为奴隶的同胞,避免自己陷入两难处境。

  创造生活中的意义感也是一样的道理。为了让平凡的日常生活变得更有趣、更有意思,人们创造了各种有意义的节日:"结婚纪念日""表白一百天""毕业十周年"……这样的节日增进了积极人际关系;家里买了各种颜色多种形状的盘子,炒好的菜要摆成漂亮的形态才上桌……这些充满仪式感的活动和做法确实能带来愉悦,令人对生活充满热情。但如果频率过于频繁,给当事人或周围人带来压力,不知道该怎么再创造惊喜,为自己黔驴技穷而苦恼,自我否定,这时候追求的生活意义感就会带来负面影响。所以,无论是工作意义感还是生活意义感都要适当和恰当,才能帮助我们实现自己期待的生活状态。

创造属于你的意义体验

感受生命的力量——敬畏和热爱生命本身,认识生命的力量和意义

凯文·海因斯是一位活跃在世界各地的心理健康理念倡导者,他四处分享自己的故事,帮助那些饱受心理问题、精神疾病困扰甚至想要自杀的人。你或许不会想到,曾经的他一度抑郁,十九岁时从桥上跃入海中,试图结束自己的生命。然而,他奇迹般地生还了。因为非常神奇地,有一只海狮不断顶着他,让他漂浮在海面上,直到救援人员赶到。坠海时的巨大疼痛、在病床前守护他的养父母,还有那只似乎在冥冥中告诉他别放弃生命的海狮,这些经历让他真正认识到生命的宝贵,成为他生命中重要的转折点。而今的他坚信,每个人都有强大的精神力量,能够创造美好生活,并且将这一理念向更多人传递。可见,能够热爱、敬畏生命,认识到生命的存在本身就是一种奇迹、一份天赐的礼物,认识到生命所蕴藏的强大力量,是能够体验生活、工作的意义,进而收获幸福的重要前提。

放眼自然,各种大小生灵都在以各自的方式诠释生命的力量。《本草纲目》里记载了这样一种草药,它名为"万岁草"或"长生不死草"。是不是光听名字就令人很好奇?这究竟是怎样的奇珍异草?其实,这里讲的是一种经常生长在向阳坡岩石缝里的蕨类植物:卷柏。它看起来非常不起眼,却有着"九死还魂"的神奇本领,"万岁、长生,言其耐久也"。它"逢旱而死",缺水的时候,它能蜷缩枝叶,甚至还能连根而起,随风飘移,看上去就像已经枯死了一样;然而,它也能"遇水而生",当重获雨露甘霖,它又能伸展开来,重新扎根,恢复盎然

生机。生命力之顽强堪称奇迹！我们能否从它顽强的生命力中获得力量？所谓的"长生不死"，与其说是其"形"，不如指其"魂"、其"神"；长生的是其顽强的精神、活下去的愿望，活下去就是其简单的价值和意义。

自然界万物皆有灵，很多动植物会给我们带来感悟。不妨在工作之余，去感受自然中那些随处可见的生命力量。或许我们可以看见，绿化带树木根节沿着砖缝错落蔓延，随风散落的不知名种子已在墙角窜出方寸天地，飞鸟衔着从人类世界收集来的细小物件欣欣然装饰巢穴……此时，我们的内心是否也会被这些小生灵用力生长的样子所感动和震撼？作为万物之灵的人类，我们又有什么理由不用尽全力生活呢？不去感受我们已有生活的美好呢？

大自然的美能给我们带来心灵的洗礼。浩瀚无垠的大海，让我们顿时心胸开阔；高耸入云的山峰，让我们产生探险的欲望；自然界春夏秋冬各自的美，让我们感叹大自然的高深莫测；各种植物的千姿百态，各种花朵的竞相绽放及其展现的千娇百媚，让我们感受到每个生命的独特；各种动物生存环境千差万别，但它们不畏艰难险阻、寻求生存繁衍后代的过程，让我们感受生命的力量和简单的幸福。所以，不妨多出去走走，亲近大自然，感受大自然带给我们的力量。即使没有时间走出去，在阳台养一些花花草草，也一样可以感受生命的力量和伟大。生活处处都是学问，只要我们善于观察和思考，生命的意义就会不期而至地出现。

领略建筑、艺术等文化作品的内涵——感受心灵深处的涌动

人类的智慧产生了思想、想象力，缔造了人类绚烂的文化、历史。人类把动物的两大本能——生存和繁衍变得丰富起来，赋予其特有的意义感。人们所创造的各种事物，融合人的主观思想情感，意义感便是这样一种主观感受，是我们给自己的生活、工作定义的一种价值，而这种抽象的价值理念、价值诉求可以通过具体的物象来传达，从而让这种物品、形象具有了特殊的意义。例如，图腾文化在世界各国都存在，尽管具体物象不同，但传递的意义有相同之处。中国人崇拜

龙，赋予龙以特殊的意义，我们都是龙的传人。

生活中我们要做个有心人。用心感悟就可以发现，承载了人们不同价值追求的具体物象其实无处不在。例如，一砖一瓦构筑的多样化建筑，便是不同时期、不同地域的人们不同生活价值理念的一种具体载体。故宫殿宇庄严宏伟，布局严谨有序，是皇家对威权、秩序、礼法的重视；江南园林亭榭参差错落，草木池塘相伴掩映，体现文人不落俗尘、寄情山水的志趣；沿海骑楼上宅下铺、住商合一，展现商埠民众对开拓创新、创业致富的渴望；受当今年轻人欢迎的Loft公寓既小巧又可以打造复式精致感，反映青年人对时尚、个性生活的偏爱；现代商业区办公大楼拔地而起，设计简约，则诉说着都市白领追求卓越、高效工作的观念……这些都是建筑物传递的不同意义。还有很多很多可以承载意义的物象。尤其是现在商品异常丰富的现代社会，不仅是艺术品，就是一般的商品也有着丰富的意义和内涵。例如，代表了中国悠久文化的茶叶、茶具，茶具的精美造型、沏茶的流程要点、倒茶的顺序与姿势，都蕴含了丰富的人文、艺术内涵。欣赏一次茶艺表演、听一次茶文化讲座，感觉生活中有很多很多需要我们去学习、去感悟。看似简单的喝茶都蕴含着丰富的内涵，是否我们会感觉生活确实需要我们充满热情、充满好奇地去探索、去开发呢？人生的意义可以被赋予得异常丰富多彩了吧？

然而，很多时候我们没能通过表层物象读懂其传达的深层价值理念，对很多美好的事物、艺术作品也可能熟视无睹，没有很好地欣赏、品味其内涵。所以，我们要多去人文气息浓郁、富有意义感的地方走一走，参观展览馆、博物馆、艺术馆、科技馆等，欣赏作品的同时感受心灵深处被唤起的感动，人类拥有的想象力、创造力可以迸发无尽的力量，创意无限。当然，在欣赏文艺作品的时候要以开放的心态，否则，我们容易把那些不同于自己的人和事当作怪谈。比方说，我们大多数人脑海中关于飞鸟、游鱼的图像可能是，鸟击长空，鱼戏流水，欢乐自在。而在清代的中国画名家朱耷笔下，飞禽、游鱼却经常茕然孤立，神态古怪，翻着白眼，怒向青天。初看这些画作，我们或许只会觉得画风怪诞，等我们知道了画家的身世背景后，我们才能真正走进他的画中世界。原来朱耷是明朝宗室子孙，经历了国家破亡、江山易主的苦痛，这些怒目视天的动物，传达的实质上是他不趋炎附势于清王朝、始终热爱和思念故国这种贯穿了一生的价值信念。当我们尝试去了解、理解一些我们不熟悉的事物背后的深层含义时，我们就可以拓展自己的认知，领略一些先前尚未有过的生活、工作意义。

经常去回味那些我们早已熟悉的物象背后的价值含义，我们就能从中获得更持久的意义感体验。比如，当你听到《常回家看看》《听妈妈的话》《鲁冰花》这些熟悉的歌曲时，你可能已经习惯于跟着随口哼出旋律，当作简单的娱乐消遣；但如果你能记得这些歌曲最初想要传达的理念，在哼歌的同时就会联想到自己的家庭和家人，你就能借此一遍遍感悟到亲情这一生活的重要主题。又例如，在你书桌上或许有一个旧摆件，它可能早已被你忽略，但当你再次回顾它的由来时，或许你会想起将它赠予你的友人的祝福，你会再次感慨，原来自己的生活是被爱和温暖所包围的。人总是容易熟视无睹，重温那些我们早已习以为常的事物，就会发现，我们其实置身于一个充满了意义感的世界。

丰富精神世界——让我们对世界的认识更深刻

前面我们提到，物质追求与精神追求是相得益彰的。殷实的物质基础提供了更多实现充分精神追求的机会，然而，仅通过物质追求获取意义感是不够的，在精神追求中体验生活、工作的意义更是必不可少。

在当前快节奏、高压力的环境中，充实的精神生活可以让人在面临不可避免的物质经济压力时保持对生活的热爱，充满意义感。《中国诗词大会》第三季总决赛上，名不见经传的外卖小哥雷海为获得冠军，惊艳四座。他原本是一位外卖配送员，每日风雨无阻、辛苦奔波，生活并不富裕，但他却有着自己的诗意生活，利用等餐、送餐路上等红灯、下班休息的各种碎片化时间背诵诗词，坚持了13年。由于买不起书，他去书店看诗词书籍，回家默写出来，过几天再去书店对照。他就是这样追求着"诗意"。尽管物质上没那么丰富，但他的精神世界充满着诗情画意，那般美好，只有他自己能够感受得到。成名后，各种工作邀约纷至沓来，他拒绝了百万年薪的工作，而选择成为教育机构的教研老师，编写古诗词教材，想与更多的人分享诗词文化。诗词世界中，古时文人墨客面对得失的坦然心态让他在起起落落的生活中始终保持平静内心，通过学习诗词，他对世界的认识更深刻。

一个人可以获得的物质资源其实总是有限的，会受到各种现实因素的制约。比方说，我们能够消费到的物质产品，很大程度上依赖于当时的生产力发展水平，受限于当时市场上企业能够提供的产品类型，就如古时的贵族即便富甲一方，也难以享受到今日的信息化、智能化产品。然而，精神世界却可以跨越时空局限，对谈古今，遐想未来，通过对自我认知体系的一次次更新与重构，超越现实物质条件的限制，获得与众不同的人生意义感悟。例如，革命先驱李大钊，他在日本留学期间开始接触社会主义思想和马克思主义学说，阅读、学习了大量相关文章，思想发生了重大转变，后来，他又对俄国十月革命进行深入分析，更加系统地研究马克思主义，认识到马克思主义可以成为我国革命的指导思想，发表了一系列文章，向国人宣传，为自己、为同时代的人、也为中国革命指出了奋斗的新方向。正是在不断的学习中，李大钊的思想观念逐渐具有了超越所在时代的前瞻性，其人生意义也有了不同的含义，即坚定信仰并投身于共产主义事业。

在信息爆炸的时代，我们很多人都习惯了碎片化学习。不妨静下心来，阅读经典书籍，在充盈的精神世界里感受丰富的人生意义。

超越自我边界——体会更有深度的人生意义感

孟子曰："穷则独善其身，达则兼善天下。"意思是，一个人在不得志的时候，要洁身自好，注重提高个人修养和品德；一个人在得志显达的时候，就要想着把善发扬光大，要惩恶扬善。某种程度上告诫人们不仅要关注自己，更要胸怀祖国、志向远大，这样的人生才更加有意义。杨淑亭是一位美丽的苗家姑娘，参加工作成为一名护士，但一场车祸却导致她高位截瘫，家里也因治疗费用欠下了大量债务，成为贫困户。然而她没有因为身体的不便以及债务缠身而怨天尤人，而是凭借着超强意志力，付出更多的辛苦和劳作，通过经营淘宝仿真花小店，逐渐偿清了债务。在走出贫困和残疾的心理阴影后，她还在村里开设了仿真花扶贫厂房，为贫困的、身有残疾的乡亲提供就业机会，带着他们一起脱贫致富，重获尊严。她也因此被誉为"最美扶贫人"，成为全国脱贫攻坚奋进奖获得者。她在一次演讲中说："我由衷地感觉到我生活在一个最幸福的时代：无论是贫穷还是残疾都无法阻挡我们追求美好生活的脚步。当我的梦想融入了更多人的梦想时，当我的个人价值体现在了更大的社会价值之中时，哪怕是残缺的身体也能活出最完整的生命意义。"杨淑亭以自身行动告诉我们，爱是意义感的永恒主题。当我们超越了自我的利益和边界，不吝惜向四周传递关爱、伸出援手、做出贡献时，我们便能给他人带来快乐，增加他人的福祉，也更能感受到来自他人的肯定、感激和信赖，这些能让我们觉得自己是被需要的、有价值的，从而增强我们的意义感体验。

关爱、帮助他人能体现自身价值、收获意义感，这个结论在研究中也同样得到证实。研究者给每位参与者5美元，让其中一组参与者用这5美元去给别人买一份礼物或者把这5美元捐赠给慈善机构，另一组参与者则被要求用这5美元给自己买一份礼物或者把这5美元用在自己的其他花销上。之后的测试显示，把5美元用在他人身上的参与者，体验到更高水平的生活意义感。这是因为关爱、帮助他人的行为是一种受人欣赏和肯定的行为，能帮助我们赢取他人的认可和良好的声望，使我们有更高的自我价值感和自尊水平，从而增强我们的意义感；这种行为也能增进我们和他人的社会联结，带来良好的人际互动，进而也会使我们更强烈地感受到自己的生活是有意义的（Klein，2017）。

我们在关爱、帮助他人的时候，会有不同的目标对象。有些人更多地关爱自己的家人、朋友，有些人则更进一步，愿意帮助陌生人、关心社会。那么，帮助亲近的人和帮助陌生的人对于提升意义感的作用是否有差异？研究表明，相较于帮助陌生人，帮助自己爱的人是一个更加自然、不需迟疑和特殊理由的过程。所以，帮助亲近的人会增加积极的情绪体验，但生活意义感并不明显，反而是帮助陌生人会创造更多的生活意义体验。当人有更高的自我超越，能够关心人类共同的命运，为创造更美好的世界而付出努力时，其生活意义感的提升是更为明显的（Xi et al.，2017）。就像众多的革命先驱们，他们为了新中国的建立、为了广大人民能够过上好日子，置个人生命安危于不顾，即使是牺牲自己的生命，他们也认为是非常值得的、有意义的。

行善事、定期做一些有益于他人的事情是增强生活意义感的有效方法。我们不妨从现在开始尝试"日行一善"，更多地去关爱、帮助他人。我们可以从向身边亲近的人表达关爱做起，例如早起为家人做一次早餐、为家人准备一份惊喜礼物；再逐渐到更加温暖地对待陌生人，例如下雨时与没带伞的人共用自己的伞、遇到提着很重行李的人主动上前帮忙。行善事的对象也不一定是具体某个人，例如：清扫洒落在地上的水渍，防止有人踩到滑倒；去街边店吃完饭后主动将桌面清理干净，让后来的人有更好的用餐环境。相信在这个过程中，我们不仅会收获更好的人际关系，也能更加真切地感受到自己存在的意义和价值。

倾听自己内心的声音——追寻属于自己的人生目标

研究者指出，追寻目标能够给生活、工作带来意义感（Rosso et al., 2010），即当我们觉得现在所做的事情有助于达成期待中的未来状态时，我们会觉得当下是有意义、有价值的。我们听过太多人的事迹，他们择一梦、逐一梦。比如，"游圣"徐霞客有"大丈夫应当走遍天下，朝临烟霞而暮栖苍梧"的志愿，一生壮游山水，达人之所未达；"杂交水稻之父"袁隆平有两个梦，"一个是禾下乘凉的梦，二是杂交水稻覆盖全球的梦"，毕生投入杂交水稻高质高产研究；故宫博物院院长单霁翔想"让传统文化走进百姓生活，把紫禁城完整地交给下个六百年"，致力于让故宫以时尚、年轻的姿态呈现在世人前……他们也由此收获了充满意义感的工作和生活。

在工作和生活中，很多时候我们感觉很迷茫，好像不知道这么忙、这么辛苦是为了啥。产生这种感受的其中一个重要原因就是我们没有找到自己的人生目标。试想，如果我们有了自己的目标，每天的工作和生活都在一步一步地奔向自己的人生目标，我们还会迷茫吗？还会感觉没有意义吗？是不是还会很有干劲，因为我们又离目标近了一步？那么，我们应该怎样更好地追寻目标、实现价值、收获意义感呢?下面具体介绍三种方法。首先,要了解真实自我,寻找适合自己的人生方向;其次,要怀抱希望,坚定理想信念,坚持行动;最后,要勇于改变,突破各种限制。

了解真实自我

摩西太太是闻名全球的风俗画画家。她从77岁开始作画,如今她的作品在世界各地都有展出。她曾说:"你之所以恐惧、担忧,是因为你不满足,在你的人生清单上列满了太多要做的事情。静下心来,抛开清单仔细想一想,到底哪些事情对你来说是最重要的、是真正想去做的,想好之后,就去好好做你喜欢做的事情,并且把它做好。你要相信,你最愿意做的那件事,才是你真正的天赋所在。""你心里想做什么,就大胆地去做吧!不要管自己的年龄有多大和生活状况如何,因为,你想做什么和你能否取得成功,与这些没有什么关系。"(姜雪晴,2015)可见了解真实的自我,清楚自己真正想要什么是多么重要。

研究表明,如果一个人对自我有充足的认知,能清楚地认识到自己是怎样的人,什么对自己是真正重要的和有价值的,那么,这个人对生活和工作就比较有热情,感觉生活和工作是有意义的。例如,在一项研究中,要求参与者完成写作任务,要求一组参与者详细地写出"你认为你真实的样子是怎样的",另一组则要写出"你在现实生活中是怎样的"。结果表明,描写真实自我的参与者,其内容叙述越详细,生活意义感也越高,而描写现实自我的参与者,叙述内容的详细程度对其生活意义感则没有明显影响。这说明,当一个人能够对真实自我有足够明确、具体的认知时,会对其意义感体验产生有利的影响(Schlegel et al., 2011)。

如果我们能够充分了解真实的自我,我们就能更好地做出判断,找到真正适合自己的人生方向,投身于那些契合和表现真实自我的事情,例如那些符合自身价值观念、与自身爱好相匹配、充分展现自身优势的事情,并且清楚地认识到,当前的付出、忙碌究竟是为了什么,从而能感受当下的意义和价值。可以看到,那些将毕生精力倾注于某项事业且从中获得巨大意义体验的人，往往对自己的志趣、信念有非常清晰的认知，在此基础上做出选择。就像袁隆平院士，他曾在自述里说过，之所以选择学农是源于从小就产生的志趣。小时候参观园艺场、观看电影《摩登时代》，那里面花草美丽的田园风光、瓜果琳琅的农艺乐趣让他心生向往。从那时开始，他就有了要学农的初心，说服了原本不赞成自己学农的父母，攻克了一个个看似不可能解决的技术难关，穷其一生都在追逐美妙的"禾下乘凉梦"。

在现实中，可能也有不少人因为种种原因，没能从事最契合自己的职业。但庆幸的是，在科技手段越来越发达的今天，新的工作方式也正在日渐流行。许多年轻人可以追求多元化的生活，成为"斜杠青年"，不再局限于单一的职业身份，能够利用空闲时间经营自己喜欢的"副业"，例如，成为美食博主、写写小说、开个网店，通过释放真实的自己，努力做自己喜爱的事情，更真实地体验到自己在忙碌日子里朝心之所向缓缓前进。无论从何时真正开始认识自我，或是重新开始追随自我，都不算晚。例如，上海有位徐安玲阿姨，在退休后重拾儿时的书画爱好，进入美院进修；通过十多年的努力，七十岁的她获得了中国美院书法和中国画专业的双学士学位，重拾画笔也填补了她生活中的一大空缺。

那么，我们应该怎样了解真实的自我呢？这里教给大家一个小方法：回忆能带给自己沉浸式福流体验的事情。不妨想想自己在做哪些事情的时候有过忘我投入、忘却时间流逝的状态。当你能够全身心投入某件事情时，说明你在做这件事情的时候，有着比较强烈的内在动机，你的价值取向、兴趣、内在优势等是与之更为契合的，做这件事情时的你所展现的便是更为真实的自己。

对未来充满希望

朝着自我人生目标前进的过程中不可避免会遭遇困难，始终怀有希望是坚定追寻目标、维持意义感体验的重要途径。希望是人对自己有能力找到达成目标的有效途径的信念，以及对自己能够保持朝着既定目标不断前进的动力的信念（陈海贤和陈洁，2008）。当我们坚信能够通过努力实现自己的美好希冀时，我们才能更坚定地面对困境和充满不确定因素的未来，才能始终相信当下所经历的、所做的是值得的、有意义的。

让我们来看看《哈利·波特》的作者J.K.罗琳的故事。她创造了一个让无数人着迷的魔法世界，如今是一位世界知名的作家。但实际上，她的生活曾陷入彻底的失败，不仅失去了工作，还失去了婚姻，独自一人抚养女儿。在困窘中，她却重铸了人生。她全心投入自己喜爱的写作事业，在吃了出版社无数次的闭门羹后，终于将奇幻的魔法世界带到读者面前。作为一个历经了诸多质疑和失败仍坚信自己写作梦想会实现的人，J.K.罗琳说，"你们也许不会落入我曾有过的那种失败境地，但是，人生路上总会有些失败，除非你万事都小心翼翼，但那也意味着你好像没有真正活过一样。我们并不需要用魔法来改造世界，我们在内心深处就已经拥有了所需的所有力量，我们拥有想象更好世界的力量"。不惧失败，敢于想象，这其实便传递出希望的力量。希望，是对未来的美好期盼，需要人勇敢畅想，对实现这个美好期盼的坚定信念。希望的力量让J.K.罗琳勇往直前，或许我们都有过类似的经历，比如遭遇生活变故或是从事不被人看好的工作。唯有怀抱希望，相信能够通过现在的努力为自己赢取更美好的未来，我们才能勇敢地坚持自己认为正确的事情，相信付出是有价值、有意义的。

当我们怀抱希望，相信能够通过自己的努力创造更美好的未来时，就会产生更积极的心理和行为。相关研究也传达出类似的观点。有研究分析了人对未来抱有的不同信念。有些人持有"未来"观念，他们更关注未来，对未来更有信心，觉得可以通过努力创造美好未来，这样的人往往更乐观，会做好规划，并且更好地执行计划、抵制诱惑；而有些人持有"宿命"观念，他们更关注现在，觉得未来是命中注定的，是自己无法控制和改变的，这样的人往往有更消极的情绪状态和更被动的行事风格（Zimbardo & Boyd，1999）。不可否认的是，的确有一些客观环境限制是我们无力改变的，因而，对未来充满希望更意味着我们在清楚认识到环境不利因素的基础上，仍然能够坚信自己可以最大程度地利用有限资源来实现未来目标。

那么，我们应该如何通过训练提升自己的希望水平呢？这里向大家介绍希望疗法（Snyder et al., 2000）。希望理论模型包含的三个重要因素是目标、路径和动力，较高的希望水平说明人相信自己有可行的办法和持续的动力来实现期望达到的目标。下面是具体做法，让我们一起行动起来，乐观地、充满希望地追求我们理想的目标吧。

首先是分解目标：将自己的远期目标分解成阶段性的短期目标，短期目标要难易适中。

其次是多路径思考：写下尽可能多的达成目标的可能路径，以及自己拥有的资源（知识、技能、人脉、性格特质等），分析这些资源在不同路径上可以发挥的作用，判断不同路径的有效性，找出可行性最强的路径及备选的替代路径。

最后是激发动力：给自己设定达成阶段性目标时的奖励，给自己点赞。在实现目标的过程中也要不断给自己动力，增强信心，提高希望水平，不断给自己积极的心理暗示，如："我可以做到！""我不会放弃！"

勇于改变

在我们朝目标前进的过程中，环境发生变化非常常见，这可能会打乱我们原有的节奏，改变我们原有的生活、工作方式，让我们茫然、不知所措，陷入自我怀疑，对意义感造成负面影响。面对外界环境的变化，我们不仅要始终怀有希望，还要有勇气和魄力去积极适应环境，调整固有认知和行为模式，积极发挥优势，进而改变现有环境。这是帮助我们更好地实现自己的长远目标、维持和重建意义感的重要方法。

一位管理人员向我们讲述他在事业上的波折经历。最初，他在公司身居高层，年薪几十万。后来，公司倒闭，他只能寻找新工作，以主管身份入职新公司，年薪只有几万。环境骤变给他带来重重困难，他从高层走向基层，要负责一条完全不熟悉的全新生产线，还要带领一批从各个生产线调来的散沙般的员工。每日面对很低的薪酬和一大堆烦琐的日常事务，让他深感颓丧。但是他并没有一蹶不振，工作很快转入正轨。他把自己原有的优秀习惯带到了新工作中，用超强的责任感、面对问题时的学习与管理能力来应对新工作中出现的难题。他天天下车间，协同工程部寻求技术支持，向有经验的老员工请教设备原理和工艺问题，亲自带领工人一点点地解决难题，用几个月的时间达成了其他团队一年才能完成的任务。付出必有所获，他带领的团队，从散兵游勇变成高度融合的超强团体，成为公司的标杆。团队成员的认同感、荣誉感和凝聚力不断提高，他感受到前所未有的成就感和意义感。由于工作成绩突出，最终他也从基层再次走向高层。

我们仔细分析这位管理人员勇于改变自己的过程，希望对大家有所启发。这位管理人员原来是高管，他的日常工作重心是制定公司整体的发展规划，这种具有高格局和前瞻性的行为代表了他的责任和权力，带来了他在工作中高度的成就感，建构了他的工作意义。而来到基层岗位后，工作环境和工作内容都发生了变化，他的日常工作是解决各种琐碎问题，一时无法从这些工作中获取足够的成就感，因此会有一时的颓丧。在经历了最初的不适应后，他及时调整了自己的心态，不断加深对当前工作价值的认识，认为能够通过自己的以身作则感染员工，认为把一个小团体不断壮大，其实也是人生不可多得的经历。他改变了管理者发布指令、员工执行指令的上下级沟通方式，主动向有经验的老员工请教，寻求工程部的技术支持，深入研究技术问题，改进了原有的生产线工作流程，最终创造了生产线产出的质量标杆和产量标杆。他通过自己的积极改变，重新建立起了工作秩序，再次找到了工作带来的意义感。这说明，如果我们能够调整自我，积极适应环境变化，同时发挥优势，积极寻求环境改变，就能够化被动为主动，有效应对环境骤变带来的负面影响。

面对环境变化，积极主动的应对策略比消极被动的应对策略更为有效。有研究分析了新产业工人在适应城市环境时采用的不同策略。他们有的采用整合策略，他们既能认可自身原有的乡村文化身份，保持自身的某些特性，也能积极地与城市群体交流，融合城市文化；有的采用同化策略，抛弃原有乡村文化身份，热衷吸纳城市文化；有的采用分离策略，固守原有乡村文化身份，排斥城市文化；有的采用边缘化策略，封闭自我，对乡村文化和城市文化都不感兴趣。面对生活和工作环境的变化，整合策略最为积极、最具灵活性，采用这种策略的新产业工人来到城市工作后，幸福感和适应状况都会更好（王芳、李志荣，2014）。

7 意义感

那么，我们可以从哪些方面着手做出改变呢？可以参照前面章节自我成长部分，寻求主动的自我成长其实就是改变自我。下面两个小技巧也可以尝试一下：

改变自己的认知方式。例如，假设自己是一个追求新鲜感的人，却做着一份档案录入的工作。如果只关注工作的流程，就有可能觉得工作枯燥无聊、没有意义，但如果将关注点从工作流程转移到工作内容，看到不同人的档案，就像在阅读不同人的人生故事，也不失为一种新鲜的体验。

改变自己所处的工作、生活环境。例如，退休人员在家中经常感到无所事事、有点无聊，这时不妨走出户外，发展兴趣，结识新朋友。

总结

  我们来到这个世界的过程，本身就充满意义，我们是从无数精子的竞争中脱颖而出，以胜利者的姿态来到这个世上。甚至在我们出生之前，我们已经改变了父母的人生。伴随着个人的成长，我们会经历"自己是世界的中心"到"自己对世界微不足道"，最后又回到思考"自己存在的意义是什么"这样一个螺旋上升的过程；甚至在自己的人生结束之后，我们或多或少还会影响子孙后代的生活方式。没有任何意义的人生是不存在的，每个人都有存在的价值和意义，这种认识会带给我们积极情绪，使我们充满幸福。负责任地生活和工作就是很有意义的事情，憧憬未来一定越来越好，不管路有多长、有多艰难，只要在奔向理想目标的道路上，生活就充满意义和幸福。

8 积极的人际关系

开篇案例

英国电视台曾策划了一档节目"In Solitary",来测试完全切断人们的社会交往会产生怎样的影响,人们是否可以忍受没有任何社会交往的生活。节目组随机选择4名成年人,将他们分别关在不同的密闭房间中。五天时间里,研究对象虽然可以携带图书、桌游等娱乐用品,但是不能与任何人接触,也不能通过电话、网络与外界取得联系。

实验开始前,各位研究对象都信心满满,认为自己完全可以应对这样的挑战。然而令人意外的是,仅仅五天,人际关系的缺失对他们的心理和生理都造成了极大的损害。1号研究对象在独处仅仅3个小时后就开始情绪崩溃,感觉孤立无援,甚至要拿出丈夫写的书信才能勉强支撑,最终在实验开始仅4小时45分后选择退出。2号研究对象也在实验开始24小时后情绪失控,选择退出。剩下的两名研究对象虽然坚持到了最后,但却出现了种种不良的身心反应。3号研究对象不仅出现了呕吐症状,而且对摄像头产生了依赖。每当他能够确定摄像头外有人注视他时,他才能保持平静,一旦摄像头调整角度,他就开始崩溃。4号研究对象甚至出现了幻觉,她坚称看到洗手池里有一只狗陪伴着自己。

虽然这个节目不是严谨的心理学实验,可能还有其他的原因造成这样的结果,例如陌生狭小的环境、时刻被人监视等可能会造成人们的紧张焦虑,但这个节目的确证实了人际关系的重要性,不和外界建立任何连接的独处会对人们的心理和身体造成很大的消极影响。有研究表明,66岁到80岁独居老人的早亡概率比非独居老人高12%,45岁到65岁独居成年人的早亡概率甚至比同龄人高出24%(Perissinotto et al.,2012)。

人际关系是什么？

没有人是一座孤岛

马克思曾说，"社会是人们交互作用的产物，交往是人类的必然伴侣"。人具有社会化的属性，在社会中生存，每个人都不可避免地需要建立各种各样的人际关系。1920年，美国传教士辛格在印度发现了两名被狼抚养长大的女孩，她们没有任何人际交往经验，完全不具备人类的特征，不穿衣服，四肢走路，食用生肉，没有人类的情感。辛格将她们带回人类社会后，两个女孩才开始学习人类的行为模式与生活习惯，然而至死都没能成为"正常人"。可见，要成为人类社会的一分子，每个人都必须经过社会化过程，建立各种各样的人际关系。人际关系能满足我们对归属和爱的需求，狼孩中的姐姐卡玛拉回归社会后与养母建立了深厚的情感联系，第一次体验到了爱与幸福。正如约翰·多恩在《没有人是一座孤岛》一诗中所写的，"没有人能自全，没有人是孤岛。每个人都是大陆的一片，要为本土应卯"，积极的人际关系会给我们带来快乐。

人际关系指人与人之间通过交往形成的相互之间的心理关系，在人们的交往互动过程中逐渐形成并相对稳定，具有感情色彩。夫妻或情侣间的亲密关系，朋友间的友情关系，原生家庭及新生家庭成员间的家庭关系，与同事及上下级的工作关系等都属于人际关系范畴。人际关系的实质是人与人之间心理上的距离，心理距离的远近可以决定人际关系的亲疏。虽然我们每个人可能有很多朋友，但关系的远近也有所分别，有的人是可以分享隐私、无话不谈的至交，而有些人只能是泛泛之交的普通朋友。

我们为什么追求人际关系？

人类是社会性动物，与他人进行有意义的交往并形成良好的关系是人类社会生活的前提，所以人际关系对人类的生存与发展具有重要的意义。心理学家鲍姆斯特等人（Baumeister & Leary，1995）指出，归属需要是人类最重要、最基本、最广泛的社会动机。人们寻求与他人交往、交朋友并进一步发展成为亲密关系的倾向，源于自身生存的遗传特质。为了生存，人们需要与他人交往。人际交往能够促进信息共享，有利于人类生存；人际关系的价值还凸显在更深的情感层面，能够满足人们归属与爱的基本诉求。根据马斯洛的需求层次理论（见图8-1），衣食无忧、生活稳定的人自然会产生强烈的爱与归属的需求。我们之所以渴望拥有人际关系，是希望自己能够归属于某个群体，在群体中处于恰当的位置，并且被他人认可与接受。以下两个条件可以帮助我们满足爱与归属的需求：首先，我们需要一种稳定的、可持续的关系给我们带来情感关怀；其次，我们还要频繁地与他人进行积极且愉快的接触与互动。简单来说，我们想要满足自身对爱和归属感的需求，就必须努力形成和维持与他人之间的积极人际关系。

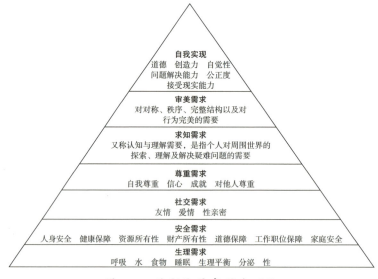

图8-1 马斯洛需求层次理论

当我们的归属需求得到满足的时候，我们会体验到愉悦和幸福。有研究者从20所大学招募了40名成年人，要求他们对32个幸福感的来源进行选择并且按照重要性排序，如身体健康、帮助他人、体育活动、家庭支持等。结果发现，无论是男性还是女性，最首要的幸福感来源都是积极的人际关系，如亲密关系与家庭支持等（Crossley & Langdridge，2005）。可见，在获得幸福感的过程中，积极的人际关系是极为重要的一个方面。而当我们的归属需求无法得到满足的时候，我们会感到孤独，甚至痛苦（Baumeister & Leary，1995；Maslow，2013）。当代社会中，校园冷暴力事件频频发生，人际排斥成为最具伤害性的侵犯方式之一。据报道，日本一名初中女生在学校受到孤立，经常独自吃午饭，休息时间也因被排挤而要躲到厕所里。班级里所有女同学都不与她有任何交流，她们会偷拍这个女生，并发在群里奚落和嘲讽她。女生长期被孤立，对这种糟糕的人际关系深感绝望和痛苦，最终选择结束自己的生命。

每个人都渴望积极的人际关系

人际关系学大师卡耐基曾在《人性的弱点》中写道：获得积极的人际关系是每个人的"人性"。人类有爱与被爱的本能，每个人都渴望积极的人际关系。虽然生活环境不同，个性特征迥异，但每个人对积极人际关系的追求是相似的。有学者认为（Atkinson，1954；McAdams，1980），有两种主要动机影响着人们的社会交往：一是人类天生具有的亲和动机，即寻求和保持与别人的积极人际关系，追求温暖的感受；二是克服寂寞的动机，寂寞是指人们的人际关系缺乏某些重要成分时所引起的主观上不愉快的感受，为了摆脱寂寞并得到温暖，人们需要积极的人际关系。

根据马斯洛需求层次理论，归属与爱的需求发挥作用的前提是生存需求得到满足。也就是说，衣食无忧的人才有足够的精力发展人际关系。作家天下霸唱曾在书中写道，"穷人没有生活，穷人活着只有生存"。那么，我们不禁想问："穷人难道就不渴望积极的人际交往吗？"根据真实事件改编的电影《何以为家》也许可以告诉我们答案。12岁的男孩赞恩生活在极度贫困的环境中，终日为生存奔波，然而赞恩从未放弃对温暖与爱的寻找。他想尽一切办法阻止父母用妹妹换钱，在父母强迫妹妹嫁人后更是离家出走，与同样贫穷的拉希尔母子互相关爱，彼此扶持，哪怕无家可归，即将饿死，他也不愿意将拉希尔的儿子抛弃。可见，无论是在富贵中生活，还是在贫穷中挣扎，每个人都渴望建立积极的人际关系，并从中得到爱与温暖。

最近几年，"社恐"逐渐成为流行语，引起了广泛的共鸣。虽然"社交恐惧症"原意是一种病态的神经症，但现在大家所说的"社恐"更多的是一种标签，指代那些害怕和抗拒人际交往的人。在当代社会，"社恐"似乎逐渐成为常态。2019年，《芬兰人的噩梦》一书引爆网络，这本书展现了芬兰人的"社恐"，他们排队间隔一米，公园长椅朝向不同方向，很多网友纷纷发文表示羡慕，自称"精芬"。越来越多的人展现出对社交的抗拒，难道真的是越来越多的人不渴望积极的人际交往吗？其实不然。所谓"社恐"，只是因为疲倦或内向而对社交产生恐惧或抗拒，但是他们内心深处也同样希望能够建立积极的人际关系。豆瓣有一个名为"社恐抱团取暖"的小组，吸引了将近3万豆瓣用户加入，他们互相鼓励，彼此支持。拥有13万成员的"社交恐惧"贴吧中也有大量的"社恐"人士咨询如何与他人相处、如何交朋友等。可见所谓"社交恐惧"，恐惧的并不是社交，而是无意义、低效率的社交，或者是不懂得如何进行社交，其实他们内心深处也同样渴望体验到爱与关怀。获得积极的人际关系并从中体验到幸福是我们每个人都渴望实现的，尤其是在现代科技手段下，人与人之间交往的方式发生了很大的变化，不愿意面对面交流的人，还可以通过技术手段在虚拟世界进行交流和沟通，同样也可以满足归属和爱的需求。

积极的人际关系是幸福感的重要来源

甜蜜的亲密关系、温暖的友情关系、和谐的家庭关系与良好的工作关系都能增强我们的幸福体验（Diener & Seligman，2002）。无论年龄大小，建立并维持积极的人际关系对幸福感的影响都很大。根据埃里克森的心理社会发展理论，人的一生可以分为童年阶段、青春期阶段和成年阶段。在不同的成长阶段，因为面临的核心任务不同，也会有不同的社交需求和人际关系的结构。我们先来了解一下这三个阶段面临的主要任务以及交往需求。

童年阶段

儿童的主要任务是满足其吃喝拉撒睡的基本生理需求，交往需求是寻求父母的照顾与庇护，父母对孩子无条件的爱是孩子建立对世界信任感以及自尊的重要前提。此阶段的儿童与父母的关系最为重要，充满爱的家庭氛围对孩子形成安全的人际关系影响很大。儿童与父母或养育者之间的安全型依恋关系对他们成人之后的人际关系有着不可忽视的重要影响，所以尽管婴儿不会说话、不会走路，但并不代表他们没有社交需求或者与其互动的必要，养育者依然要尝试和他对话，用实际行动对婴儿的人际交往需求给予及时的反馈和恰当的满足，否则会造成孩子对世界的不信任、不安全感。儿童的人际关系以与长辈的垂直关系为主，家长、老师对他们的影响更大。当然，学龄期的儿童进入学校与同龄人接触，也开始发展与同龄人的平行人际关系，父母要注意引导孩子与同龄人的交往，帮助孩子走好对外人际交往的第一步。因为童年期儿童身心发展的特点，他们的人际关系不够稳定，所以家长对孩子经常换朋友、与朋友"闹翻"等现象也应该多一些宽容和理解，引导他们正确的人际交往技巧。

青春期阶段

进入青春期阶段的青少年主要任务是学习知识、接受社会规范，这时候他们"自我意识"开始觉醒，希望回答"我是谁""我在社会中处于怎么样的地位""我以后想成为什么样的人"等一系列问题。除了家庭关系，友情关系的地位日趋重要。青少年需要通过与同龄人的交往明确自己在群体中的地位，并且填补由于亲子关系松散造成的人际交往的空缺。青春期人际关系发生很大的变化，主要表现为从精神上脱离对父母或成人的依赖，建立和适应友伴关系，尤其是异性关系越发重要。此时父母对孩子困惑的倾听和适当指导十分重要，父母要关注孩子的心理变化，学会逐渐放手让孩子自己做判断、做决定，这对青少年的成长和正确认识自我、获得幸福有重要意义（Grotevant & Cooper, 1985）。此时，青少年还要积极开展同学之间、师生之间的交往，建立友情关系，在人际的积极互动中获得幸福和快乐。

成年阶段

成年时期很长，所以不同的阶段又有不同的任务和人际交往重点。再分阶段概括一下：首先，成年早期身心已经相对成熟，开始渴望发展亲密关系，爱情与婚姻变得重要，成年人寻求积极而和谐的亲密关系，从而获得亲密感与幸福感。其次，成年人的另一重要任务是追求自我价值，向理想中的自我靠近。因此，成年人需要进入职场，他们的大部分时间开始在工作场所中度过，此时，积极的上下级关系及同事关系对成年人顺利完成工作有重要的影响。再次，获得爱情亲密关系的成年人，开始组建新生家庭，生儿育女、抚养下一代变成首要任务。除了亲密关系与工作关系，亲子关系的地位逐步提升，和谐的亲子关系能够给成年人的生活带来幸福。最后，在成年晚期，退休之后原有工作关系消失，亲子关系与友情关系逐渐占据重要地位，因此，老年人会更加关注子女的生活，想要得到他们的陪伴和倾听；同时，积极发展友情关系，充实生活，收获幸福与快乐（Furman & Buhrmester, 1992; Markiewicz et al., 2006; Palchykov et al., 2012; Wrzus et al., 2013）。

由于不同年龄阶段的主导人际关系有所差异，下面我们分别介绍亲密关系、友情关系、家庭关系及工作关系对幸福感的影响。

亲密关系篇

幸福需要稳定而美满的亲密关系

随着2020年的到来,第一批"90后"正式迈入而立之年。2019年,58同城发布了《2019年"90后"青年职场生活状态调研报告》,结果显示,超过一成的"90后"年轻人没有恋爱、结婚的倾向,有4.1%的"90后"表示自己是不婚主义者。尽管在当今社会,单身主义者与不婚主义者的比例开始增加,但不可否认的是,爱情与婚姻仍然是我们生命中重要的组成部分。大量科学研究与生活经验已经证明,稳定的亲密关系可以为我们带来幸福与愉悦的体验。

首先,拥有稳定的亲密关系能为个体带来幸福,无论亲密关系的质量如何。受法律保护的婚姻关系比同居关系能带来更多的幸福感,而同居关系比恋爱能带来更多的幸福感(Dush & Amato,2016)。也就是说,先不管关系的好坏,总体上讲,已婚的、有男女朋友的比未婚的、没有男女朋友的单身的人更幸福,如图8-2所示。

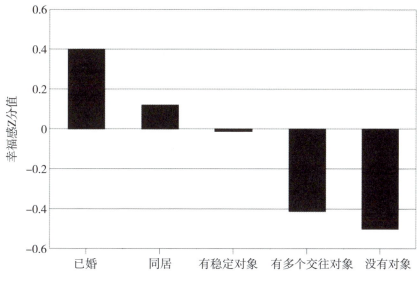

图8-2 关系稳定性与幸福感（Dush & Amato，2016）

其次，拥有亲密关系会让人们感到更幸福，而亲密关系的质量对幸福感的影响更大。健康美满的亲密关系能够给人们带来更多的幸福感，这种积极影响会随着关系的延续而长期存在。反之，如果一段亲密关系中经常出现一些破坏性的冲突，由此导致的痛苦就会严重削弱幸福体验，这种痛苦同样会随着关系的存续而持续存在。一项持续5年的追踪研究发现，那些婚姻关系不和谐的夫妻，离婚后幸福感反而会得到显著的提高（Waite et al.，2009）。电影《蒙娜丽莎的微笑》描述了20世纪50年代美国上层社会的婚姻状态。贝蒂是封建婚姻的维护者，她认为人生最幸福的事情莫过于相夫教子。但不幸的是，贝蒂与丈夫的婚后生活并不和谐，尽管她努力维持着婚姻表面的繁荣，实际上她却更加郁郁寡欢。最后她选择了离婚，重新获得属于她的幸福。诗人徐志摩与张幼仪因为没有感情基础，徐志摩婚后一直实施"冷暴力"，甚至小儿子刚出生就强迫张幼仪离婚。离婚后的张幼仪并没有陷入被抛弃的悲痛，反而积极开始了新生活，不但创建了自己的事业，还重新组建了幸福的家庭。张幼仪晚年表示，"我要为离婚感谢徐志摩，若不是离婚，我永远都没有办法找到我自己，也没有办法成长"。通过这两个例子，我们看到，即使拥有了亲密关系，步入婚姻殿堂，也不能认为幸福就会随之而来。婚姻需要经营,良好的亲密关系需要双方共同持续用心维护。婚姻不是爱情的坟墓,缺少用心的互相关爱和交流、忽视对方感受才是杀死爱情的罪魁祸首。对于一段不和谐的亲密关系,如果问题确实不能得到解决,长痛不如短痛,及时结束这段关系,也不失为一种挽救幸福的举措。

在亲密关系中,不同的人所处的地位不同,扮演的角色亦不相同,从而受关系影响的程度也会有差异。国外学者的研究发现,男性的社会支持系统不够丰富,人际关系模式稳定而集中,他们可能把与伴侣的关系作为最重要的人际支持来源(Palchykov et al., 2012)。对于成年男性而言,爱情与婚姻关系最为重要,男性会单一地过分依赖婚姻。而女性有较为强大的社会支持系统。人际关系则相对比较分散。对于成年女性而言,爱情或婚姻关系只是其生活的一部分,朋友、子女、亲人都能成为其人际关系的重要组成部分(Antonucci & Akiyama, 1987; Gurung et al., 2003),无论对男性还是女性,良好的婚姻关系都是十分重要的关系。然而,尽管男性更依赖亲密关系,但女性的幸福感受亲密关系质量的影响却更显著。可能因为女性一般会对爱情或婚姻关系投入更多的精力,一旦关系陷入危机,会给女性带来沉重的打击,幸福感也比男性降低得更多。

亲密关系(爱情、婚姻)需要用心经营

在人际喜欢与吸引的基础上,人与人之间的关系可能就会从一般关系发展到亲密关系。闺蜜、知己、恋人、夫妻等都属于亲密关系,其中爱情和婚姻是一种特别的亲密关系,是亲密关系的最深层次,我们主要讨论这种亲密关系的维护。相爱容易,相守很难。成年后的人生阶段,亲密关系占据着人际交往的重要地位。要实现亲密关系长久健康发展,需要关系双方共同呵护和努力。

外表吸引力是亲密关系的保鲜剂

亲密关系来源于男女双方相互吸引,一见钟情是我们期许的美好爱情形式之一。因为仅凭一面之缘并不能充分地了解对方的内在品质,所以对于初次见面的

男女来说，外表吸引力是最直接的影响因素。早有研究表明，无论男女，在初次见面时，都会关注外表（Sprecher，1989）。以貌取人虽然片面，但爱美之心人皆有之，大部分人都会无意识地被外貌影响。因此想要建立亲密关系，男性与女性都应该注重保持外表吸引力。尤其是亲密关系建立初期，注重穿着打扮非常必要。有谁愿意和一个邋邋遢遢、衣冠不整的人谈情说爱呢？

外表吸引力并不是简单的容貌和穿着打扮，还包括通过言谈举止流露出的气质和风度，所以提高内在修养更重要。即使穿同款衣服，有些人就能穿出与别人不一样的感觉，这就是人们常说的"不看长相看气质"吧。所以，不要简单地把外表吸引力理解为外表的漂亮、穿戴名贵，人际的吸引更多来自良好的修养、举止得体、尊重他人等。外表不仅对亲密关系初期很重要，对于维持稳定的亲密关系也有重要意义。有研究发现，肥胖男性会面临更多的婚姻问题，当其减肥后，婚姻质量会显著提升（Sobal et al.，1995）。或许你会觉得这样的结论有些滑稽，但认真想想，你是否会因为另一半的形象不如从前而感到失望？是否会因为自己的容貌消损而担心另一半对你的态度有所改变？虽然很多人常将"老夫老妻"挂在嘴边，认为相伴多年的亲密爱人不必过分讲究，但保持自身形象，维持吸引力其实对亲密关系的保鲜十分重要。注重衣着、简单装饰的行为，不仅是为了增强彼此的吸引力，更是自己热爱生活、充满活力的表现。所以，已婚夫妇也要注意自己的形象，比如，可以变换一下衣服的款式、尝试一种新发型，让彼此产生新意，增强吸引力。

当然，外表吸引力在亲密关系中发挥着一定作用，但它并不是亲密关系质量的决定因素，亲密关系更重要的是关系双方内在的沟通与交流。在美剧《了不起的麦瑟尔夫人》中，妻子坚持每天在丈夫起床前化妆，丈夫睡着后卸妆，永远在丈夫面前保持精致与完美，但这段婚姻最后还是以男方出轨而告终。可见，亲密关系仅仅依靠外表吸引力是无法获得长足发展的，因为外表不能长久，谁都会变老，只有精神上的默契、和谐才能保证婚姻亲密关系的永恒。

和谐性生活是亲密关系的润滑剂

婚姻关系中的性关系是其与其他亲密关系的重要区别，夫妻之间和谐的性关系能够激发双方强烈的情感体验，促进伴侣间和谐而持久的亲密关系（Birnbaum & Finkel，2015）。和谐的性生活与婚姻亲密关系是相辅相成的、互相促进的关系。人类的性行为不同于其他动物的交配行为，动物的交配行为只是为了繁衍后代，而人类的性行为更主要的是为了愉悦以及增进感情，尤其在当今社会，繁衍后代可能是人类性行为最次要的作用。所以，婚姻中的性生活可以增进夫妻感情，让亲密关系更加亲密。

对于结婚多年的夫妻，性生活的作用不会随着激情的消退而消失，其重要作用在婚后第一年和婚后第三年没有差别（Henderson-King & Veroff，1994）。对于中年夫妻，性生活的作用更加突出（Kim & Kang，2015）。中国人民大学性社会学研究所潘绥铭教授被誉为"中国性学第一人"，他曾在2000年带领研究团队在全国总人口中随机取样调查夫妻间的性生活质量，发现中国18～29岁的夫妻中有17.4%的伴侣无法保证每个月一次性生活，潘绥铭教授将其称为"婚内乏性"，或"无性婚姻"。但在2010年的调查中，无性婚姻的比例大大降低，18～29岁的夫妻中这一比例降为9.2%（潘绥铭，2013）。经过十年的变迁，中国人逐渐意识到"性"在生活中的重要作用，但仍然有一定数量的夫妻处于无性状态。英国著名的两性学家安得烈·G.马歇尔认为，无性婚姻可能给夫妻双方的感情带来伤害，性生活与亲密关系的满意度息息相关。广西一对新婚夫妇刚结婚不久就决定离婚，究其原因就是性生活不和谐。妻子认为一个星期两三次的频率很正常，而丈夫却只能接受一个月两次性生活。夫妻双方因此产生很深的矛盾，最后选择离婚。所以，在一段亲密关系中，性生活的质量能够影响夫妻二人对这段关系的整体感知，夫妻应该注重性生活的和谐，为亲密关系注入活力。

精神层面的交流与沟通是亲密关系的加强针

2014年，美国电视节目"Married at First Sight（一见面就结婚）"曾经进行过一场疯狂的社会实验。节目组邀请社会学家、心理学家、两性学家共同组成专家团队，详细调查参与者的婚恋需求，最后匹配出三对合适的夫妻进行"包办婚姻"。这三对夫妻在婚礼现场第一次见面，并且婚姻具有效力，双方可以在一个月后决定离婚或继续婚姻。

在这三对夫妻中,其中两对形成了鲜明的对比。第一对夫妻Monet和Vaughn见面后都被对方深深吸引,他们对对方的外貌与言行举止都十分满意,婚礼在欢歌笑语中顺利地进行,他们也在当晚就发生了性关系。而另外一对夫妻Jamie和Doug则恰恰相反,Jamie见到Doug后直接崩溃,她直言不讳地说Doug根本不是她喜欢的类型,参加这个实验是她这辈子最后悔的决定,甚至有逃婚的念头。

但随着社会实验的进行,两对夫妻的发展却让人大跌眼镜。Monet和Vaughn在相处中逐渐发现"三观不合",在蜜月旅行中Monet听着Vaughn侃侃而谈对女性的刻板印象,心中想着"糟糕,我居然嫁给了这种男人"。虽然被对方的外表所吸引且性生活和谐,但随着交往的深入,两人观念上的差异也愈发明显,在一个月后双方都选择离婚;而Jamie则在交往中逐渐发现,她原本并不喜欢的Doug有很多优点,他尊重女性、热情善良、心思单纯,能够理解Jamie不幸的过去并且包容她的敏感。Jamie在交往中逐渐被Doug吸引,双方不仅在一个月后选择继续婚姻,而且在实验结束的6年后仍然婚姻幸福,还有了两个可爱的宝宝。可见,一段亲密关系仅仅依靠外表吸引力或者和谐的性生活是无法获得长足发展的,亲密关系更需要精神层面的交流与沟通。

爱情与婚姻在两个独立的灵魂间进行激烈碰撞,双方需要经过不断互动和协调才能达到步伐一致,共同解决亲密关系中的障碍。可能有人认为,夫妻结婚之后生活在同一个屋檐下,每天同吃同住,彼此之间很熟悉,没什么可说的。殊不知,物质生活上的协调一致(吃饭的习惯越来越同步、休息的方式越来越趋同等)并不能完全代表精神层面的协调共鸣,每个人都在成长变化,所以夫妻之间一定要重视婚后生活中精神上的交流。很多家庭有了孩子之后,夫妻之间很少交流,如果有对话也是关于孩子的事情,交流的唯一主题就是孩子,而不再谈夫妻之间的事情。这样久而久之,夫妻之间就缺少了解,越来越陌生。所以,建议夫妻至少半个月要有一次两人深入交流的机会,不谈孩子的学习也不谈家里的柴米油盐,而是先深情地凝望对方、感受彼此的感情流动,然后沟通彼此近期的收获、心得,了解彼此的精神追求。

保持开放而顺畅的沟通,对亲密关系的维持和发展具有重要的作用。2018年,《小康》杂志联合新浪发起"2018婚姻家庭幸福感调查"。结果显示,影响婚姻幸福的九大因素中，"沟通、理解的意愿和能力"高居榜首。为什么沟通理解能力非常重要呢？因为在亲密关系中，双方对关系状态有着不同的评价与期待，如果不经常沟通彼此的期待，可能就会引发矛盾与冲突。日常生活中，很多家庭矛盾的产生就是由于互相没有理解对方的需求，并且在沟通中不注意方式方法，大家都理所当然地认为自己的想法是正确的。久而久之，日常的小矛盾没有沟通化解，就会酿成大的矛盾和冲突。例如，加班工作是很多企业的常态，加班的一方认为加班也是为了争取升职加薪，给家人提供更好的生活条件；而另一方对经常加班的一方就很是不满，埋怨他（她）对家里不管不顾，没有尽到家庭成员应尽的义务。夫妻间可能出现这样的对话：

"你每天就知道工作，家里什么事都不管！这个家你还要不要啊？我一天天多难啊，我也有工作，还要照顾家！你和工作结婚去吧！这日子没法过了！"

"我也没办法啊，我难道不工作了吗？"

"这个家不需要你，没你也一样！我自己过得也很好。"

…………

这样的沟通方式或许十分常见，但是并不能解决问题，只会使矛盾更加升级。对于抱怨的一方来说，她（他）因为对方的加班而感觉被冷落，没有得到爱人的陪伴和关心，所以才会烦恼和生气。而加班的一方也很是委屈不满，自己努力工作是为了提高家庭的生活水平，自己累得半死却得不到爱人的理解和支持，所以会感到无奈和伤心。

每段亲密关系都难免会发生冲突，导致双方之间产生不满与抱怨，如果用上述的方式进行沟通，最后的结果很可能会不欢而散。同样是讨论加班问题，使用"XYZ表达式"进行抱怨的效果会大有不同。"XYZ表达式"由著名的教育学家海姆·吉诺特提出，他认为合理的抱怨中应该包含事件（X）、情景（Y）、感受（Z）三个元素。在受到广泛认可的《亲密关系》一书中，作家罗兰·米勒也推荐夫妻或情侣间使用这种表达方法。

再回到刚刚的例子，抱怨的一方在谈话中只表达了对方加班这件事（X）带给自己的消极感受（Z），而忽略了情景因素（Y）。所以，加班的一方会因此认为对方完全不理解自己的难处，只是毫无理由地进行指责。但是，如果增加情景因素（Y），上述谈话的走向可能会大有不同。抱怨一方可以表达为：

"你每天加班很长时间，对家里的事情完全不关心（X）"；

"我也有自己的工作，一个人照顾家里感觉负担很重，我每天压力都很大（Y）"；

"所以我对你加班的事情感到非常的不满意，希望你能对我多一点关心（Z）"。

XYZ表达式的抱怨不仅不会让加班的一方觉得对方无理取闹，还会充分理解她（他）产生不满情绪的原因，会更愿意主动想办法做出改变。如果再有恰当的语气语调的配合，后面这种XYZ表达方式还可能增加夫妻感情，让双方更能互相理解和体谅。

夫妻生活过程中出现不一致、冲突是正常现象，但如果双方对出现的问题避之不谈，会给这段关系的未来发展增添不确定性，并且这种不确定性会随着时间的推移进一步扩大，不利于关系的维持（Knobloch & Theiss，2011）。对孩子教育观点的不一致是年轻父母冲突的主要来源之一。曾经有一对夫妻找到我，说他们家庭气氛太压抑，两个人快过不下去了。经过交流，我发现他们两个人之间的感情还是很深厚的，只是两个人对孩子的教育理念差异很大。爸爸认为只要孩子快乐就好，没必要上那么多辅导班、兴趣班，而妈妈却认为孩子至少要上个好的初中，这样考高中、上大学才更有可能，必须要逼孩子努力，别人家的孩子都上辅导班，我们不上就等于落后了。听上去两个人说的都有道理，关键要找到适合每个孩子的最佳方式。问题是这对夫妻都认为自己的观点正确，谁也说服不了谁，后来夫妻两个人就不再进行对话。妈妈要报班，那你就报，反正爸爸索性什么都不管。结果妈妈一个人带孩子筋疲力尽，经常对孩子大吼大叫，爸爸也不闻不问，家庭气氛愈发紧张压抑。这个案例就是非常典型的"因为夫妻之间有冲突而不沟通，结果隔阂越来越大"的案例。因此，夫妻两个人都应该有意识地主动与伴侣讨论亲密关系的状态及未来走向，并且在沟通中保持坦诚的态度，让对方清楚地明白你的感受（Emmers-Sommer，2016）。

平等、尊重与不离不弃是亲密关系的压舱石

人格上的平等、互相尊重是人际交往的基础，尽管亲密关系已经是人际关系的深度阶段，但也不能"忘乎所以"，在家里就可以"为所欲为"。有人说，家里是最放松的地方，所以就可以脱掉伪装表现真实的自己。这句话本身没有错，但要看怎么理解和运用。亲密关系所形成的家里，确实应该是让人们感到温暖放松的地方，可以真实表达自己的情感和想法。但真实表达并不代表"为所欲为"地想怎样就怎样，不尊重对方的发泄、指责等也是不可以的。人格平等的交流和沟通对亲密关系十分重要，无论收入多少、公司职位高低，在家里大家都是平等的，是简单的夫妻关系，维系亲密关系的是深厚的感情。

当然，无论多么亲密的关系，人们也会在意关系中的得失。交互原则是人际交往的基本原则，尽管亲密关系中的得失不是简单的经济上投入产出的比较，更多是感情、精力上的投入、付出和获得对方的关心、关注等非物质的投入产出。不可否认，关系双方在交往中的付出与收获越平等，双方对亲密关系的满意度和关系的稳定性就会越高（Sprecher，2001）。不平等的人际关系会带来很多问题，长此以往会给人们造成心理失衡，甚至有可能导致亲密关系的破裂。《小康》杂志进行的"2018婚姻家庭幸福感调查"表明，过半数的伴侣认为"平等合作与分工型"夫妻关系更容易使双方获得幸福感，维持和谐的婚姻关系。所以，即使在不分彼此的亲密关系中，也要避免某一方的单方面付出，双方应该共同努力经营。就像舒婷在《致橡树》中写的那样："我们分担寒潮、风雷、霹雳；我们共享雾霭、流岚、虹霓。仿佛永远分离，却又终身相依。这才是伟大的爱情。"同样，也不要刻板理解平等合作与分工，不是说在家里一定要分清楚什么事就是男方做的，什么事情就是女方做的，该你做的我就不做。而是有了大原则上的分工后，双方在具体事情上互相支持和帮助，否则就成了现在网络流行的说法——"搭伙过日子"了。"搭伙过日子"不是积极亲密关系的表现，它缺少一些情感成分。

在日常生活中，我们难免会面临很多压力，而来自他人的情感支持可以有效地缓解我们的紧张与焦虑，给我们带来温暖和支持，帮助我们渡过难关。对成年人来说，伴侣是重要的人际支持来源，尤其是单一地依赖来自伴侣支持的男性。想要维持积极的亲密关系，我们必须对伴侣的需求、目标和愿望给予足够的回应、理解与支持（Reis，2012）。研究发现，来自伴侣的情感支持可以有效地降低压力激素皮质醇的分泌，减少双方在亲密关系中的压力与焦虑，避免亲密关系出现风险（Slatcher et al.，2015）。

伴侣之间的情感支持，是收获长久幸福亲密关系的重要因素。在与伴侣相处时，我们应该密切关注伴侣的状态与需求，并及时提供支持和帮助。在很多时候，伴侣想要的情感支持其实很简单，可能一个简单的动作就已足够：温柔相拥、一个亲吻、温柔的回应、不带评判的认真倾听、充满爱意和理解的注视、可以依靠的臂膀……

友情关系篇

幸福需要长久而真挚的友情关系

古今中外，众多文人墨客歌颂友情，如"天下快意之事莫若友，快友之事莫若谈""有朋自远方来，不亦乐乎"。可以说，友情关系几乎贯穿我们的一生。在童年阶段，我们就已经开始寻求同龄小伙伴的支持与认可，渴望友谊，直到我们变老，子女离巢，朋友一直是我们人际支持的重要来源。在真挚的友情中，朋友不仅能够丰富我们的生活，一起吃饭、聊天、游山玩水，还能为我们提供情感上的支持，让我们感到温暖和幸福。快乐与朋友分享又多一份愉悦，悲伤与朋友倾诉就少了一份忧愁，友谊就是相互温暖、相互支持。拥有友谊、被朋友关心我们会感到幸福，当我们被朋友所需要，发现自己对他人有价值，更感到自己对朋友有积极的意义，所以会体验到更多的幸福和快乐（Demir & Özdemir, 2009; Demir et al., 2010）。

大规模问卷调查发现，对于青少年而言，朋友的数量会显著影响他们的幸福感，朋友少的青少年往往会感到孤独与抑郁（Uusitalo-Malmivaara & Lehto, 2012）。同样地，对于成年人来说，朋友的存在也非常重要。不过，朋友的数量并不是越多就一定越好，相较于朋友的数量，友情关系的质量更重要。研究人员曾同时考察朋友数量与友情质量对幸福感的影响，结果发现，同时考虑这两个因素的时候，朋友数量对幸福感的影响减弱甚至完全没有影响了，而友情质量的影响仍然十分明显（Demir et al., 2006）。简单来说就是，朋友的数量多少并非最重要的，关键在于关系的质量。能够拥有与我们志趣相投、精神契合的朋友，维持一段高质量的友谊，才能使我们更幸福。马克思与恩格斯之间的友谊正是如此，他们是一辈子相濡以沫的挚友。在生活中他们互相帮扶，当马克思一贫如洗时，恩格斯即使负债也倾囊相助，以维持马克思的生活。在工作上他们更是互相支持，彼此交换政治意见和研究成果。马克思与恩格斯的友谊陪伴他们共同走过40年，他们一起完成了《共产党宣言》《资本论》等巨著。这提醒我们，一方面要广交朋友，但更重要的是在时间与精力有限的前提下，要懂得在交友上做出取舍。有的朋友仅仅是点头之交，有的朋友却可以推心置腹；大多数人都没有办法做到面面俱到，一生中能够拥有一两个甚至几个志趣相投的朋友，能与其一生相随，会给我们带来无比的温暖与幸福。

友情关系有其特殊性，可能随着交往的减少等发生动态的变化。正如陈奕迅在《最佳损友》中唱的，"来年陌生的，是昨日最亲的某某，生死之交当天不知罕有"。儿时每天一起玩耍的好朋友，也许在二十年后只是生活中可有可无的存在；大学时在"卧谈会"分享小秘密的朋友，也许只能在十年后的同学会上客套寒暄。友情关系不如爱情关系、婚姻关系那么亲密无间，也不像家庭关系有着"打断骨头连着筋"的血缘牵绊。很多时候，随着空间上的距离、生活经历的差异，友情关系可能逐渐疏远。因此，友情关系需要花费更多的时间与精力去维系。研究表明，男性和女性在对待和维系友情方面有着不同的特点。一般来说，男性更喜欢建立大范围的同性团体，他们通过不同的聚会和活动来维持友谊，如男性朋友间更喜欢一起打球、喝酒等。而女性则更喜欢单独与少数的同性朋友进行深入交流，分享彼此的情感体验，比如女性朋友间很喜欢通过逛街、喝咖啡等形式促进交流（Caldwell & Peplau，1982；David-Barrett et al.，2015）。

友情关系需要用心认真维系

真挚的友情是我们一生的宝贵财富，友情关系具有独特性。友情与性无关，不如爱情或婚姻关系亲密。友情也不像家庭关系可以靠血缘维持，接触频率对家庭成员间的亲密程度影响不大，但对友情关系却有着重要影响。随着接触频率的降低，友情也会逐渐减弱（S. G. Roberts & Dunbar，2011）。与亲密关系和家庭关系相比，建立和维系友情关系需要付出更多的努力。

推心置腹，坦诚相待

想拉近与朋友间的距离，我们应坦诚地与朋友分享不轻易公开的感受，甚至秘密，即自我表露。自我表露有助于促进朋友间的相互了解，加深人际关系的深度与亲密度，促进友情关系的发展（Bauminger et al.，2008）。自我表露有不同的层次，最低的层次是互相交流兴趣爱好，有利于双方找到更多的相似性，促进友情关系的深入。第二层次是双方开始表达自己的态度，态度涉及主观评价，更加深入。第三层次则开始交流自我概念与自我的实际情况，可能涉及隐私。一般我们不会轻易将隐私示人，只有最亲密的朋友才能够了解我们的隐私。随着友情的发展，自我表露会逐渐深入，而不同的自我表露水平也可以将不同的朋友区分开来。

美国堪萨斯大学研究员杰弗里·霍尔博士认为，想和他人成为密友，至少需要共处140小时。在这些相处的时间中，无意义的闲聊对于拉近距离毫无作用，朋友间需要进行有意义的谈话才能够提升亲密度。随着信息技术的发展，微信、QQ等线上沟通越来越普遍，无论是通过社交网络，还是面对面进行交谈的频率都可以显著增加我们与朋友间进行自我表露的深度与广度。为维持友情关系，我们应该与朋友保持一定频率的线上交流与线下交往。如果你觉得面对面沟通很难自我表露，你也可以从社交网络着手，先通过线上沟通方式进行聊天。通过社交网络交流能够减少面对面交流可能出现的尴尬局面，从而提高自我暴露的程度，增强彼此间的亲密度（Desjarlais & Joseph，2017）。

自我表露应该要注意双方表露程度的一致性。单方面的表露不但会使过度表露的一方产生不安全感，而且还可能感觉对方不信任自己，不把自己当成真正的朋友，这样更不利于人际关系的发展（Altman，1973）。如果你对朋友分享了内心深处的秘密，但你的朋友却仅仅愿意告诉你自己读了什么书、看了什么电影，你肯定会觉得"他/她没有把我当成真正的朋友，可能只是把我当成熟人而已"。因此，除了对朋友表露真实的自我与内心的想法，我们也要鼓励朋友进行自我表露。

风雨同舟真知己

俗话说，"患难见真情"。当我们感到痛苦的时候，我们都希望朋友可以陪伴在我们身边，对我们伸出援手。同样地，我们也应该在朋友遇到困难的时候给予对方情感支持。一段没有情感支持的友情关系不会得到长久健康的发展。研究表明，在情感支持水平较低的友情中，更容易发生关系疏远的情况，而支持型的友情关系则会更长久（Bushman & Holt-Lunstad，2009）。

《史记·汲郑列传》中记载了一个叫作翟公的大臣，他官至廷尉，广交好友。但当他被罢免后，这些朋友纷纷消失。翟公在大门写道："一死一生，乃知交情；一贫一富，乃知交态；一贵一贱，交情乃见。"真正的朋友是你在困难的时候可以找到的人，而不是那些只在你富贵的时候围在你左右的人。最好的例子就是苏轼的朋友巢谷，在苏轼做官时，巢谷退而避之，而当苏轼被贬谪到黄州的时候，曾经相交的朋友都疏远了他，只有巢谷立马赶往黄州，帮助他盖房种地，陪伴他度过了煎熬的时光。在苏轼再一次被贬谪到蛮荒的儋州时，巢谷已经年过古稀，却坚持拖着病体，长途跋涉看望苏轼，可惜病死在途中。巢谷是苏轼一生无法忘怀的朋友，苏轼的弟弟苏辙曾作《巢谷传》，用"谷于朋友之义，实无愧高恭者"来赞颂巢谷的高义薄云。

娱乐圈中的刘涛和秦海璐也是一对挚友，她们在双方事业最顺利的阶段相逢，成为亲密的朋友。她们可以"同甘"，更能够"共苦"。当刘涛的丈夫破产时，秦海璐第一时间拿着存折赶到了刘涛身边，并帮她照料一双儿女，陪伴刘涛度过了人生中最艰难的一段时光。两人曾在微博上隔空示爱——"我们会一直幸福快乐下去""感恩有你，让我们一路幸福下去"。

每一段友情都离不开双方的互相支持，想维持和发展积极的友情关系，我们应该发自内心地关怀朋友，当对方遇到困难时尽己所能地帮助他。同样地，在我们需要帮助的时候，朋友也会陪伴在我们身边。

如何维持远距离友情关系

离开家乡读书和就业是很多人会遇到的现实，这意味着曾经朝夕相处的朋友有可能成为远方的友人，所以远距离友情关系变得越来越普遍。王勃用诗句"海内存知己，天涯若比邻"形容远距离的友情关系：如果是真正的朋友，即使远隔千里也会像邻居一样亲近。距离的远近似乎并不能影响友情的亲疏，但是现实情况果真如此吗？其实不然。研究表明，地理距离确实会导致朋友间情感支持的减少，如果不努力维持，友情关系也会逐渐疏远（Oswald & Clark, 2003; S. B. Roberts & Dunbar, 2015; Weiner & Hannum, 2013）。不过，保持充分的联系和沟通可以成为维系友情关系的"保鲜剂"。曾获得百万美元票房的黏土动画片《玛丽与马克思》讲述了两个笔友维持真挚友谊的故事。他们通过书信分享各自生活中的喜怒哀乐，两个人的信件跨越了两个大洲，持续了20年。可见，真正影响友情关系的并不是距离，而是友人之间不间断的自我表露与情感支持。随着科技的发展，微信、QQ等社交软件的普及使得"天涯若比邻"成为可能。即使是远隔千里的朋友，也可以通过即时通信设备与其进行沟通与交流，维系亲密的友情关系。可以经常互相沟通工作和生活的情况，有条件的也可以相约去旅游，创造聚会的机会。总之，长时间、远距离，就更要增加线上沟通的频率和质量，才能保持友谊长存。

研究发现，男性和女性维持远距离友谊的方式有所区别。对女性来说，通过社交网络沟通就可以维持友谊，只要保持足够时长的电话或信息沟通，女性之间仍然可以保持亲密的关系。对于女性，一条消息、一个关怀就可以拉近心与心的距离。然而，这种方法对男性却没有作用，男性不愿意进行长时间的电话或信息交流，想要维持友谊就必须通过面对面的活动与聚会（Oswald & Clark, 2003; S. B. Roberts & Dunbar, 2015）。

朋友们身在异地，从客观上讲，确实会造成友情关系的疏远，这就需要我们付出更多的努力进行维持。幸运的是，现在的通信技术非常发达，已经让我们几乎可以身临其境地聊天、对话，所以不要让距离成为疏远朋友的借口。只要给予远在异地的朋友更多的关怀、关爱和支持，友谊之树可以长青。

家庭关系篇

幸福需要健康而和睦的家庭关系

对于大多数人来说,童年阶段与青春期阶段主要是生活在与父母及兄弟姐妹组成的原生家庭中。随着年龄的增长,我们会寻找伴侣,生儿育女,组建新生家庭。无论是原生家庭还是新生家庭,健康而和睦的家庭关系都是影响我们幸福感的重要因素。

原生家庭的影响伴随一生

与父母的接触是我们来到这个世界最初的人际关系体验。父母是我们的第一任老师,当父母向我们传递更多的积极情感、温暖与支持的时候,我们会产生更高的自尊感,体验到更多的幸福。有学者追踪调查300对父母与孩子的关系14年,整个调研过程从孩子的青少年期持续到成年期。结果表明,孩子青少年时期与父母之间的亲子关系越和睦,他们就会感受到越多的幸福感。但随着年龄的增长,孩子不再是单纯的子女,也扮演着配偶、员工等角色,与父母之间的亲子关系对其幸福感的作用会逐渐减弱。也就是随着年龄的增大,原来与父母关系良好的成年人,他们的幸福感越来越受到其他方面的影响,但与父母的和谐关系仍然是他们心理安全的重要保障。不和谐的亲子关系却可能对孩子未来的发展和幸福带来长远的不良影响(R. E. Roberts & Bengtson,1993),这种负面影响可能会伴随人的一生。演员王鸥曾在访谈中透露,因为父母工作繁忙,她从小寄宿在邻居家中,与父母关系疏远。在王鸥的记忆中,她甚至没有和父母拥抱、牵手的经历,父母对她十分冷漠。在她参演的电视剧播出期间,母亲也不曾发送一条消息鼓励她。王鸥坦言自己小时候虽然理解父母的辛苦,但心里仍然有很多的埋怨与不悦。即便在成人后,疏远的亲子关系也影响着王鸥,她会因为妈妈对妹妹的一句夸赞而感到敏感,甚至伤心痛哭。

健康的家庭关系离不开和睦的夫妻关系,而和睦的夫妻关系能够为孩子提供良好的生长环境,让孩子体验到更多的幸福感受。而如果父母之间关系不和睦,孩子会感到夹在中间左右为难,幸福感也会因此降低(Amato & Afifi, 2006)。在中国社会,很多婚姻不幸福的父母往往会为了孩子而维持婚姻,认为父母离异会影响孩子的心理健康,但充满矛盾的夫妻关系反而会对孩子造成更大的伤害。在争吵频发的家庭中,孩子常常感到孤独和恐惧,这不利于孩子健康地成长。在扬州宝应,一个男孩时常因为父母吵架而左右为难,2018年2月23日凌晨,因为父母再次发生激烈争吵,男孩多次劝阻无效,最后选择跳楼身亡。孩子具有读懂家长情绪的能力,所以为了孩子不离婚,夫妻关系貌合神离,对孩子的伤害更大。和睦的夫妻关系对孩子的身心发展有重要意义,而激烈的夫妻冲突会对孩子产生的恶劣影响甚至可能持续终生。

父母只能陪伴我们走过人生的部分旅程,而兄弟姐妹却可以更长久地陪伴我们。在原生家庭中,兄弟姐妹也是重要的家庭成员。随着二胎政策的开放,未来会有越来越多的人与兄弟姐妹共同成长。相较于独生子女,有兄弟姐妹的孩子往往更懂得分享;成长过程中,兄弟姐妹间的陪伴会减少彼此的孤独感,相互的情感支持也会给双方带来温暖,产生更多的幸福体验(Volling & Blandon, 2003)。即使进入中老年阶段,兄弟姐妹的感情仍然能够为我们带来幸福(Bedford, 1998)。《人间世2》的"往事只能回味"单元讲述了一对姐弟从年幼到年老互相扶持的感人故事。幼年时,由于家境贫困,父亲无奈之下想把弟弟送养,是姐姐坚持把弟弟留在身边,做童工抚养弟弟长大。老年时,姐姐患有阿尔兹海默症,生活不能自理,此时的弟弟也顶住层层压力将姐姐接回家中细心照顾。弟弟对姐姐说:"我们小的时候就在一起,现在老了也要在一起!"无论是牙牙学语的懵懂童年还是已经白发苍苍的垂暮老年,相亲相爱的兄弟姐妹都能给我们的人生带来幸福。

新生家庭的环境由你创造

一般来说，我们进入成年阶段后，会逐渐脱离原生家庭，开始组建自己的新生家庭。在新生家庭中，与子女的亲子关系同样非常重要。然而随着社会的发展，越来越多的年轻人选择成为"丁克一族"，不愿意花费时间与精力抚养孩子。根据《2019年中国生育报告》，目前中国家庭的生育意愿在逐年降低（任泽平等，2019）。不愿意生育有各种原因，其中一部分年轻人认为，提升自身的生活品质会使自己获得更多的幸福感，而对孩子投入的时间、金钱与精力反而是浪费自己的人生。

不可否认，抚养孩子确实要面临很多问题。首先是经济压力。很多父母为了给孩子提供良好的成长环境纷纷化身为"孩奴"，为了孩子的未来发展甚至丧失了自我的价值和生活。目前在中国社会，这一问题也愈加凸显。《小儿难养》《孩奴》《虎妈猫爸》等影视作品都反映了孩子对夫妻生活的冲击。其次，夫妻双方需要在"夫妻—父母"角色间进行切换，很多夫妻由于无法协调两种身份，使亲子关系与夫妻关系之间产生冲击，降低了家庭幸福感。据2019年7月的一条新闻报道，浙江省温岭市的李先生与妻子青梅竹马，感情甚笃，但在儿子出生后，妻子将注意力几乎都放在儿子的身上，李先生产生了心理落差。某天妻子因为李先生没有照顾好儿子与其争吵，伤心的李先生摔门而出，"不活了，我去跳河"，妻子报警后，民警经过一个小时的搜救才在某池塘找到李先生。由此可见，抚养孩子并非易事，需要夫妻双方的共同努力，甚至为孩子做出一定的让步和舍弃。最后，年轻人越来越追求个人的成长与进步，追求个人生活品质的提升，不愿意因为养育孩子而使自己的精力分散，把自己搞得很狼狈。

听起来这些不生孩子的理由也很充分，难道抚养孩子真的让我们变得不快乐吗？事实上，有小孩的家庭夫妻之间会围绕着小孩产生更多的共同话题，其中积极的占大多数，比如每天都能发现孩子在各个方面细小的成长。有了孩子这个生活轴心，即使夫妻之间产生矛盾，也会因为小孩的维系快速愈合，从而反哺夫妻之间稳定美满的亲密关系，形成良性循环。美国国家经济研究局网站2019年2月发布了一项历时10年、覆盖35个欧洲国家、涉及100多万人的大规模调查报告。

结果显示,对存在经济压力的家庭,抚养孩子确实降低了家庭幸福感,而对于经济压力较小的家庭,抚养孩子是促进幸福感的好选择。同时,科学研究也表明,将抚养孩子的金钱与精力用于自身消费并不会增强我们的幸福感。有孩子的父母在照顾孩子的过程中能体会到更多的积极情感与意义感,天伦之乐的感受是其他娱乐活动都无法比拟的(Nelson et al., 2013)。一般地,学龄前的孩子能给父母带来最多的快乐,因为没有学业的压力,同时孩子也比较重视与父母的关系。随着青春期的到来,子女逐渐寻求与同龄人的人际交往,与父母关系的亲密程度逐渐下降,加之学业要求等,父母与子女冲突逐渐增多,孩子带给父母的幸福感也会有所减少(见图8-3)(Nomaguchi, 2012)。然而,当父母年迈时,子女的陪伴却对其幸福感产生重要的影响,在父母老年时,子女的陪伴可以降低父母的孤独感,为其带来幸福感。

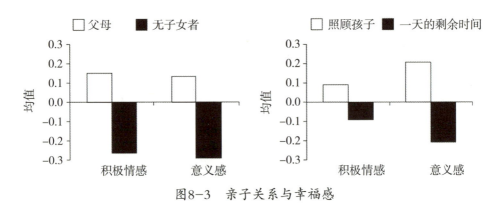

图8-3 亲子关系与幸福感

家庭关系需要共同努力

因为家庭的构成涉及较多成员,所以形成不同成员之间的不同家庭关系。现在的家庭主要是"核心家庭",即由一对夫妇和未婚子女组成的家庭。下面主要以核心家庭中的两种主要关系为例说明家庭关系的维系技巧。

8 积极的人际关系

亲子关系

亲子关系是家庭关系的重要组成部分，是一种特殊的人际关系。之所以说亲子关系是特殊的关系，是因为亲子之间有血缘生物学上的天然连接，这是其他人际关系所不具备的先天优势。但是，要构建积极的亲子关系也需要父母和子女的共同努力。尤其在中国文化背景下，父母对子女的全方位关注、子女对父母应尽的孝顺责任等，使得亲子关系变得愈发复杂。

▶ 父母教育观点一致是良性亲子关系建立的基石

亲子关系是在对孩子日常的吃喝拉撒训练、学习能力和习惯培养等的教育过程中形成和发展起来的。在教育过程中，很多中国父母采取的策略是"一个唱白脸，一个唱红脸"。不仅有传统的"严父慈母"，也逐渐出现越来越多的"虎妈猫爸"，这种模式的好处是不会让孩子感觉太孤立无援。一顿严厉的批评责骂之后得到另外一位家长慈祥温柔的安慰，这样可以让孩子尽快地恢复"受伤的心灵"。但是，父母们要明白，白脸、红脸都只是角色的外在表现方式，也就是说，父母在教育孩子的时候，可以一方扮演严厉的角色，另一方扮演慈祥的角色，但是他们的教育观点和目的要保持一致。而不是像有些家庭那样，一个家长打了孩子，另外一个家长认为打骂得太狠了，于是乎当着孩子的面开始责骂这位家长，这样的红脸白脸大戏就演砸了。这样不仅让孩子白挨了打，还会让孩子不知所措，不知道自己到底该怎么做，亲子关系变得更加复杂了。所以父母双方一定要互相支持对方对孩子的教育管理，只有父母齐心，才能够协力教育子女。古人云，"当面教子，背后教妻（夫）"。就是告诉我们，夫妻两人的教育观点出现不一致，也不要当着孩子的面争吵，要私下里统一。如果其中一方否定另一方的教育理念或方式，不但可能会降低父母在孩子心中的威信，造成不平衡的家庭关系，也会影响孩子对亲子关系的满意度。研究人员曾对青少年与父母之间的相处模式和亲子关系做调查，结果发现，只有当父母双方站在统一战线上，不打击对方对孩子的教育时，孩子才能获得较高的幸福感。如果父母双方采取非合作的教育方式，甚至在孩子面前诋毁对方，长此以往，孩子会感觉左右为难，对亲子关系的满意度也会降低（Schrodt & Shimkowski，2013）。

教育孩子时，虽然父母可以扮演不同的角色，但是父母双方必须互相支持。《放学后》是湖南卫视推出的一档大型家庭教育纪实类节目，节目里有一个单元名叫"青春期撞上更年期"，其中的唐笙华家庭就是典型的"严父慈母"组合。在孩子对父亲提出舞蹈练习的要求感到压力时，母亲会劝慰孩子"爸爸也是为你好，如果你感到不舒服要跟爸爸沟通"，在妈妈的安慰下，孩子体会到了父亲的良苦用心，完成了所有练习。所以，父母扮演的角色是否相同并不是最重要的，关键是父母要互相支持才能有效地实施对孩子的教育。

▶ 恰当的沟通方式是良好亲子关系的润滑剂

形成良好亲子关系的土壤是父母之间和谐的亲密关系（如何形成良好的亲密关系前面已经介绍），父母之间的沟通方式会进一步影响亲子关系，但亲子关系地位上天然的不平等，使得亲子之间的沟通又有其特别之处。下面我们按照孩子成长的不同阶段介绍对应阶段的沟通方式。

首先，对于婴幼儿期的孩子，沟通中最重要的是父母要及时回应孩子的需求。英国著名精神病学家鲍尔提出依恋理论，认为在婴幼儿时期父母对孩子的及时回应会对亲子关系产生巨大影响，并且这种影响可能持续终生（Bowlby, 1988; Collins et al., 2004）。婴幼儿需要父母的悉心照料，但并不是所有父母都能够认真尽责，很多父母对婴儿发出的需求信号不敏感，这会对婴儿产生不良影响。通俗地讲，初为父母，对不会讲话的婴幼儿也要多一些"沟通"，对婴幼儿的哭闹行为做出及时的反应，尽管他们听不懂父母的语言，但他们可以从父母的表情、声音中感受到父母的关爱，这对他们幼小的心灵是非常重要的营养剂、安慰剂，可以让他们产生强烈的安全感。如果父母对他们的哭闹经常不理不睬，一次两次可能没什么影响，但如果经常对婴儿的哭闹没有反应，就会影响婴儿对依恋关系的认识。因为人类最初的亲密关系就是父母和孩子之间的依恋，它是婴儿和父母之间一种强烈的情绪联系，这种情绪联系是人类与生俱来的特征，婴儿对父母的依恋是他们生存的首要条件。

亲子之间的依恋关系主要有三种类型：一是安全型，父母对孩子的欢乐、悲伤以及要求等方面的信息都很敏感，他们关爱孩子，父母与孩子的关系亲密，互相喜爱、重视，孩子不会产生被抛弃的感觉。二是逃避型，父母经常远离孩子，回避孩子与其亲近、建立亲密关系的尝试，孩子就会抑制自己的依恋需求，进一步逃避与父母的接触。婴儿可能会产生较低的自我评价，认为自己不值得被喜爱。三是焦虑回避型，这种类型中，父母对孩子的情感经常不一致，有时候很关心孩子，有时又很不耐烦，这种不一致的爱，使孩子比较矛盾和焦虑，会焦虑地寻求父母的爱和关心，婴儿会失去对外在世界的信任，认为父母不值得依靠，努力保持与父母的情感距离，亲子关系冷漠（Brennan et al., 1998; Mikulincer & Shaver, 2015）。所以说，即使在婴幼儿时期，父母对孩子需求的回应都会对亲子关系产生重要影响，因此要从成为父母的第一天开始就尽职尽责地爱孩子。著名的静止脸实验也能说明回应对婴幼儿的重要意义。心理学家埃德·特洛尼克在实验伊始，让母亲与孩子进行积极的互动，母子双方都露出开心的笑脸；随后母亲开始静止脸，孩子发现母亲的异常后开始焦虑，会开始想办法引起母亲的注意；母亲继续保持面无表情，最后孩子因为母亲的不回应而崩溃大哭。可见，对于婴幼儿而言，父母是否及时回应对他们的情绪有很大的影响。

其次，随着年龄的增长，孩子的自我意识开始觉醒，他们需要寻找自我，认清自我在家庭、社会中的地位以及未来的发展方向。人们经常用的所谓"叛逆期"就是孩子自我意识发展的产物；我不鼓励大家使用这个词汇，因为很显然"叛逆"是个负性的带有贬义的词汇。这个词的背后逻辑就是"孩子要听大人的话、接受大人的控制，否则就是叛逆"。请大家思考一下，这个逻辑本身有没有问题呢？如果孩子都是在家长的完全控制下不叛逆地成长起来的，就是好孩子吗？时代在发展、社会在进步，如果人类总是在已有的框架下思考和行动，谁来创造未来呢？所以，我认为父母面对孩子的"不听话"，需要做的不是简单地否定、批评甚至是谩骂，也不是粗暴地强制孩子接受自己观点，而是要更深入地与孩子进行沟通，了解孩子内心的真实想法。父母需要承认孩子的成长，尊重孩子的思想并且对他们的问题进行倾听。父母一定要改变心态，不能一直以家长身份高高在上地教育孩子，要以人格平等的心态进行沟通。尽管亲子关系有地位上的永恒差异，但父母也要充分认识到父母只是生物学上的长辈，在交流对问题的看法时大家的地位应该是平等的。否则，亲子关系的地位差异会让孩子有无助感，因为如果拿"因为我们是父母你就要听我们的"来说事，他们永远都没有反驳的理由。有孩子责问家长:"为什么你可以打人,我就不可以?这不公平。""为什么你们家长可以看很长时间手机,我们就不可以?"这样的沟通怎么进行下去呢?难道家长只能回答"因为我们是家长,所以我们就可以,你们就是不可以!"这样的沟通显然是无效的。所以,亲子关系的质量关键在于家长的沟通方式。

研究发现,在充满温暖与支持的沟通环境中,青少年能够更加开诚布公、轻松地讨论自己的想法以及与父母的分歧,亲子关系会不断改善提高。而如果父母在沟通中表现出强制甚至敌对的态度时,孩子不仅不愿意以开放的态度表述自己的真实想法,还会对父母产生抱怨与不满,亲子关系会在一次次的分歧中产生裂痕(Rueter & Conger, 1995)。父母应该注重沟通的方式与方法,比如可以灵活运用幽默的技巧可以创造轻松的氛围,有利于亲子关系的良性发展(Neuendorf et al., 2015)。而侵略性的言语攻击会摧毁孩子的自尊心,对亲子关系造成很大的伤害(Neuendorf et al., 2015; Roberto et al., 2009)。中国亲子真人秀节目《爸爸去哪儿》第六季自开播以来,杨烁与儿子杨雨辰的相处方式引起了广大观众的争议。杨烁对儿子的说话方式充满了侵略性,在很多人面前对儿子进行批判与贬低。这种教育方式使得杨雨辰在与其他爸爸和小朋友相处时很开心愉快,而与自己爸爸在一起时却紧张和不安。中国社科院曾调研多个城市的学生,发布了《青少年蓝皮书》。其中提到,孩子最讨厌家长说的话包括:"你看别人家的孩子/你看看别人!""真没用/笨!""一天到晚就知道玩!"因此,父母在与孩子沟通的过程中,一定要顾及孩子的自尊心,避免沟通不当对孩子造成的精神伤害。

▶ 让父母爱的光辉照耀、温暖每个孩子

二孩家庭不容忽视的一个问题是与一孩的亲子关系可能的变化。根据国家统计局公布的数据,2019年出生人口1465万,二胎占比57%。这意味着,很多家庭正式迎来了二孩时代。二孩刚刚降生,没有自理能力,需要父母的关心与照顾。从二孩出生,甚至从母亲怀二胎开始,父母能对一孩投入的关注与情感支持会大幅度减少。由集万千宠爱于一身的"唯一"变成了必须谦让弟弟妹妹的大哥哥、大姐姐,这可能导致一孩在弟弟妹妹还没有降世时就对其产生敌意,还有可能会影响一孩与父母的亲子关系，造成行为问题，甚至有的一孩通过频频尿裤子来寻求父母的关注。可见，二孩家庭不是仅仅多了一个孩子那么简单，二孩父母不可避免地会陷入关心一孩与照顾二孩的矛盾中，此时父母就非常有必要采取一些行动解决这种矛盾。

父母在生二孩之后应该有意识地关注一孩的心理变化，保证与孩子单独交流的时间，在语言和肢体上对孩子表达自己的爱。在这个问题的处理上，演员孙俪就是一个很好的正面例子。怀二胎时，孙俪格外关注大儿子等等的心理状态。她在怀孕期间就注重培养等等的参与感，女儿小花的名字就源自等等最喜欢的小老虎。小花降生后，孙俪规定等等可以随意吃小花的辅食，不能让等等产生自己被区别对待的感觉。家里所有人更是注意要经常夸赞哥哥，让他成为妹妹的榜样。孙俪的这些做法让等等能够开心地迎接妹妹的到来，而且努力做得更好以成为妹妹的榜样。所以，给予一孩足够的关怀是构建和谐二孩家庭的重要方面。如果母亲因为哺乳等原因难以对一孩进行足够的关爱，此时的父亲就应该担负起自己的职责，主动关注一孩的心理状态，给孩子带来足够的情感关怀。科学研究发现，父亲的情感关怀会显著降低一孩的压力与不满（Volling，2012）。

当家庭中有多个孩子需要抚养的时候，父母一定要考虑每个孩子的感受，避免区别对待。有些父母认为，偏爱是难免的，即使对自己的孩子也很难做到一视同仁。父母要意识到每个孩子都有自己的特点，不能因为自己的喜好而偏爱某一个孩子，发现、肯定每个孩子的闪光点很重要。如果父母过于偏爱，会对亲子关系造成极大的伤害。就像电视剧《都挺好》里的父母，对女儿苏明玉严重不公平地对待，造成苏明玉对亲情有怨恨、抗拒，她在孤独中长大，早早地离家自立，并断绝与家人的联系。不被偏爱的孩子对父母产生的不满情绪，不利于亲子关系的健康发展，而且不公平的待遇对亲子关系的影响会一直持续到成人期，会导致子女和父母间的情感联系减少，冲突增多，亲子关系越来越疏远（Bedford，1992）。

在节目《放学后》的"二孩家庭的烦恼"片段中，母亲对妹妹更加偏爱，经常将"姐姐要让着妹妹"挂在嘴边，当妹妹想要姐姐的玩具时，妈妈会亲自从姐姐手中抢走送给妹妹。相反地，父亲则表现得相对公平，他对姐姐说"你和妹妹都是爸爸妈妈的小心肝",这导致姐姐对母亲的不满与疏远。在游戏中,姐姐甚至说出"这是我爸爸,反正妈妈没人要"的话。可见,父母对孩子的不公平对待可能会给孩子幼小的心灵带来很大的伤害,所以,多孩家庭中的父母在抚养过程中要尽量做到公平,用统一的标准对待每一个孩子,给予每个孩子足够而公平的关注,不能顾此失彼。

▶ 与成年子女成为朋友

儿童期与青少年期的孩子心智尚未完全成熟,需要父母与其进行讨论、进行各种决策,监护职责也是父母的法定义务。但是子女成年后,思想逐渐成熟,他们有能力也有需求独立进行决策,此时,父母就需要改变与孩子的沟通方式,充分尊重子女的想法,学会适时放手,让孩子自己做决定。有研究者曾调查儿童、青少年与成年人的亲子关系状态,发现子女成年后,他们希望与父母的关系更多的是一种"同伴式"的朋友关系,父母需要把子女当作独立的个体看待（Youniss & Smollar,1987）。

尽管朋友关系已经成为亲子关系的一种发展趋势,但这种同伴式的相处模式在推崇长幼尊卑的东方文化中较难实现。很多父母无法与成年子女成为"朋友",他们认为"在父母眼里,孩子永远是孩子",总是希望能够保持自身威信,事事都要干涉孩子的决定,找什么工作、找什么对象,甚至是什么时候该生孩子……事无巨细,什么都要控制。殊不知,这种事无巨细的"关心"对成年子女是很大的负担。我有个女学生,30多岁了,是个已婚职业经理人,她妈妈还要求她每天必须打电话报平安。母亲关心女儿没有错,但孩子已经是成家立业的成人了,还用这样的方式关心孩子,家长们是不是需要反思一下呢？过于控制成人孩子的生活会给亲子关系带来裂痕,引发亲子冲突,严重的可能引发命案。在西方文化中,父母干涉子女生活的现象也并不少见。2010年,加拿大多伦多发生过一起"乖乖女"雇凶杀死父母的惨案。越南裔女孩詹妮弗从小按照父母的期望严格要求自己,她刻苦学习,对父母言听计从,但成绩还是不理想,没能成功申请大学。由于父母期望过高,她只能伪造大学录取通知书,四年时间假装自己在上大学。詹妮弗22岁时,父母发现了真相。尽管此时早已成年的詹妮弗已经有能力通过工作养活自己,但是她的父母仍然对她实施了严厉的管控,不仅强迫她搬回家，甚至没收了她的电脑与手机，还控制汽车里程数来限制她的活动范围，并强迫詹妮弗与男友分手。詹妮弗最终起了杀心，雇凶杀害自己的亲生父母，导致母亲惨死，父亲重伤。这是一场亲子关系破裂的悲剧。詹妮弗极端的做法让人惊愕的同时，也让我们重新审视亲子关系。

过分干涉成年子女的生活，很可能会成为子女的负担，让子女深受折磨。除了可能引发子女的反抗，父母的过度管制还可能使子女失去独立成长的机会，过度依赖父母。最近几年"妈宝男"（指毫无主见、过度依赖母亲的男性）引发热议。人们对这种"妈宝男"避如蛇蝎，都不喜欢没有主见的男人。随着子女的成长，他们应该拥有成熟的自我意识与人生规划，父母要学会适时放手，尝试与子女成为朋友，支持子女的决定，让他们有机会能够成长为独当一面的人。

兄弟姐妹关系

二胎政策实施以来，越来越多的人有机会与兄弟姐妹共同成长。兄弟姐妹之间可以互相关心和支持，尤其在父母去世后，兄弟姐妹是重要的人际支持来源。在原生家庭中，兄弟姐妹之间的关系首先受父母的抚养方式影响最大，一直会延续到成人期仍然会发挥作用。而随着个体的成长、父母的故去，原生家庭解体，兄弟姐妹间的联系由强制变为自愿，此时兄弟姐妹间的沟通方式与沟通频率就变得更加关键。下面我们详细分析一下兄弟姐妹关系的影响因素。

▶ 父母对每个孩子平等的关爱是和谐兄弟姐妹关系的土壤

父母在抚养多个孩子的过程中，应该顾及每个孩子的感受。父母的不公平态度和行为会导致兄弟姐妹间的分歧。缺少关爱的孩子会心生怨怼，不愿意与受偏爱的兄弟姐妹来往。这种不良的关系甚至会延续到成人期，导致兄弟姐妹间的疏离与冷漠（Meunier et al., 2012；Suitor et al., 2009）。前面我们提到的电视剧《都挺好》就反映了父母重男轻女的教育方式给兄弟姐妹关系带来的消极影响。由于母亲十分偏爱儿子，常常忽略小女儿的感受，而哥哥仗着自己被偏爱，对妹妹态度恶劣。所以，从小就得不到关爱的小女儿一直对家庭关系淡漠，十八岁起就和家里断绝经济往来，离家十余年也从不曾与父母和哥哥联系。这就是家庭营造的兄弟姐妹之间交往的不好氛围，导致兄弟姐妹之间的紧张关系。

对于在同一屋檐下生活的兄弟姐妹，在共同成长中难免会产生矛盾与纠纷，家长们要学会正确看待和处理这些问题，避免过度参与，以免矛盾激化，影响关系质量。研究发现，当兄弟姐妹之间发生冲突后，如果母亲在场，兄弟姐妹之间的冲突会更多。而且，当母亲过度参与并试图化解冲突时，冲突持续的时间会更长（Corter et al.，1983）。这是提醒家长，孩子们的冲突他们自己有能力解决，家长过度干预反而弊大于利。第一，家长干预不可避免带有自己的判断，未必公允。第二，家长总是参与孩子们的冲突，也是没有给孩子机会自己分析问题、自己做判断，不仅不利于孩子的成长，还会养成孩子们依赖家长的习惯。当然，这并不是说父母就完全不理睬孩子们之间的冲突，父母可以通过建立明确的规则并且公平执行来有效地减少冲突的发生。此外，在孩子们发生冲突时，父母也要避免"年纪大的孩子要谦让年纪小的孩子"这个误区。相信很多人在生活中都听过甚至说过这样一句话——"你是老大，就应该让着弟弟妹妹"。事实上，这种调解方式不仅无法解决矛盾，还会使年长一方心生不满，纵容年小一方无理取闹，破坏兄弟姐妹的关系。在青少年心理释放表达节目《少年说》中，曾有一个女孩对父亲喊话："我每次都让着妹妹，她就会认为这是一种习惯，所以她怎么欺负我，她都认为你不会说她！"面对女孩的心里话，爸爸的反应依旧是："妹妹还小，不懂事，你就不能让让她吗？"女孩十分伤心，哭着回应："她永远都比我小，难道我永远都要让着她吗？"可见，父母处理孩子间矛盾的做法会影响孩子们之间的关系，这是要引起二孩或多孩家庭家长们重视的问题。

▶ 充分沟通，联络感情

随着年龄的增长，兄弟姐妹逐渐离开原生家庭。虽然兄弟姐妹之间有血缘联系，但是在离开原生家庭后，由于接触频率大大减少，要想维持积极的关系也需要付出一定的努力。所以，生活中有的兄弟姐妹联系紧密，互相扶持度过人生的每个阶段，他们很珍惜拥有这么好的兄弟姐妹；也有些兄弟姐妹逐渐疏远，慢慢淡出彼此的生活，兄弟姐妹仅仅是一个法律意义上的称呼。成年后，兄弟姐妹逐渐投入到各自的事业与家庭中，尽管大家都很忙，这时候更需要兄弟姐妹之间互相关爱、互相支持。大家可能是在不同行业工作、不同城市生活，互相帮助和支持看似不可能，但这时候的帮助不是帮忙解决问题，而是精神上的支持和帮助。

兄弟姐妹之间毕竟有其他关系所没有的血缘联系，这种天生具备的优势就是把兄弟姐妹连接起来的纽带。多一些日常感情的交流，共同回忆一下小时候的趣事、感恩一下父母的恩德，这不都是增加兄弟姐妹之间关系的话题吗？距离不是问题，关键在于兄弟姐妹之间不含利益成分的真诚的关心和关爱。曾有网友在网上晒出与妹妹的聊天记录，他们之间几乎没有任何感情沟通，仅仅是一些不得不进行的例行交流。这张聊天记录引起了网友们的广泛共鸣，很多人表示，不同于和朋友的沟通交流，兄弟姐妹间很少进行深度交流。

美剧《摩登家庭》展现了成年兄弟姐妹交往的理想状态。姐弟克莱尔与米切尔从小一起长大，虽然成长过程中有很多的矛盾，但成年后的姐弟二人仍然居住在同一社区，不仅通过社交软件保持密切联系，还定期聚会进行面对面交流，分享生活中的快乐与烦恼。他们见证了对方生命中最重要的瞬间，成为一对吵不散的亲密姐弟。而他们的父亲杰与弟弟的交往就是典型的反面案例。杰与弟弟生活在不同城市，他们很少进行交流，几乎不见面。杰的弟弟连罹患癌症都没有通知他。所以，即使是有血缘关系的兄弟姐妹，如果不用心维持联系，也难以成为彼此的情感支持。现在通信技术这么发达，兄弟姐妹可以通过视频开个云上家庭会议，交流近况，沟通感情，解决"远亲不如近邻"的问题。

工作关系篇

幸福需要和谐而融洽的工作关系

美国福特公司新泽西工厂曾一度濒临倒闭，公司管理者强调生产，为此不惜压缩员工间互相交往的时间。员工缺乏工作热情，人际关系淡漠，工厂连连亏损，入不敷出。新上任的管理者敏锐地发现了工厂员工在人际关系方面的问题，他开始积极采取行动，组织员工聚餐，促进员工间互相了解，彼此建立信任关系。在五个月后，企业奇迹般地开始盈利，员工间的人际交往也更加积极，他们在工作中也体验到了更多的幸福。

成年人从开始步入职场工作到退出职场的几十年时间里，至少有50%的时间都在工作环境中度过。因此，在工作环境中与同事、上级、客户等建立和谐融洽的工作关系对每个人都很重要，积极的工作关系不仅能让我们更加快乐地工作，也能给予我们情感支持，让我们在压力下保持良好的心态。智联招聘曾在中国12个城市进行"快乐工作PK台"活动，调查企业员工的快乐工作情况。超过六成的员工表示自己在工作中并不快乐，而"工作氛围是否友好""与上司关系是否融洽"则是员工快乐工作的重要影响因素。除此之外，在工作中，我们难免会面临工作要求过高、工作强度过大、被顾客粗暴对待等压力，并因此感到抑郁。此时，积极的工作关系就能发挥很大作用，来自同事或上级真诚的情感支持可以使我们在压力状态下感受到温暖，保持积极的心态（Sloan，2011）。

8 积极的人际关系

积极的工作关系不仅能够使我们在工作场所中保持良好的状态，也会对我们的日常生活产生正面的影响（Amjad et al., 2015; Ducharme & Martin, 2000; Qaiser et al., 2018）。很少有人能做到将工作与生活完全分离，大多数人往往会将工作中的状态与情绪带回到生活的其他方面。研究表明，那些同事关系良好的员工不仅对工作的满意度较高，对生活的满意度也普遍较高（Simon et al., 2010）。因此，处理好工作中的各种人际关系，也是我们幸福感的重要来源。

工作关系需要进退有度

工作场所是我们清醒时间内生活时间最长的地方，所以对每一位在职场中拼搏的人来说，良好的工作关系对我们的幸福感有非常重要的影响。建立和维持与同事和领导的积极人际关系，不仅有利于工作的顺利开展，也会影响我们在工作中以及生活中的幸福感受。

同事关系

▶ 做好本职工作是发展良好同事关系的前提

不同于其他的人际关系，工作中的同事关系不仅是情感的积淀，还包含工作完成的情况，所以做好本职工作不仅是工作对我们的要求，也对维持积极的同事关系有着十分重要的影响。企业运作中团队合作越来越普遍，员工的工作也越来越互相关联。想一想，如果因为我们自身的原因工作没有完成好，结果还连累了同事，这样一而再再而三地连累同事，是不是会导致人际关系恶化呢？（Hess & Sneed, 2012）所以，在工作中恪守本职，认真做好自己的分内工作，不给他人带来麻烦，是维持积极同事关系的前提。

▶ 主动释放善意，迈出积极同事关系第一步

人际交往中，主动对别人示好能够让对方感觉被重视，从而给出积极的反馈，形成良性人际互动，能够加深彼此间的人际关系。所以，在工作中想要有积极的同事关系，最简单的做法就是主动对团队中的同事释放善意。可以是早上上

班时微笑的问候、同事手忙脚乱时提供的帮助,还可以是主动提供给团队成员的相关信息等。总之,积极的善意行为有很多,不妨从早上的微笑问候开始。同事接收到你的善意,大部分人也会"投桃报李",和我们形成积极的人际互动,促进人际关系的发展与深入(Halbesleben & Wheeler, 2015)。

电影《实习生》讲述了年过七旬的本·惠科特退休后重返职场,成为时尚网站实习生的故事。起初,年轻的同事与主管因为年龄差异不愿意与惠科特交往,而由于他刚进入公司没有什么具体事情需要他做,所以就到处给同事帮忙,他用自己的幽默、善意与能力消除了大家对他的偏见,最终被同事们接受,还成了团队中的灵魂人物。

上下级关系

▶ 作为领导:恰当的领导行为决定上下级关系质量

上下级关系是工作中两个地位不平等的人之间的关系,地位处于优势的上级对上下级关系起较大的决定作用。首先,如果领导对下属的工作提供支持与指导,就有利于上下级关系的建立与维持(Sluss & Thompson, 2012)。领导应主动了解每位下属的工作状态,对有需要的下属给予及时的帮助和支持,尤其是对新进入团队的下属指点迷津。所以,领导对下属个性化的支持和鼓励很重要,领导者可以给予下属最需要的关怀、支持和指导,这有利于上下级积极关系的形成。

其次,领导可以对员工进行适当的授权来增进上下级关系。授权能够让员工觉得自己被领导信任,激发员工对上下级关系的认可和投入,有利于形成积极的人际关系。追踪研究发现,领导者的授权行为能够促进其与员工的人际关系质量(Bauer & Green, 1996)。中国传统文化对君臣的关系也有很多陈述,其中"君知臣,臣报君""士为知己者死"都是说明为赏识自己、信任自己的人而努力工作、尽职尽责的故事。

上下级关系中的领导涉及多个下属,所以恰当的上级领导行为还能够削弱团队中不同下属与上级关系的差异,有利于下属之间形成良好的同事关系,营造良好的团队氛围(Henderson et al., 2009)。领导的公平性对同事间关系产生重要影响，如果想要促成良好的组织氛围与团队成员的凝聚力，领导需要注意自己对待下属的行为相对公平公正。在中国文化背景下，人际交往关系会形成"差序格局"，领导会将不同下属区分为"圈内人"与"圈外人"，与每个下属建立不同程度的关系水平。研究发现，员工对领导的区别对待非常敏感，"圈外"的员工会嫉妒"圈内"的员工，甚至引发同事间的冲突（Zhou & Shi, 2014）。但如果领导能避免私人关系所带来的公平问题，人际关系差异对同事关系的不利影响就会消失（Omilion-Hodges & Baker, 2013）。也就是，下属也接受领导的不"一视同仁"，但这种不公平不是因为私人关系，而是因为这个下属的工作业绩或能力与众不同，这时候的不能一视同仁不会对同事关系造成负面影响，也许还成为促进员工想努力成为"圈内人"的工作动力。

▶ 作为员工：出色完成工作任务是积极上下级关系的基础

要想与上级形成积极的人际关系，员工首先要做的就是认真、出色地完成上级安排的工作任务（Liden et al., 1993），绩效表现是上级与员工建立联系的重要决定因素。所以，不要奢望只和领导谈感情，没有工作业绩作为基础的感情是建立在沙滩上的楼宇，不牢固、不可靠。因此，员工要想建立积极的上下级关系，首先要端正工作态度，工作能力有高低，但工作态度可以自我掌控。员工要在工作中与上级充分沟通，用积极的态度回应上级分配的任务。用"勤能补拙"的积极工作态度投入工作，一定能成就属于你的良好工作业绩。其次，为了建立良好的印象，与上级维持积极的人际关系，员工可以在必要的时候适度地对领导进行逢迎与印象管理。研究发现，在关系建立的初始阶段，逢迎有助于上下级关系的建立（Dockery & Steiner, 1990），能够让领导对你产生好印象。不过，逢迎和印象管理的手段一定要谨慎使用，如果使用不当会适得其反，也就是经常所说"拍马屁拍到马蹄子"了。不可否认，说领导好话、迎合领导会让领导开心，进而可能产生良好的上下级关系，但工作不是一天两天的短期行为，是较为长期的关系，所以在长期的上下级关系中，欺骗性的印象管理不仅难以实现，而且欺骗行为一旦被发现，就会对上下级关系产生毁灭性的打击（Carlson et al., 2011）。

总结

  积极的人际关系像阳光、空气一样是一种环境力量,迁兰变鲍,潜移默化;身边的人际关系是积极的,每天感受到的情绪都是积极的,这种积极的情绪就会深入我们的内心,给我们带来很大的幸福感。同样地,我们也可以用我们的积极心态去感染身边的人,和身边的人共同维持积极的人际关系。毕竟,人的一生要接触很多形形色色的人,或近或远,人际的交流占据了生命的很大一部分时间,幸福就在这些交流中不断产生、流动。

9 幸运事件

开篇案例

在2010年南非世界杯淘汰赛期间，时任德国足球队主教练勒夫一直身穿一件蓝色毛衣，德国队在两场淘汰赛中打进八粒进球，接连淘汰了英格兰和阿根廷两支强队。半决赛前，勒夫接受参访时说："我虽然不迷信，但只要我穿上这件衣服，我们球队就能取得四个进球，这几乎成了一个定律。我的教练组成员都让我穿着它，更可怕的是，连洗都不行。"勒夫的这款蓝毛衣被看作德国队的"幸运衫"，在德国国内热卖，甚至严重断货，很多顾客不得不跑去邻国荷兰购买。最终在这件蓝毛衣的陪伴下，德国队也取得了世界杯季军的好成绩。类似地，1998年世界杯，法国队每场比赛之前，球员布兰科一定会走到守门员巴特兹面前，在他的光头上扎扎实实亲上一口，而在那一年，法国队捧起了梦寐以求的大力神杯。这种"祈祷之吻"在法国队内流传下来，两年后，法国队又夺得了欧洲杯冠军。

无论是"幸运衫"还是"祈祷之吻"，都是为了寻求好运。那么对你来说，是否也有类似的情况呢？考试的时候是否有一支"保证通过"的书写笔，面试的时候是否有一件"肯定能拿到offer"的衬衣，买房的时候是否一定要选择符合自己生肖的"吉祥"楼层，装修的时候是否也要挑一个"好风水"的位置摆上一棵招财树……？有人在除夕夜去寺庙里排队，只为能赶上一年的头香祈求好运；有人不远万里，跋山涉水去拜访世外高人，不过是请求高人能够指点迷津，让他转运。

幸运的定义

"幸运"是个很有意思的词语。"幸"的古字是由"夭"和"屰"两个字形组成的上下结构的会意字。"夭"是指半途"夭折",意指早逝;"屰"通"逆"字,意指相反。两形合一,表示与"早死"相反,也就是"免去早死的灾祸"。现在"幸"指意外地得到成功或免去灾难,也有快乐、高兴之意。"运"则用作名词,指运气,命运,亦特指迷信的人所说的遭遇。其实,无论人们是否迷信,或多或少都会有点相信命运。

"幸运"是指很难发生的好事竟然发生,侧重运气好,多用于形容人的机遇好。也许有一天你中了双色球,5000万元收入囊中;也许你去医院检查出患了肿瘤,在复诊时被告知是虚惊一场的误诊;也许你在雨天疯狂赶路依然迟了十分钟到达办公室,却被通知今天不用打卡;也许你有事延误了去银行的行程,却成了银行下班前办理的最后一个客户……研究表明,70%的人在一生中都会迎接1~4颗智齿宝宝的降临,如果你没有长智齿,那么你就是剩余的30%的人,堪称"人类的幸运儿"。当幸运之事发生时,人们会感到庆幸、喜悦。例如,在微信群里抢红包,抢到了1.6元的"手气最佳",都能让人开心一整天。其实,开心的并不是金钱数目的多少,而是一种幸运的感觉。所以,感觉自己是幸运儿,就会增加幸福感。但怎样才能称作幸运呢?

下文节选了几个普通人讲述的幸运事件,从中或许能引发大家对幸运的认识,从他们的幸运事件中感受到幸福。

幸运是遇到喜欢的你，幸福是我们携手同行

爱与被爱是一种幸福。一个人在茫茫人海中遇到了真正深爱的人，和这个人彼此相爱相伴，一起生活，相守到百岁，这就是莫大的幸运，是真正的幸福。小H和Z先生的故事就是一个很好的例子。

小H和Z先生是在一次专业协会的活动上认识的，相似的专业背景使两人一见如故。通过进一步交谈，他们发现两人无论在工作事业上的追求，还是对人生态度的感受都出奇相似；更奇妙的是，两人的出生竟只相差几个小时。因此，他们认识不到半年，便互相见了父母，确定了关系，并在认识不到一年后步入了婚姻的殿堂。

小两口的日子总是很快乐。当时小H正在攻读MBA学位，Z先生便在每个周末开车陪同她一起上课，同学们纷纷表示羡慕不已。Z先生不加班的时候也会陪伴小H在课室上课，课间会给小H一些意见，鼓励她多与同学交流学习。"他似一个旁观者，又像一位知心人，鼓励我，触动我，让我一直能够在爱的怀抱里，自由奔跑。"小H每次提起先生时都是一脸幸福洋溢的表情。

婚后大约三个月的时候，小H怀孕了。小夫妻俩为此事兴奋了许久，感恩上天的恩典，特别是当医生告诉他们，小H怀的是双胞胎时，两个人真是又惊又喜。然而宝宝们的降生，除了给这个家带来欢乐之外，也带来了一些柴米油盐的烦恼。小H和Z先生为了给宝宝们更好的居住条件，打算换一套大房子，但当时他们手头并不富裕，换房的首付压力以及月供压力几乎消耗了他们其中一人的全部月薪。

生活压力之外还有工作压力。Z先生的公司遇到了前所未有的挑战，包括管理层变动、行业更迭、人员离职造成工作强度增大等问题，大大影响了工作量和薪酬待遇。而小H在七个多月的产假中，原本有希望晋升的职位由集团委派的其他人取代，当下工作中面临的一切都是未知……夫妻俩的事业，一个遇到了瓶颈，一个充满了不确定性。然而他们并没有气馁，而是互相打气，彼此鼓励，相信凭借二人各自的专业知识和工作经验，一定能找到出路。

尽管小H和Z先生的故事没有轰轰烈烈的剧情，却在他们平平淡淡的生活中，我们感受到了一种幸福的味道。在茫茫人海中，有"缘"与一个相知相爱的人相遇相伴是一种幸运，有"份"能够和这个人在种种困境面前携手同行，目标一致，互相理解，互相扶持，互相成就，便是一种幸福了。

幸运是拥有美好的童年，幸福是健康快乐地成长

奥地利精神病学家、个体心理学的创始人阿尔弗蕾德·阿德勒说："幸运的人用童年治愈一生，不幸的人用一生治愈童年。"不可否认的是，原生家庭对一个人的影响是很深远的。一个由良好的生长环境、有爱的家庭氛围、和谐的夫妻关系与亲子关系所构成的童年，能够塑造一个人健全的人格，以及对任何事物的解决能力、强大的心理素质和抗压能力。

著名作家郑渊洁在《智齿》里曾讲述过这样一个关于家庭教育的故事。一个名叫梁新的小姑娘被她的老师冤枉偷了别的同学钱，她的第一反应是：我要给我父母打电话。这一举动，使得老师非常吃惊。因为老师的固有思维是，学生遇到这种事，最怕老师找家长告状，所以老师在心里制定的审讯策略本应该是告诉学生："如果你说实话，我就可以不告诉你家长。"然后等到学生全招了，老师再通知家长。但对于梁新来说，从意识到自己被栽赃的那一刻起，她就坚信只有自己的父母才能够帮她洗刷冤屈。她的父母也的确没有让她失望，她爸妈来到学校之后，走进教室，在老师和全班同学的目光下，明确表示坚信自己的女儿不会偷钱，并且说明他们在培养孩子时，最关注的就是同情心和正义感，他们坚信自己的女儿身上有这两样东西。最后查明，事情的真相是一个同学设计的栽赃小把戏，只是因为梁新要与钱包失主共同竞选班长。

故事里的梁新是幸运的，她拥有信任她的父母。在受到冤枉后，她可以向父母求助，父母会相信她，支持她，给她安全感。然而，梁新这种看似正常且正确的反应，却在网络上引发了热烈的讨论，很多读者看完这个故事之后都纷纷表示，如果是自己，绝不敢告诉父母，因为父母会说"怎么不怀疑别人，就怀

疑你？你是不是偷着买什么东西了？""小小年纪就学会了偷，长大了可怎么办？""爸妈的脸都被你丢光了，你还好意思哭？"之类的话。面对同样的事件，不同的父母所表现出的不同反应，给孩子成长过程中带来的感受和影响也截然不同。

每个孩子在童年时期，都会对父母有多方面的心理需求，如被关注、被尊重、被信任和被肯定的需求，以及归属感、情感依赖需求等。如果孩子的需求一直被父母所忽视，从未得到父母及时且正确的反馈，那么，孩子只能将自己的愿望和感受都埋藏在心底，甚至对自己的需求感到羞愧。长久下去，在孩子内心的观念里，这些需求就变成了自私的、不孝顺的。在他们的成长过程中，也只会一味地忽视或压制自己的诉求，从而变得敏感自卑，即使遭遇困境，也很难主动寻求父母的帮助。

若你已为人父母，你需要明白的是，最好的家庭教育不是父母有多大成就，给予孩子多少金钱和资源，而是为他们提供一个幸福温馨的家庭。若你为人子女，如果你的原生家庭很幸福，那么你很幸运，它会成为你一生的财富；如果你曾遭受过原生家庭的伤害，心灵的创伤难以愈合，你可能很难做到原谅，但至少学着放下，期望你能为自己去寻找自己的幸福，活出更好的人生，你的幸福你作主。

幸运是遇到伯乐，幸福是成为一匹千里马

毫无疑问，每一位在职工作的人都希望自己能够有一个友善开明的领导。的确，领导会对下属的工作态度和行为产生非常重要的影响。一个值得信赖的好领导，不仅是下属工作中的指路明灯，也能成为其人生导师。在这样的领导手下做事，下属会感到工作顺心，成长迅速。

小西是一个幸运的人，她在职业生涯中遇到了一位关怀下属的好领导J先生。当小西刚加入公司的时候，对周围的一切都比较陌生，J先生为了让小西尽快适应新环境，主动自掏腰包请她吃饭，鼓励她多与同事沟通交流，这让小西

很快就融入公司当中。后来，在一次工作中，由小西负责的工作出现了一个严重的错误，遭到了客户的投诉。J先生严厉批评了她。然而，当小西再次核查时发现并不是她的错误，而是其他组的人弄错才导致的投诉时，便马上向J先生说明情况。J先生听后，也认真翻查了记录，在搞清楚事实后便立刻向小西致歉。小西后来回忆说："我有种沉冤昭雪的感觉，我的领导处事分明，完全没有领导的架子，责备错了就会大方承认，不会只顾及自己的面子。有多少领导可以做到这样呢？"

J先生平常经常鼓励下属多学习，认真规划自己的职业生涯。授人以鱼不如授人以渔，J先生不但教下属做事情的方法思路以及整体的规划，而且鼓励他们自己去探索和创新。他带着发展的眼光对下属进行引导，不仅仅只为了做好当下的事情，也会考虑到员工的个人发展，力争让每位下属都能发挥自己的价值和优势，成为行业和领域的佼佼者。在领导的建议下，小西在工作之余还进行了理论上的学习和深造，J先生也贴心地为其适当减少了工作量，这给小西莫大的支持，也让她有更大的动力兼顾事业与学业。

在事业上，J先生给予下属充分的鼓励和支持；在生活上，当下属有什么困难或疑惑向他求助时，他也非常乐于分享自己的经验和心得。小西每每谈到自己的领导，便觉得自己幸运之至，感慨道："我能遇到这样体恤下属的领导真的很幸运，我愿意发自内心地努力工作来回报领导和公司。我希望自己在以后的工作中，也能成为一名这样优秀的管理者。"

世有伯乐，然后有千里马。千里马常有，而伯乐不常有。人生中能够遇到一个赏识自己的领导是一件幸运的事，在他的赏识下大展拳脚、发挥所长，最终取得成功，便是幸福。

有爱加持的幸运，才能带来真的幸福

是不是幸运的人就一定会感到幸福呢？2018年国庆节前夕，支付宝联合天猫平台国内外的数百商家，推出了一场"转发中国锦鲤"的抽奖活动。任何一个新浪微博的注册用户，只要动手转发一条由支付宝官方微博发出的"祝你成为中国锦鲤"的微博即可参与抽奖，中奖者将获得由商家联合赞助的、价值超过百万元的"中国锦鲤全球免单大礼包"，礼品内容包含出国旅游免单、私人飞机驾驶员免费培训、各地美食券、名牌手机、衣服鞋包、洗护化妆品等。这场万众瞩目的抽奖活动引起了近300万人的转发，几天后，支付宝通过官方微博抽奖平台，从这300万转发者中抽出的唯一一位中奖者，是一位名叫"信小呆"的网友，也就是所谓的"中国锦鲤"。

不知道你当时是否也参与了这场声势浩大的活动，暗暗许愿自己也"锦鲤"附体呢？在抽奖结果揭晓后，是否对这位幸运儿羡慕连连呢？如今一年多的时间过去了，当时的"锦鲤"在突如其来的幸运中"游"得如何？她的生活发生了怎样的变化？从记者的采访中得知，中奖之后的"信小呆"立刻辞去了工作，开始了她的兑奖之旅，然而这个旅途却并非想象的那么幸福。由于所有的奖品都有消费时限和区域限制，为了"不浪费"，只好一直"在路上"，这不仅给"信小呆"的身体和情绪都带来了问题，而且由于部分消费需要自费，她甚至刷爆了信用卡，陷入了焦虑之中。

"中国锦鲤"的经历，不禁让人想到了"中奖诅咒"。2003年，英国一位年仅16岁的女孩卡莉喜中彩票190万英镑，成为英国最年轻的彩票头奖获得者。然而在15年后的采访中，卡莉却称这次中奖事件毁了她的人生。尽管在初期她只是将中奖的钱财花在改善自己和家人的生活上，但渐渐地，她觉得生活乏味，开始过上了纸醉金迷的生活，甚至吸毒。她的价值观变得十分扭曲，挥霍无度，只有"酒肉朋友"做伴。如此疯狂的生活之后，卡莉的钱财已经所剩无几，她甚至遭遇了背叛和欺骗，她的丈夫也离开了她。在多年之后卡莉终于回归正常人的生活。她已是三个孩子的母亲，现在和家人住在一所每月租金为500英镑的小房子里。尽管每天需要依靠自己的劳动来维持家里的开支，但她却感到无比安稳和幸福。

事实上，这种"中奖诅咒"在中奖事件中是很普遍的现象。美国国家经济研究局曾做过一项调查，欧美地区的大多数头奖得主在中奖后5年内，都因挥霍无度等原因变得穷困潦倒，而且美国彩票中奖者的破产率竟然高达75%。"一夜暴富"往往出现在很多人的愿望清单中，看起来一件非常幸运的事情，但它却不一定使人幸福，甚至会带来灾难。当中奖者沉溺于挥霍无度的快感之中时，最终的结果只会是坐吃山空，从天而降的幸运反倒变成了诅咒。

电影《西虹市首富》就描述了一个这样的故事：电影主角王多鱼本是一名混迹在丙级球队的守门员，在他处于失业的惨境中时却意外得到了一笔300亿元的遗产，而得到这笔遗产的条件是必须在一个月内花光10亿元。在一夜暴富之后，王多鱼不仅没有更幸福，反而平添了不少烦恼：钱不仅没有花完，反而越花越多。直到电影结尾，王多鱼迎来了一个艰难的选择：是否愿意用失去300亿作为代价来拯救自己的爱人。王多鱼最终还是选择了心爱的人，却没想到他的选择竟意外地通过了他二爷设置的终极关卡，获得了继承300亿遗产的机会。

在观看这部电影的时候可以发现，影片开始时，电影的名字《西虹市首富》中的"富"字里面是个"￥"（如图9-1），而到了片尾，"富"字里面变成了"♥"（如图9-2）。正如电影中的台词所言，"守护你心中最珍贵的东西，你就是首富"。天上掉馅饼是一件幸运的事情，可一个人如果只是一味地贪婪，不懂得人间之爱，那么幸运就会变成不幸，他可能会为之付出更大的代价。

图9-1　《西虹市首富》片头名字　　图9-2　《西虹市首富》片尾名字

老子曾言："祸兮福之所倚，福兮祸之所伏。"人世间的幸运与不幸似乎总是对立统一的。有人一夜暴富，却经不住诱惑而骄奢淫逸；有人一举成名，却在众人的吹捧中忘乎所以；有人年少得志，却因无法承受压力而英年早逝。作为一个普通人，即使我们没有一夜暴富、一举成名的幸运，我们只要学会感恩和珍惜当下所拥有的，好好去爱自己和身边的人，踏实和认真地活在当下，我们就能够体会到真正的幸运和真实的幸福。

寻找专属于你的"小确幸"

读完以上几个主人公的故事，是不是有这样一种感觉：其实所谓的幸运事件，是我们自己定义的？仔细想想，我们每个人都是幸运的。2020年突如其来的新冠肺炎疫情，中国仅用了不到半年的时间就基本完全控制，我们很快就重新投入了正常的工作和生活中。而在其他很多国家，尽管一年半过去了，每天仍然有很多新增的感染人数。我们真的好幸运，因为我们生在中国、长在中国，只有我们中国能够做到！所以，我们要积极看待这个世界，感恩我们遇到的所有人和所有事，那么幸运就会不期而至。

心理学上有个概念叫"自证预言"，简单来说就是你会成为自己希望的那个自己。自证预言是一种能够唤起新的行为的语言，在这种语言的影响下相应的行为经常发生，就能够使本来虚假的预言变成真实。难道这就是人们常说的"心想事成"吗？我给大家举个我身边的例子。我同学的母亲前几年因为子宫肌瘤做了子宫切除手术，术后一直没什么不好的反应，身体恢复得很好。但半年前老人家开始感觉肚子不舒服，说肯定是医生没有做好手术，要我同学带她再去复查，是不是有纱布、剪刀之类的落在肚子里了。我同学很疑惑，为什么突然会有这个想法呢？怎么突然不舒服了？一问才知道，老人家和其他大妈们聊天的时候得知一位大妈也是因患子宫肌瘤做子宫切除手术，俩人是同一个医院同一个医生做的，那位大妈就是因为医生落下一块纱布而做了二次手术。我同学的母亲自从听到这个消息之后就感觉自己的肚子隐隐作痛，一定要我同学带她去医院检查是不是落下什么东西在她的肚子里。做了很多检查，结果都是没有任何问题，但老人家就是感觉肚子里有东西，天天唉声叹气。后来实在没办法，我同学找认识的医生给她做了一个"微创手术",这才让老人家的身体恢复了"正常"。这位大妈的"病"是不是想出来的呢?

当然大家也不能夸大心想事成的作用。一个人想要成为亿万富翁,天天想,为什么一直都没有实现呢?事实上,对这类事情的预言,不能仅仅是思想上的,更要激发行动去实现,只有采取相应的行动,梦想才可以实现。如果你觉得你是幸运的人,那么你就会去发现生活中的"小确幸",感觉自己好幸运,这种幸运儿的愉快情绪又会让你更热爱生活,生活就真的变得越来越美好了。你是不是想成为一个幸运儿呢?那就从相信自己是幸运儿开始吧!

学会感知细节,你就是幸运儿

如果用心体会生活的细节,我们每一个人都可以是幸运的。或许你会反驳我的观点说,我从来不觉得自己是一个幸运的人,每天围绕在我身边的都是不愉快的事情,无论是评优,还是加薪升职,从来都没我的份。请先别这么沮丧,你尝试回忆一下,有没有遇到过这样的一些情况:下班高峰期,坐地铁的时候发现并没有很拥挤,甚至还找到了一个不错的座位;天气预报说今天有暴雨,而暴雨恰好在你进入家门的那一刻倾天而降;在超市收银处,你正准备加入长长的队伍排队付款时,恰好你旁边的收银台新开了一台机器;你心血来潮决定洗一下很久不用的书包,结果竟然从里面翻出了几张纸币……看到这些,你理解什么是幸运了吗?

其实,感受幸福是需要学习的。这些微小的幸运事件,每时每刻都在发生,只是很多人未曾感知。生活不是每天都有大喜大悲,也无须天天体会大起大落。毕淑敏在《提醒幸福》中写道:"幸福绝大多数是朴素的。它不会像信号弹似的,在很高的天际闪烁红色的光芒。它披着本色外衣,亲切温暖地包裹起我们。"生活中这些细节正是我们寻觅日常幸福感的来源,学会找到它们,用心去体会它们带来的欣喜。你会发现,原来,你也是一个幸运儿。

以下是30条来自陌生人的"微小幸运事件",不妨一起来感受一下,或许会给你带来一些新的启发。

1. 下午开会时间提前结束,太好了,完美避开周末的下班高峰。

2. 晚上和室友一起去逛街,买了两条好看的裙子,很开心!今天天气好热,感觉夏天要来了,美美的小裙子也可以穿起来了。

3. 晚上吃了一个又大又甜又多汁的水蜜桃。

4. 早上出门打滴滴,前面还有很多人排队,但是,我的订单被司机提前接单了。

5. 今天到处都狂风暴雨,幸运的是,在外面跑了一天都完美地避开了风雨高峰,还可以享受到暴雨后的一丝清凉。

6. 天气预报说,今天会有可怕的暴风雨,很幸运的是,我在上下班途中并未遇到,下午甚至还看到了彩虹。

7. 中午叫了一个外卖,物美价廉,包装袋也很精致,还赠送了一个可爱的小玩偶,是那种压一压会发声的,把玩了好一会儿,惊喜而美好。

8. 今天去注销一张好多年前开的建行银行卡,还是磁条的那种,我以为里面没钱了,哪知道柜台服务员告诉我,里面还有小两千,哈哈哈哈,真是太开心了,就像得了一笔意外之财。

9. 晚饭后和朋友去公园散步,发现今晚的月亮很大很圆,还有着朦胧的美感,在树枝的映衬下,显得特别美。看一下日历才得知今天是农历四月十五,心里觉得好幸运呢,能够恰好在这个时候出来散步,看到了入夏以来的第一次月圆。

10. 失而复得总是让人倍感惊喜的。卡包在机场失而复得,免去了跑各种银行补卡的麻烦事。

11. 买了两盒面膜,本来就是特价,结果收到货才发现还是买一赠一,真是太赚了,哈哈。

12. 中午在一家日料店吃饭,喝到好喝的桂花乌龙茶,便询问店员是什么牌子的。店员小妹告诉我以后就走开了,我正准备上网找找,给喜欢桂花的朋友买一点。这时店员小妹跑过来,拿了一小袋子茶给我,悄悄告诉我是送给我的,不

9 幸运事件

能给店长知道。突然感到心里一阵暖意，世界真美好啊！

13. 尝试了一家新咖啡馆，居然喝到了很好喝的咖啡，在回来的路上还碰巧看到了李先生爱吃的肉松小贝，顺手买给他，真是太幸运啦！

14. 想带朋友吃的特色小店全部都有开门，不用排队，想吃的菜全部都没有卖完，棒！

15. 时常感恩，自己有幸拥有一个很好的身体。既健康，又强壮，真好。

16. 跟价值观一样的同事一起聊人生，聊理想，很开心。真是幸运有这样的同事啊。

17. 晚上下班给家里打电话，得知妈妈今天包饺子，果断就回家吃饭啦。我简直太幸福啦，就因为昨天随口说了句想吃饺子，今天就有得吃。有妈的孩子像个宝，自己真是个幸福的女儿。

18. 朋友推荐给我一款理发器，下午看的时候还有货，还是历史最低价，当时在忙工作竟然忘了购买。晚上想起来一看，没货了，悔得我呀。想找个替代款，折腾了半小时，还是不死心去刷了一下这一款，哇！前一秒无货，现在居然有啦！仅仅花了5秒钟支付完成，我的手都在抖，买完再看，就没货啦！估计是谁忘了付款被我捡漏了。虽然我不认识你，但我非常谢谢你！

19. 无论多晚，家里总有热腾腾的饭菜，我是有多幸运才有这样的福气啊，欧耶。

20. 早上坐班车去上班，班车竟然坏在路上了。工作这么多年还真是第一次遇到，司机师傅赶紧打电话调了别的车来接应。接应的班车很快就来了，没有耽误上班，这也算是不幸中的幸运了！

21. 晚上在家庭群里逗趣发红包，结果每次我都是手气最佳，而且把第二名远远地甩到后面，后来大家联合起来忽悠我，要求手气最佳者继续发，于是我又发了好多个，但是直到最后一个，都还是我手气最佳，这真是运不可挡啊！早上收到了新股中签通知，虽然只有少少的2000元，但感觉今天真的是幸运的一天啊！

22. 朋友记得我喜欢的东西，有这样的朋友，幸运。

23. 今早从地铁出来换乘公交，刚到站台立马就有一辆公交车过来，还有座位坐。

24. 在外面吃了好吃的面，回到家发现女儿新买的小书包落在店里了，致电过去，被店员保管起来，真好。

25. 早上去公司食堂吃早餐，发现食堂大变样了，更换了座椅，看起来舒服很多，食堂的汤米粉也意外地很好吃，比外面做的那些花样百出的汤米粉来得简单实在。一份满意的早餐，给我开启一天的生活带来能量。

26. 买到了两支喜欢的笔，好开心。想起小时候，很喜欢收集好看的小文具，一直攒着很少的零花钱，有时候都不舍得买晚饭，然后去买一支漂亮的，但是并不贵的钢笔，或者是可爱的小橡皮。慢慢地，我收集了一小盒的文具。某天突然发现，盒子不见了，是妈妈丢掉的。妈妈呵斥我不专心学习，乱花钱，我伤心地一直流眼泪。现在，我的女儿喜欢收集小贴纸，当我遇到可爱的贴纸，我会主动买给她，然后两个人一起分享，要贴在什么地方。家里的墙壁、玻璃、电视边框、书本、手机背面，甚至是我们的杯子，到处都有，一个个，都是可爱的，简简单单的小快乐，满溢在我们的小世界里，就像随处可见的小精灵一样。能走进孩子的世界，我想我是一个幸运的妈妈。

27. 临下班时接到先生的电话，他说已经忙完工作，可以下班接我一起回去，真好。

28. 昨天酒店前台把我的房间信息搞错了，为了弥补我，竟然主动升级了套房，真是太惊喜了！今天看演出，还被安排到了超级VIP专座，激动得嗓子都喊哑了，真是太幸运了！

29. 在不同的城市有三两知己是一件很幸运的事情。我们或许很久未见，或许远隔千山，但只要有缘相聚，依旧相见如故。

30. 今天去市场买点东西，遇到一个小时候一起玩的朋友，已经十几年没见了，但一见面就彼此认出来了，感觉很幸运。

看着这些普通人的日常小幸运，有没有受到启发？建议你赶紧放下书，写一下自己的幸运事件吧。你就会发现，哦，原来自己也是个幸运儿！幸福感一下子就涌入心头吧？

不幸or幸运？时间和心态能告诉你答案

纵观一百多年的中国近代史，帝国主义列强的侵略对我们整个民族来说是空前的灾难与不幸。19世纪40年代的中国，是晚清王朝统治下一个闭关锁国、故步自封的国家，而此时的世界资本主义正处在上升阶段，资本主义发达的英、法等国正在对外进行扩张和侵略。1840年6月，蓄谋已久的英国政府以鸦片问题为借口发动了侵华战争，腐败的清政府最终屈膝投降，被迫签订了丧权辱国的中英《南京条约》。至此以后，资本主义国家纷纷以战争、侵略和掠夺等方式强行打开了中国的大门，先后发动了第二次鸦片战争、中法战争、中日甲午战争、八国联军侵华战争等，逼迫清政府签订一系列不平等条约，中国逐步变为丧失主权的半殖民地国家。

从历史发展的宏观视角来看，西方近代文明带着侵略、掠夺与奴役的烙印，给中国人民带来了巨大的灾难和耻辱，对我们而言是巨大的不幸。然而，从另一个角度来理解，列强的侵入对封闭的中国传统文明造成了冲击，动摇了封建主义的社会根基。通过与列强的接触和较量，近代中国人也真切感受到"数千年来未有之变局"，于是国人开始寻求文化变革之道，随着洋务运动、辛亥革命和五四运动等的发起，中国人的民族意识在不断觉醒，不断地进行抗争与奋斗，直至中国共产党成立，带领全体中国人民真正"站起来、富起来、强起来"。

可以看出，近代中国历史不仅仅是中华民族的苦难史和屈辱史，也是中国自我崛起、走向现代文明的发展史。一件事情的好坏与否，其实是很难断定的，因为随着时间的推移，我们可能会产生不一样的认识。尽管上面的事件是从社会角度叙述的，但其实对于我们普通人来说，亦是如此。在当下让你觉得不幸的事情，或许过一段时间后，你会发现这件事或许会带来一些好的影响。

除此之外，看待事件的心态也会影响我们对其好坏与否的判断。再次回忆前面我们讲到的情绪ABC理论，同样的一件事情，有的人会认为是幸运的，而有的人会认为是不幸的。譬如在暴雨侵袭的天气，有的人避开风雨高峰，免遭一场雨淋，也有的人挽起裤脚，踏着雨水放飞自我。没有被暴雨淋湿是一种幸运，而在雨中潇洒前行，体验别样欢乐又何尝不是一件幸事呢。

幸运或者不幸，并不是绝对的。最重要的是，当我们遇到事情的时候，我们要学会用积极的、发展的心态去看待事件本身。即使在当下你觉得那的确是一件糟糕的事情，也不妨先让自己冷静一段时间，之后再回过头来重新审视它，或许你会有新的发现。

幸运垂青努力的人

BBC短片《动物宝宝》中，有一集是专门介绍角马的。作为一种生活在非洲草原上的食草动物，角马刚出生的第一天就要学会站立并奔跑。仅仅在一天之内，角马幼崽的变化速度就会非常惊人。非洲草原上，经常出现小角马遭遇天敌而幸运脱险的场景。当一只凶残的猎豹冲向漫步在草原上的角马群时，夹在马群中的小角马也会迅速奔跑起来，猎豹会率先追击年幼的小角马，可是追着追着就停下来了，小角马幸运地躲过一劫。这是因为猎豹的奔跑速度是有极限的，到达极限时，它就必须停下，否则就会猝死，所以小角马才会摆脱掉猎豹的追击。

猎豹与角马的追逐场景，每天都在自然界上演，角马一次次幸运地逃生，并非偶然。它们从出生的那一天就开始努力奔跑，是地球上十种最快的陆地动物之一，奔跑的速度可以达到约80公里每小时。这同样给我们人类很大的启示，有时候，所谓的"幸运"，是来源于自己的"努力"。

"我跟你讲一段故事啊，买不买无所谓。"2022年直播带货领域杀出一匹不一样的黑马：董宇辉，一名农产品带货主播。这位半路出家的主播，凭借着独特的风格，在"6·18"当晚占据带货榜前五位，成为当下主播界当之无愧的"顶流"。很多人认为这是幸运的，赶上了好的社会大环境和好的公司政策与战略，然而，幸运只是一把东风，要在一众资深主播中杀出一条血路，仅仅有这把东风是不够的。

成为一名主播前，董宇辉是新东方的一名英语老师，但他的英语学习之路很艰难。董宇辉出生在农村，家境并不富裕，父母至今仍在家中务农，他第一次接触英语是在初中。毫无疑问，刚开始，他的英语成绩一塌糊涂。于是他把自己能接触到的英语资料全部背诵得滚瓜烂熟，从中寻找英语的学习规律。这个方法虽然看起来有些笨，但正是这样"笨"的方法，让董宇辉第二学年的英语成绩有了大幅的提升，最终考入西安外国语大学。董宇辉并不幸运，和许许多多的平常人一样，他没有生在富裕的家庭，没能从小接触良好的教育资源，但是他凭借自己的努力考上了大学，成为一名英语老师。

可这份工作也不完全顺利。由于疫情和政策的影响，董宇辉所在的新东方面临巨大的发展危机，在这次危机中，他跟随公司的战略变化，转型成为一名带货主播。从老师到主播，转型之路当然不会顺利。董宇辉首先面临的就是主播行业最明显的一个挑战：颜值。有人进来就说："老师怎么长成这样？新东方就找不出一个长得好看的老师吗？"满屏的评论让他无可奈何。其次，销量。一开始，董宇辉的主播间每次仅有几百人，销量也很惨淡，这种情况维持了将近半年的时间。被人诟病的相貌，不被认可的双语带货方式，以及一塌糊涂的销量，他绕着北大一圈一圈地走，彻夜地失眠，他开始怀疑自己的价值。然而，"那些未能杀死我的，终将使我强大"，他没有放弃。他一次又一次地复盘过往的直播，总结经验，提升自己的直播技巧，还主动反思，寻求新身份的价值。正如网友总结的那样，"命运给了董宇辉'颗粒无收'的脸和'五谷丰登'的灵魂"，他没有被转型路上的困难击倒，而是用丰富充实的灵魂说服和调整自己，又成功地征服了无数网友。

过去农村的生活经历或许贫苦，但这让董宇辉对农产品更加熟悉，让他对农民、对土地有更深的理解，使他能够更好地与网友产生共鸣，从而极大地与其他主播区别开来；新东方的工作曾经给他带来不少挑战，但他读过的书，使他积累了大量的文学、历史、天文、地理知识，上课的经验能够让他将自己的经历以更好的方式表达出来，而这也正是其他主播所欠缺的、真正吸引广大消费者的东西。正是他曾经所经历的这一切，正是他在这些经历中的不懈努力与积累，让他磨练出一个"五谷丰登"的灵魂，他才能乘上这趟东风，在直播带货行业大放异彩。

董宇辉的故事告诉我们，所有的幸运都是努力的结果。西班牙的杰出作家佩雷斯·加尔多斯在小说《慈悲心肠》中写道:"好运不会在人们等候的那个地方自然而来,而是经过弯弯曲曲与困难得难以想象的道路才降临。"若是没有努力后的原始积累,即使遇到一时的好运,也很难好好把握住它。比如长期混迹在赌场的赌徒,即使碰到好运气捞了一笔,但是最后的结果一定是输,因为完全靠运气成功的人,来得快,去得也快。所以,想要被幸运女神眷顾,首先你要相信幸运女神一定会来,也就是你要有积极乐观的心态。其次,你还要努力做好当下的事情,召唤幸运女神的法宝就是努力、努力、再努力!以积极的心态去做事、去生活,在你前进的道路上,幸运女神一定会在某处等着你。

总结

　　仔细想一想，我们身边有很多幸运事件。罗曼·罗兰有句名言：生活中不缺少美，缺少的是一双发现美的眼睛。幸运也是一样，它并不稀有，然而人们往往只注意那些十分罕见的大事件上的幸运，并把这些幸运事件称之为"真正的幸运"。可是，难道那些生活中"微小"的幸运事件就不值得为之称道了吗？多年未见的老友偶然在大街上重逢，忘带雨伞时碰巧遇到了同学，这些微小的幸运可能微不足道，但仿佛那一天都开出了鲜花，让你感觉幸福而悠长。其实这种幸运就是一种积极情绪；幸运事件会带给我们一种"感到自己很幸运"的积极情绪，从而让我们体会到幸福。就像是寻找宝藏一样，身边那些司空见惯的小小幸运事件就像一个又一个的宝藏等待着我们的发掘。在人生的道路上，我们不断寻宝，不断收集那让人觉得幸运和开心的事件，珍藏于心灵，并真心地为之感动，为之感到幸福。慢慢地，我们就会逐渐乐观起来，身边的幸运也会越来越多，生活也越来越幸福。

参考资料

Abraham, K. M., & Stein, C. H. Stress-related personal growth among emerging adults whose mothers have been diagnosed with mental illness [J]. Psychiatric Rehabilitation Journal, 2015, 38（3）, 227-233.

Altman, I. Reciprocity of interpersonal exchange [J]. Journal for the Theory of Social Behaviour, 1973, 3（2）, 249-261.

Amato, P. R., & Afifi, T. D. Feeling caught between parents: Adult children's relations with parents and subjective well-being [J]. Journal of Marriage and Family, 2006, 68（1）, 222-235.

Amjad, Z., Sabri, P. S. U., Ilyas, M., & Hameed, A. Informal relationships at workplace and employee performance: A study of employees private higher education sector [J]. Pakistan Journal of Commerce and Social Sciences（PJCSS）, 2015, 9（1）, 303-321.

Antonucci, T. C., & Akiyama, H. An examination of sex differences in social support among older men and women [J]. Sex Roles, 1987, 17（11-12）, 737-749.

Atkinson, J. W. Explorations using imaginative thought to assess the strength of human motives [C] // Jones, M. R.（Ed.）. Nebraska Symposium on Motivation. Lincoln: University of Nebraska Press, 1954, 56-112.

Bauer, T. N., & Green, S. G. Development of leader-member exchange: A longitudinal test [J]. Academy of Management Journal, 1996, 39（6）, 1538-1567.

Baumeister, R. F., Bratslavsky, E., Finkenauer, C., & Vohs, K. D. Bad is stronger

参考文献

than good [J]. Review of General Psychology, 2001, 5 (4).

Baumeister, R. F., & Leary, M. R. The need to belong: desire for interpersonal attachments as a fundamental human motivation [J]. Psychological Bulletin, 1995, 117 (3), 497–529.

Bauminger, N., Finzi–Dottan, R., Chason, S., & Har–Even, D. Intimacy in adolescent friendship: The roles of attachment, coherence, and self–disclosure [J]. Journal of Social and Personal Relationships, 2008, 25 (3), 409–428.

Bedford, V. H. Memories of parental favoritism and the quality of parent–child ties in adulthood [J]. Journal of Gerontology, 1992, 47 (4), S149–S155.

Beitman, B. D., Goldfried, M. R., & Norcross, J. C. The movement toward integrating the psychotherapies: An overview [J]. American Journal of Psychiatry, 1989, 146 (2), 138.

Birnbaum, G. E., & Finkel, E. J. The magnetism that holds us together: Sexuality and relationship maintenance across relationship development [J]. Current Opinion in Psychology, 2015, 1, 29–33.

Bowlby, J. A secure base: Clinical applications of attachment theory [C]. London: Tavistock, 1988.

Braden, A., Overholser, J., Fisher, L., & Ridley, J. Life meaning is associated with suicidal ideation among depressed veterans [J]. Death Studies, 2015, 39 (1), 24–29.

Brassai, L., Piko, B. F., & Steger, M. F. Existential attitudes and eastern european adolescents' problem and health behaviors: Highlighting the role of the search for meaning in life [J]. The Psychological Record, 2012, 62 (4), 719–734.

Brennan, K. A., Clark, C. L., & Shaver, P. R. Self–report measurement of adult attachment: An integrative overview [C] // Simpson, J. A. & Rholes, W. S. (Eds.). Attachment theory and close relationships (pp. 46–76). New York, NY: Guilford Press, 1998.

Brunner et al. Abnormal behaviour associated with a point mutation in the structural gene for monamine oxidase A [J], Science, 1993, 262 (S133), 578–80.

Bunderson, J. S., & Thompson, J. A. The call of the wild: Zookeepers, callings, and the double-edged sword of deeply meaningful work [J]. Administrative Science Quarterly, 2009, 54（1）, 32–57.

Bushman, B. B., & Holt-Lunstad, J. Understanding social relationship maintenance among friends: Why we don't end those frustrating friendships [J]. Journal of Social and Clinical Psychology, 2009, 28（6）, 749–778.

Caldwell, M. A., & Peplau, L. A. Sex differences in same-sex friendship [J]. Sex Roles, 1982, 8（7）, 721–732.

Carlson, J. R., Carlson, D. S., & Ferguson, M. Deceptive impression management: Does deception pay in established workplace relationships? [J]. Journal of Business Ethics, 2011, 100（3）, 497–514.

Caspi, A., Mcclay, J. L., Moffitt, T. E., et al. Role of genotype in the cycle of violence in maltreated children [J]. Science, 2002, 297（5582）, 851–854.

Collins, N. L., Guichard, A. C., Ford, M. B., & Feeney, B. C. Working models of attachment: New developments and emerging themes [C] // Rholes, S. W. & Simpson, J. A.（Eds.）. Adult attachment: Theory, research, and clinical implications. New York, NY: Guilford Press, 2004, 196–239.

Crossley, A., & Langdridge, D. Perceived sources of happiness: A network analysis [J]. Journal of Happiness Studies, 2005, 6（2）, 107–135.

David-Barrett, T., Rotkirch, A., Carney, J., et al. Women favour dyadic relationships, but men prefer clubs: Cross-cultural evidence from social networking [J]. PloS One, 2015, 10（3）, 1–15.

De Neve, J., Christakis, N. A., Fowler, J. H., & Frey, B. S. Genes, Economics, and Happiness [J]. Journal of Neuroscience, Psychology, and Economics, 2012, 5（4）, 193–211.

Deci, E. L., & Ryan, R. M. Self-determination theory: A macrotheory of human motivation, development, and health [J]. Canadian Psychology/Psychologie Canadienne, 2008, 49（3）, 182–185.

Deci, E. L., Olafsen, A. H., & Ryan, R. M. Self-determination theory in work organizations: The state of a science [J]. Annual Review of Organizational Psychology and Organizational Behavior, 2017, 4（1）, 19-43.

Demir, M., & Özdemir, M. Friendship, need satisfaction and happiness [J]. Journal of Happiness Studies, 2009, 11（2）, 243-259.

Demir, M., Özdemir, M., & Weitekamp, L. A. Looking to happy tomorrows with friends: Best and close friendships as they predict happiness [J]. Journal of Happiness Studies, 2006, 8（2）, 243-271.

Demir, M., Özen, A., Doğan, A., et al. I matter to my friend, therefore I am happy: Friendship, mattering, and Happiness [J]. Journal of Happiness Studies, 2010, 12（6）, 983-1005.

Desjarlais, M., & Joseph, J. J. Socially interactive and passive technologies enhance friendship quality: An investigation of the mediating roles of online and offline self-disclosure [J]. Cyberpsychology, Behavior, and Social Networking, 2017, 20（5）, 286-291.

Diener, E., & Seligman, M. E. Very happy people [J]. Psychological Science, 2002, 13（1）, 81-84.

Dockery, T. M., & Steiner, D. D. The role of the initial interaction in leader-member exchange [J]. Group & Organization Studies, 1990, 15（4）, 395-413.

Ducharme, L. J., & Martin, J. K. Unrewarding work, coworker support, and job satisfaction: A test of the buffering hypothesis [J]. Work and Occupations, 2000, 27（2）, 223-243.

Dulaney, E. S., Graupmann, V., Grant, K. E., et al. Taking on the stress-depression link: Meaning as a resource in adolescence [J]. Journal of Adolescence, 2018, 65, 39-49.

Dush, C. M. K., & Amato, P. R. Consequences of relationship status and quality for subjective well-being [J]. Journal of Social and Personal Relationships, 2016, 22（5）, 607-627.

Ebstein, R., Novick, O., Umansky, R. et al. Dopamine D4 receptor（D4DR） exon III polymorphism associated with the human personality trait of Novelty Seeking［J］. Nat Genet, 1996, 12, 78-80.

Emmers-Sommer, T. M. The effect of communication quality and quantity indicators on intimacy and relational satisfaction［J］. Journal of Social and Personal Relationships, 2016, 21（3）, 399-411.

Flynn, F. J., & Schaumberg, R. L.. When feeling bad leads to feeling good: Guilt-proneness and affective organizational commitment［J］. Journal of Applied Psychology, 2012, 97（1）, 124-33.

Fox, E, Zougkou, K., Ridgewell, A., & Garner, K. The serotonin transporter gene alters sensitivity to attention bias modification（ABM）: Evidence for a plasticity gene ［J］. Biological Psychiatry, 2011, 70（11）, 1049-1054.

Fredrickson B. L. The role of positive emotions in positive psychology. the broaden-and-build theory of positive emotions［J］. American Psychologist, 2019, 359（1449）:1367-1377.

Furman, W., & Buhrmester, D. Age and sex differences in perceptions of networks of personal relationships［J］. Child Development, 1992, 63（1）, 103-115.

Ganster, D. C., Fox, M. L., & Dwyer, D. J. Explaining employees' health care costs: A prospective examination of stressful job demands, personal control, and physiological reactivity［J］. Journal of applied psychology, 2001, 86（5）, 954-964.

Grotevant, H. D., & Cooper, C. R. Patterns of interaction in family relationships and the development of identity exploration in adolescence［J］. Child Development, 1985, 56（2）, 415-428.

Gurung, R. A., Taylor, S. E., & Seeman, T. E. Accounting for changes in social support among married older adults: Insights from the MacArthur Studies of Successful Aging［J］. Psychology and Aging, 2003, 18（3）, 487-496.

Halama, P., & Dědová, M. Meaning in life and hope as predictors of positive mental health: Do they explain residual variance not predicted by personality traits?［J］. Studia

Psychologica, 2007, 49（3）, 191-200.

Halbesleben, J. R., & Wheeler, A. R. To invest or not? The role of coworker support and trust in daily reciprocal gain spirals of helping behavior［J］. Journal of Management, 2015, 41（6）, 1628-1650.

Hansen, C. H. Finding the face in the crowd: an anger superiority effect［J］. Journal of Personality and Social Psychology, 1988, 54（6）, 917-924.

Hatfield E., Cacioppo J. T., Rapson R. L. Emotional contagion［J］. Current Directions in Psychological Science, 2009, 2（3）:96-100.

Henderson, D. J., Liden, R. C., Glibkowski, B. C., & Chaudhry, A. LMX differentiation: A multilevel review and examination of its antecedents and outcomes［J］. The Leadership Quarterly, 2009, 20（4）, 517-534.

Henderson-King, D. H., & Veroff, J. Sexual satisfaction and marital well-being in the first years of marriage［J］. Journal of Social and Personal Relationships, 1994, 11（4）, 509-534.

Hess, J., & Sneed, K. A. Communication strategies to resolve working relations: Comparing relationships that improved with ones that remained problematic［C］// Fritz, J. M. H., & Omdahl, B. L.（Eds.）. Problematic relations in the workplace. Vol. 2. New York: Peter Lang Publishing, 2012, 205-232.

Joseph, S., & Linley, P. A. Positive adjustment to threatening events: An organismic valuing theory of growth through adversity［J］. Review of General Psychology, 2005, 9（3）, 262-280.

Kasser, T., & Ryan, R. M. A dark side of the American dream: Correlates of financial success as a central life aspiration［J］. Journal of Personality and Social Psychology, 1993, 65（2）, 410-422.

Kim, J. S., & Kang, S. A study on body image, sexual quality of life, depression, and quality of life in middle-aged adults［J］. Asian Nursing Research, 2015, 9（2）, 96-103.

Klein, N. Prosocial behavior increases perceptions of meaning in life［J］. Journal of Positive Psychology, 2017, 12（4）, 354-361.

Knobloch, L. K., & Theiss, J. A. Relational uncertainty and relationship talk within courtship: A longitudinal actor-partner interdependence model［J］. Communication Monographs, 2011, 78（1）, 3-26.

Konze, A. K., Rivkin, W., & Schmidt, K. H. Is job control a double-edged sword? A cross-lagged panel study on the interplay of quantitative workload, emotional dissonance, and job control on emotional exhaustion［J］. International journal of environmental research and public health, 2017, 14（12）, 1608-1630.

Lachman, M. E., & Weaver, S. L. The sense of control as a moderator of social class differences in health and well-being［J］. Journal of personality and social psychology, 1998, 74（3）, 763-773.

Levinson, D. F. The Genetics of Depression: A Review［J］. Biological Psychiatry, 2006, 60（2）, 84-92.

Liden, R. C., Wayne, S. J., & Stilwell, D. A longitudinal study on the early development of leader-member exchanges［J］. Journal of Applied Psychology, 1993, 78（4）, 662-674.

Liu, J., Gong, P. & Zhou, X. The association between romantic relationship status and *5-HT1A* gene in young adults［J］. Sci Rep, 2015, 4, 7049.

Luthans, F. Positive organizational behavior: Developing and managing psychological strengths［J］. Academy of Management Perspectives, 2002, 16（1）, 57-72.

Luthans, F. The need for and meaning of positive organizational behavior［J］. Journal of Organizational Behavior: The International Journal of Industrial, Occupational and Organizational Psychology and Behavior, 2002, 23（6）, 695-706.

Luthans, F., & Avolio, B. J. Inquiry unplugged: Building on Hackman's potential perils of POB［J］. Journal of Organizational Behavior: The International Journal of Industrial, Occupational and Organizational Psychology and Behavior, 2009, 30（2）, 323-328.

Luthans, F., & Avolio, B. J. The point of positive organizational behavior［J］.

Journal of Organizational Behavior: The International Journal of Industrial, Occupational and Organizational Psychology and Behavior, 2009, 30（2）, 291-307.

Lyubomirsky, S., Sheldon, K. M., & Schkade, D. Pursuing happiness: The architecture of sustainable change [J]. Review of General Psychology, 2005, 9（2）, 111-131.

Mansfield, C. D., Pasupathi, M., & McLean, K. C. Is narrating growth in stories of personal transgressions associated with increased well-being, self-compassion, and forgiveness of others? [J]. Journal of Research in Personality, 2015, 58, 69-83.

Markiewicz, D., Lawford, H., Doyle, A. B., & Haggart, N. Developmental differences in adolescents' and young adults' use of mothers, fathers, best friends, and romantic partners to fulfill attachment needs [J]. Journal of Youth and Adolescence, 2006, 35（1）, 121-134.

McAdams, D. P. A thematic coding system for the intimacy motive [J]. Journal of Research in Personality, 1980, 14（4）, 413-432.

Mccrae, R. R., & Costa, P. T. Validation of the Five-Factor Model of Personality Across Instruments and Observers [J]. Journal of Personality and Social Psychology, 1987, 52（1）, 81-90.

Meunier, J. C., Roskam, I., Stievenart, M., De Moortele, G. V., Browne, D. T., & Wade, M. Parental differential treatment, child's externalizing behavior and sibling relationships: Bridging links with child's perception of favoritism and personality, and parents' self-efficacy [J]. Journal of Social and Personal Relationships, 2012, 29（5）, 612-638.

Michaels, C., Choi, N. Y., Adams, E. M., & Hitter, T. L. Testing a new model of sexual minority stress to assess the roles of meaning in life and internalized heterosexism on stress-related growth and life satisfaction [J]. Psychology of Sexual Orientation and Gender Diversity, 2019, 6（2）, 204-216.

Mikulincer, M., & Shaver, P. R. The psychological effects of the contextual activation of security-enhancing mental representations in adulthood [J]. Current Opinion in

Psychology, 2015, 1, 18–21.

Monin, J. K., Goktas, S. O., Kershaw, T., & DeWan, A. Associations between spouses' oxytocin receptor gene polymorphism, attachment security, and marital satisfaction [J]. Plos One, 2019, 14（2）: e0213083.

Munafò, M. R., Brown, S. M., & Hariri, A. R. Serotonin transporter（5-HTTLPR）genotype and amygdala activation: A meta-analysis [J]. Biol Psychiatry, 2008, 63（9）, 852–857.

Nelson, S. K., Kushlev, K., English, T., et al. In defense of parenthood: Children are associated with more joy than misery [J]. Psychological Science, 2013, 24（1）, 3–10.

Neuendorf, K. A., Rudd, J. E., Palisin, P., & Pask, E. B. Humorous communication, verbal aggressiveness, and father-son relational satisfaction [J]. Humor, 2015, 28（3）, 397–425.

Nomaguchi, K. M. Parenthood and psychological well-being: Clarifying the role of child age and parent-child relationship quality [J]. Social Science Research, 2012, 41（2）, 489–498.

O'Connor, P. J. State anxiety is reduced after maximal and submaximal exercise among people with panic disorder [J]. International Journal of Sport and Exercise Psychology, 2005, 3（4）:501–508.

Omilion-Hodges, L. M., & Baker, C. R. Contextualizing LMX within the workgroup: The effects of LMX and justice on relationship quality and resource sharing among peers [J]. The Leadership Quarterly, 2013, 24（6）, 935–951.

Oswald, D. L., & Clark, E. M. Best friends forever? High school best friendships and the transition to college [J]. Personal Relationships, 2003, 10（2）, 187–196.

Palchykov, V., Kaski, K., Kertesz, J., et al. Sex differences in intimate relationships [J]. Scentifici Report, 2012, 2, 370.

Park, C. L. Making sense of the meaning literature: An integrative review of meaning making and its effects on adjustment to stressful life events [J]. Psychological Bulletin, 2010, 136（2）, 257–301.

参考文献

Perissinotto, C. M., Stijacic Cenzer, I., & Covinsky, K. E. Loneliness in older persons: A predictor of functional decline and death [J]. Archives of internal medicine, 2012, 172 (14), 1078-1083.

Peterson, C., & Seligman, M. E. Character strengths and virtues: A handbook and classification (Vol. 1) [M]. Oxford: Oxford University Press, 2004.

Quinlan, D., Swain, N., & Vella-Brodrick, D. A. Character strengths interventions: Building on what we know for improved outcomes [J]. Journal of Happiness Studies, 2012, 13 (6), 1145-1163.

Reis, H. T. Perceived partner responsiveness as an organizing theme for the study of relationships and well-being [C] // Campbell, L., & Loving, T. J. (Eds.). Interdisciplinary research on close relationships: The case for integration. Washington, DC: American Psychological Association, 2012, 27-52.

Roberto, A. J., Carlyle, K. E., Goodall, C. E., & Castle, J. D. The relationship between parents' verbal aggressiveness and responsiveness and young adult children's attachment style and relational satisfaction with parents [J]. Journal of Family Communication, 2009, 9 (2), 90-106.

Roberts, S. B., & Dunbar, R. I. Managing relationship decay [J]. Human Nature, 2015, 26 (4), 426-450.

Roberts, S. G., & Dunbar, R. I. The costs of family and friends: An 18-month longitudinal study of relationship maintenance and decay [J]. Evolution and Human Behavior, 2011, 32 (3), 186-197.

Rosso, B. D., Dekas, K. H., & Wrzesniewski, A. On the meaning of work: A theoretical integration and review [J]. Research in Organizational Behavior, 2010, 30, 91-127.

Rothbaum, F., Weisz, J. R., & Snyder, S. S. Changing the world and changing the self: A two-process model of perceived control [J]. Journal of personality and social psychology, 1982, 42 (1), 5-37.

Rozin, P., Lowery, L., & Ebert, R. Varieties of disgust faces and the structure of disgust [J]. Journal of Personality & Social Psychology, 1994, 66 (5), 870.

Schlegel, R. J., Hicks, J. A., King, L. A., & Arndt, J. Feeling like you know who you are: Perceived true self-knowledge and meaning in life [J]. Personality and Social Psychology Bulletin, 2011, 37 (6), 745-756.

Schrodt, P., & Shimkowski, J. R. Feeling caught as a mediator of co-parental communication and young adult children's mental health and relational satisfaction with parents [J]. Journal of Social and Personal Relationships, 2013, 30 (8), 977-999.

Seligman, M. E. P., Steen, T. A., Park, N., & Peterson, C. Positive Psychology Progress: Empirical Validation of Interventions [J]. American Psychologist, 2005, 60 (5), 410-421.

Shapiro Jr, D. H., Schwartz, C. E., & Astin, J. A. Controlling ourselves, controlling our world: Psychology's role in understanding positive and negative consequences of seeking and gaining control [J]. American psychologist, 1996, 51 (12), 1213-1230.

Shapiro, S.L., Carlson, L.E., Astin, J.A., & Freedman, B. Mechanisms of mindfulness [J]. Journal of Clinical Psychology, 2006, 62 (3), 373-386.

Simon, L. S., Judge, T. A., & Halvorsen-Ganepola, M. D. K. In good company? A multi-study, multi-level investigation of the effects of coworker relationships on employee well-being [J]. Journal of Vocational Behavior, 2010, 76 (3), 534-546.

Sirgy, M. J., Gurel-Atay, E., Webb, D., et al. Is materialism all that bad? Effects on satisfaction with material life, life satisfaction, and economic motivation [J]. Social Indicators Research, 2013, 110 (1), 349-366.

Skinner, E. A. A guide to constructs of control [J]. Journal of personality and social psychology, 1996, 71 (3), 549-570.

Slatcher, R. B., Selcuk, E., & Ong, A. D. Perceived partner responsiveness predicts diurnal cortisol profiles 10 years later [J]. Psychological Science, 2015, 26 (7), 972-982.

Sloan, M. M. Unfair treatment in the workplace and worker well-being [J]. Work and Occupations, 2011, 39 (1), 3-34.

Sluss, D. M., & Thompson, B. S. Socializing the newcomer: The mediating role of leader-member exchange［J］. Organizational Behavior and Human Decision Processes, 2012, 119（1）, 114-125.

Smith, D. Trends in counseling and psychotherapy［J］. American Psychologist, 1982, 37（7）, 802-809.

Snyder, C. R., Feldman, D. B., Taylor, J. D., et al. The roles of hopeful thinking in preventing problems and enhancing strengths［J］. Applied and Preventive Psychology, 2000, 9（4）, 249-270.

Sobal, J., Rauschenbach, B. S., & Frongillo Jr, E. A. Obesity and marital quality: Analysis of weight, marital unhappiness, and marital problems in a US national sample［J］. Journal of Family Issues, 1995, 16（6）, 746-764.

Sprecher, S. The importance to males and females of physical attractiveness, earning potential, and expressiveness in initial attraction［J］. Sex Roles, 1989, 21（9-10）, 591-607.

Sprecher, S. Equity and social exchange in dating couples: Associations with satisfaction, commitment, and stability［J］. Journal of Marriage and Family, 2001, 63（3）, 599-613.

Steger, M. F., Dik, B. J., & Duffy, R. D. Measuring meaningful work: The work and meaning inventory（WAMI）［J］. Journal of Career Assessment, 2012, 20（3）, 322-337.

Steger, M. F., Frazier, P., Oishi, S., & Kaler, M. The meaning in life questionnaire: Assessing the presence of and search for meaning in life［J］. Journal of Counseling Psychology, 2006, 53（1）, 80-93.

Storbeck, J., & Clore, G. L. With sadness comes accuracy; with happiness, false memory［J］. Psychological Science, 2005, 16（10）, 785-791.

Straume, L. V., & Vittersø, J. Well-being at work: Some differences between life satisfaction and personal growth as predictors of subjective health and sick-leave［J］. Journal of Happiness Studies, 2015, 16（1）, 149-168.

Suitor, J. J., Sechrist, J., Plikuhn, M., et al. The role of perceived maternal favoritism in sibling relations in midlife [J]. Journal of Marriage and Family, 2009, 71（4）, 1026-1038.

Tedeschi, R. G., & Calhoun, L. G. Posttraumatic growth: Conceptual foundations and empirical evidence [J]. Psychological Inquiry, 2004, 15（1）, 1-18.

Uusitalo-Malmivaara, L., & Lehto, J. E. Social factors explaining children's subjective happiness and depressive symptoms [J]. Social Indicators Research, 2012, 111（2）, 603-615.

Verme, P. Happiness, freedom and control [J]. Journal of Economic Behavior & Organization, 2009, 71（2）, 146-161.

Vittersø, J. Do it! Activity theories and the good life. Handbook of well-being [OL]. Salt Lake City, UT: DEF. https://www.nobascholar.com/chapters/19, 2018.

Volling, B. L. Family transitions following the birth of a sibling: An empirical review of changes in the firstborn's adjustment [J]. Psychological Bulletin, 2012, 138（3）, 497-528.

Volling, B. L., & Blandon, A. Y. Positive indicators of sibling relationship quality: Psychometric analyses of the Sibling Inventory of Behavior（SIB）[C]. Paper presented at the Child Trend's Positive Outcomes Conference, 2003.

Waite, L. J., Luo, Y., & Lewin, A. C. Marital happiness and marital stability: Consequences for psychological well-being [J]. Social Science Research, 2009, 38（1）, 201-212.

Weiner, A. S., & Hannum, J. W. Differences in the quantity of social support between geographically close and long-distance friendships [J]. Journal of Social and Personal Relationships, 2013, 30（5）, 662-672.

Wrzesniewski, A., Mccauley, C., Rozin, P., & Schwartz, B. Jobs, careers, and callings: People's relations to their work [J]. Journal of Research in Personality, 1997, 31（1）, 21-33.

Wrzus, C., Hanel, M., Wagner, J., & Neyer, F. J. Social network changes and life events across the life span: A meta-analysis［J］. Psychological Bulletin, 2013, 139（1）, 53-80.

Xi, J., Lee, M., LeSuer, W., et al. Altruism and existential well-being［J］. Applied Research in Quality of Life, 2017, 12（1）, 67-88.

Yang J. S., & Hung H. V. Emotions as constraining and facilitating factors for creativity: Companionate love and anger［J］. Creativity & Innovation Management, 2014, 24（2）.217-230.

Youniss, J., & Smollar, J. Adolescent relations with mothers, fathers and friends ［M］. Chicago: University of Chicago Press, 1987.

Zhou, M., & Shi, S. Blaming leaders for team relationship conflict? The roles of leader-member exchange differentiation and ethical leadership［J］. Nankai Business Review International, 2014, 5, 134-146.

Zimbardo, P. G., & Boyd, J. N. Putting time in perspective: A valid, reliable individual-differences metric［J］. Journal of Personality and Social Psychology, 1999, 77（6）, 1271-1288.

巴斯. 进化心理学［M］. 上海：华东师范大学出版社，2007.

陈海贤，陈洁. 贫困大学生希望特质、应对方式与情绪的结构方程模型研究［J］. 中国临床心理学杂志，2008，16（4），392-394.

陈立. 工业管理心理学［M］. 上海：上海人民出版社，1988.

弗兰克尔. 活出生命的意义［M］. 吕娜，译. 北京：华夏出版社，2010.

弗契多. 情绪是什么［M］. 黄钰苹，译. 杭州：浙江人民出版社，2018.

傅小兰. 情绪心理学［M］. 上海：华东师范大学出版社，2015.

甘地. 愤怒是生命给你最好的礼物［M］. 宣奔昂，译. 海口：海南出版社，2018.

哈里斯. ACT就这么简单［M］. 祝卓宏，张婍，曹慧，译. 北京：机械工业出版社，2021.

霍尔. 正念教练［M］. 李娜，译. 北京：机械工业出版社，2016.

姜振宇. 微反应+微表情［M］. 武汉：长江文艺出版社，2016.

卡什丹，比斯瓦斯-迪纳. 消极情绪的力量［M］. 王索娅，等，译. 浙江：浙江人民出版社，2018.

莱希. 我焦虑得头发都掉［M］. 肖亭，译. 北京：中国友谊出版社，2016.

李静，郭永玉. 金钱对幸福感的影响及其心理机制［J］. 心理科学进展，2017，15（6），974-980.

李原. 墨菲定律：世界上最有用的定律［M］. 北京：中国华侨出版社，2013.

林崇德. 心理学大辞典：下卷［M］. 上海：上海教育出版社，2003.

罗宾逊，阿罗尼卡. 发现你的天赋［M］. 李慧中，译. 杭州：浙江人民出版社，2015.

罗宾逊，阿罗尼卡. 发现天赋的15个训练方法［M］. 李慧中，译. 杭州：浙江人民出版社，2017.

罗宾逊，阿罗尼卡. 让天赋自由［M］. 李慧中，译. 杭州：浙江人民出版社，2017.

孟昭兰. 情绪心理学［M］. 北京：北京大学出版社，2005.

苗淼，朱菡，甘怡群. 临退休个体生命意义感对于心理健康的影响：有中介的调节模型［J］. 中国临床心理学杂志，2018，26（2），341-346.

摩西奶奶. 人生只有一次，去做自己喜欢的事［M］. 姜雪晴，译. 北京：北京联合出版公司，2015.

穆来纳森，莎菲尔. 稀缺：我们是如何陷入贫穷与忙碌的［M］. 龙志勇，译. 杭州：浙江人民出版社，2014.

潘绥铭. 性之变：21世纪中国人的性生活［M］. 北京：中国人民大学出版社，2013.

邱鸿忠. 普通心理学［M］. 北京：北京师范大学出版社，2002.

任泽平，熊柴，周哲. 中国生育报告2019［J］. 发展研究，2019（6），20-40.

荣格. 心理类型［U］. 上海：上海三联书店，2009.

参考文献

塞利格曼. 持续的幸福［M］. 赵昱鲲, 译. 杭州：浙江人民出版社, 2012.

尚玉钒, 马娇. 工作意义的变迁研究［J］. 管理学家（学术版）, 2011（3）, 59-67.

石林. 情绪研究中的若干问题综述［J］. 心理学动态, 2000, 8（1）, 63-68.

斯瓦米·拉玛. 冥想［M］. 刘海凝, 译. 天津：天津人民出版社, 2016.

宋萌, 黄忠锦, 胡鹤颜, 綦萌. 工作意义感的研究述评与未来展望［J］. 中国人力资源开发, 2018, （9）, 85-96.

王翠玲, 邵志芳. 国外关于情绪与记忆的理论与实验研究综述［J］. 心理科学, 2004, 27（3）, 691-693.

王芳, 李志荣. 谋事在人, 成事在天：新生代农民工的适应策略及可协商命运观的影响［J］. 心理科学, 2014（5）, 1225-1231.

王水珍, 张林玉. 成人依恋与婚姻质量：基于变量中心和个体中心的分析［J］. 江汉学术, 2015, 34（5）, 36-42.

王振宏, 王永, 王克静, 吕薇. 积极情绪对大学生心理健康的促进作用［J］. 中国心理卫生杂志, 2010, 24（009）, 716-717.

席居哲, 桑标, 左志宏. 心理弹性（resilience）研究的回顾与展望［J］. 心理科学, 2008, 31（4）, 995-998, 977.

席居哲, 桑标. 心理弹性（resilience）研究综述［J］. 健康心理学杂志, 2002, 10（4）, 314-318.

谢文华. 焦虑心理学［M］. 北京：中国文联出版社, 2019.

谢杏利, 邹兵. 主观幸福感在贫困大学生自杀态度与生命意义感中的中介作用［J］. 上海交通大学学报（医学版）, 2013, 33（1）, 78-83.

叶舟. 情绪掌控学［M］. 南昌：江西人民出版社, 2017.

于肖楠, 张建新. 韧性（resilience）：在压力下复原和成长的心理机制［J］. 心理科学进展, 2005, 13（5）, 658-665.

张双棣. 吕氏春秋译注［M］. 北京：北京大学出版社, 2011.

周详，杨治良，郝雁丽. 理性学习的局限：道德情绪理论对道德养成的启示［J］. 道德与文明，2007（3），57-60.

庄锦英，陈明燕. 论消极情绪对决策的影响［J］. 沈阳师范大学学报：社会科学版，2005，29（5），12-15.

后记

酝酿了两年有余的书稿从硬盘上的文档变作带着墨香的铅字之时,内心除了欣喜还有满满的感动和感激。

我在书中的思考和汇总,离不开前人的研究、知识的传递、媒介信息的启发,感谢前辈们给我的启发和灵感,成为本书创作的基本养分。

中山大学管理学院宽松和谐的工作氛围,不拘一格的学术环境,成为《幸福心理学》这门课程得以开设的土壤,感谢学院对我的支持让我得以学以致用、用以促学、学用相长。

还有我的学员们,你们每一个受到启发之后幸福的笑容让我记忆犹新,课后琳琅满目的"幸福秀"让我备受鼓舞。"追求幸福、完善自我"的共同愿景让我们从师生变成了朋友,每天都能在"猫王圈"中坦诚相待、肝胆相照,为师至此,夫复何求。你们每一个人的笑脸,都是这本"让每个人都可以幸福的书"诞生的动力。

感谢我这个普通又充满爱的大家庭,父母恩爱、兄弟姐妹和睦。家庭创造的快乐可以让家人们肆无忌惮的大笑、先生和女儿的支持让我得以完成中年求学、举家南迁的"壮举",点点滴滴的幸福感和安全感成为我创作的空气,他们的关爱和支持把幸福的密码刻进了我的基因。

最后,感谢中山大学出版社的熊锡源编辑,感谢他由始至终的鼓励和支持,感谢为书籍的出版付出努力的各位幕后同事们。

谨以此书献给所有爱我的和我爱的人!希望大家快乐工作、幸福生活!